SCRIPTORVM CLASSICORVM
BIBLIOTHECA OXONIENSIS

OXONII
E TYPOGRAPHEO CLARENDONIANO

LYRICA GRAECA
SELECTA

EDIDIT
BREVIQVE ADNOTATIONE CRITICA INSTRVXIT

D. L. PAGE

OXONII
E TYPOGRAPHEO CLARENDONIANO

*This book has been printed digitally and produced in a standard specification
in order to ensure its continuing availability*

OXFORD
UNIVERSITY PRESS

Great Clarendon Street, Oxford OX2 6DP

Oxford University Press is a department of the University of Oxford.
It furthers the University's objective of excellence in research, scholarship,
and education by publishing worldwide in

Oxford New York

Auckland Cape Town Dar es Salaam Hong Kong Karachi
Kuala Lumpur Madrid Melbourne Mexico City Nairobi
New Delhi Shanghai Taipei Toronto

With offices in

Argentina Austria Brazil Chile Czech Republic France Greece
Guatemala Hungary Italy Japan South Korea Poland Portugal
Singapore Switzerland Thailand Turkey Ukraine Vietnam

Oxford is a registered trade mark of Oxford University Press
in the UK and in certain other countries

Published in the United States
by Oxford University Press Inc., New York

Copyright Oxford University Press
First published 1968

Not to be reprinted without permission
The moral rights of the author have been asserted
Database right Oxford University Press (maker)

Reprinted 2008

All rights reserved. No part of this publication may be reproduced,
stored in a retrieval system, or transmitted, in any form or by any means,
without the prior permission in writing of Oxford University Press,
or as expressly permitted by law, or under terms agreed with the appropriate
reprographics rights organization. Enquiries concerning reproduction
outside the scope of the above should be sent to the Rights Department,
Oxford University Press, at the address above

You must not circulate this book in any other binding or cover
And you must impose this same condition on any acquirer

ISBN 978-0-19-814567-7

PRAEFATIO

POETARUM melicorum reliquias in aliis libris[1] iam plenius editas perscrutatus, carmina vel carminum fragmenta praestantiora selegi. testimonia in Lesbiis ampliavi, in ceteris deminui; siquid omnino omissum est, signo '+' notatur. apparatum criticum minorem reddidi.

nova sunt quae Alcaei fragmento 138 addere benevole permisit Reinholdus Merkelbach.[2] Geryoneidis Stesichoreae fragmenta nuper in P.Oxy. XXXII edita in fine subiunxi.

animo istuc satis erit, si libellum poetarum amatoribus gratum, studiosis utilem composui.

D. L. P.

Cantabrigiae 1967

[1] *Poetarum Lesbiorum Fragmenta*, ed. E. Lobel et D. Page (Oxon. 1955); *Poetae Melici Graeci*, ed. D. L. Page (Oxon. 1962). fragmentorum numeros illic praefixos hic uncis inclusos addidi.

[2] Vid. *Zeitschrift für Papyrologie und Epigraphik* 1. 2 (1967) pp. 81 seqq.

SUMMARIUM

ALCMAN	*pag.* 1
STESICHORUS	29
ALCAEUS	55
SAPPHO	97
LESBIA INCERTI AUCTORIS	131
IBYCUS	133
ANACREON	147
SIMONIDES	167
CORINNA	191
POETAE MINORES	203
CARMINA POPULARIA	233
CARMINA CONVIVALIA	237
FRAGMENTA ADESPOTA	247
NUMERORUM TABULAE	254
ADDENDA	263

ALCMAN

Μελῶν ā

1 (23 B., 1 D.)

[1]
```
           ] Πωλυδεύκης·
     οὐκ ἐγὼ]ν Λύκαισον ἐν καμοῦσιν ἀλέγω
     Ἔνα]ρσφόρον τε καὶ Σέβρον ποδώκη
           ]ν τε τὸν βιατὰν
5          ]. τε τὸν κορυστὰν
     Εὐτείχη] τε ϝάνακτά τ' Ἀρήιον
           ]ά τ' ἔξοχον ἡμισίων·
           ]ν τὸν ἀγρόταν
           ] μέγαν Εὔρυτόν τε
10         ]πώρω κλόνον
           ]. τε τὼς ἀρίστως
           ] παρήσομες
           ]αρ Αἶσα παντῶν
           ] γεραιτάτοι
15         ἀπ]έδιλος ἀλκὰ
     μή τις ἀνθ]ρώπων ἐς ὠρανὸν ποτήσθω
     μηδὲ πη]ρήτω γαμῆν τὰν Ἀφροδίταν
     ϝ]άν[α]σσαν ἤ τιν'
```

P.Louvr. E 3320   1 seqq. cf. Clem. Alex. *protr.* 36 et schol. ibid. (de Hercule ab Hippocoontis filiis vulnerato) μέμνηται καὶ Ἀλκμὰν ἐν ā   2 schol. Pind. *Ol.* xi 15 a   6 An. Ox. Cramer i 158. 31, schol. Hom. *Il.* 16. 57

---

2 suppl. e schol. Pind. l.c., ubi οὐκ ἐγὼ Λύκον ἐν Μούσαις ἀλέγω   3 suppl. Bergk   6 suppl. ex An. Ox. l.c., ubi Εὐτείχη τ' ἄνακτ' ἀρήιον   11 Ἄλκων]ά Bergk   13 γ]ὰρ veri sim.   14-15 καὶ Πόρος] γεραιτάτοι | σιῶν vel δαιμόνων] γεραιτάτοι | Πόρος τ' veri sim. coll. schol. A   16-17 suppl. Blass   17 γαμεν Π

ALCMAN

```
                    ] ἢ παῖδα Πόρκω
20              Χά]ριτες δὲ Διὸς δ[ό]μον
                    ]σιν ἐρογλεφάροι·
                    ]τάτοι
                    ]τα δαίμων
                    ]ι φίλοις
25                  ]ωκε δῶρα
                    ]γαρέον
                    ]ώλεσ' ἥβα
                    ]ρονον
                    ]. ταίας
30                  ]έβα· τῶν δ' ἄλλος ἰῶι
                    ] μαρμάρωι μυλάκρωι
                    ]. εν Ἀΐδας
                    ]αυτοι
                    ]'πον· ἄλαστα δὲ
35          ϝέργα πάσον κακὰ μησαμένοι·
            ἔστι τις σιῶν τίσις·
            ὁ δ' ὄλβιος, ὅστις εὔφρων
            ἀμέραν [δι]απλέκει
            ἄκλαυτος· ἐγὼν δ' ἀείδω
40          Ἀγιδῶς τὸ φῶς· ὁρῶ
            ϝ' ὥτ' ἄλιον, ὅνπερ ἇμιν
            Ἀγιδὼ μαρτύρεται
            φαίνην· ἐμὲ δ' οὔτ' ἐπαινῆν
            οὔτε μωμήσθαι νιν ἁ κλεννὰ χοραγὸς
45          οὐδ' ἁμῶς ἐῆι· δοκεῖ γὰρ ἤμεν αὔτα
```

19 Hesych. s.v. *Νηρεύς· θαλάσσιος δαίμων. Ἀλκμὰν καὶ Πόρκον ὀνομάζει*

20 suppl. Blass   25 ἔδ]ωκε vel δέδ]ωκε veri sim.   28 θ]ρόνον vel χ]ρόνον veri sim.   29 μ]αταίας veri sim.   35 εργα Π   38 suppl. Blass   39 ἀκλαυστος Π   43 φαίνεν et επαινὲν Π   44 μὠμέσθαι Π   45 δοκεει et εἰμεν sscr. η Π

ALCMAN

ἐκπρεπὴς τὼς ὥπερ αἴτις
ἐν βοτοῖς στάσειεν ἵππον
παγὸν ἀεθλοφόρον καναχάποδα
τῶν ὑποπετριδίων ὀνείρων·
50 ἦ οὐχ ὁρῆις; ὁ μὲν κέλης
Ἐνετικός· ἁ δὲ χαίτα
τᾶς ἐμᾶς ἀνεψιᾶς
Ἁγησιχόρας ἐπανθεῖ
χρυσὸς [ὡ]ς ἀκήρατος·
55 τό τ᾽ ἀργύριον πρόσωπον,
διαφάδαν τί τοι λέγω;
Ἁγησιχόρα μὲν αὔτα·
ἁ δὲ δευτέρα πεδ᾽ Ἀγιδὼ τὸ ϝεῖδος
ἵππος Ἰβηνῶι Κολαξαῖος δραμήται.
60 ταὶ Πεληάδες γὰρ ἇμιν
ὀρθρίαι φᾶρος φεροίσαις
νύκτα δι᾽ ἀμβροσίαν ἅτε σήριον
ἄστρον ἀυηρομέναι μάχονται·
οὔτε γάρ τι πορφύρας
65 τόσσος κόρος ὥστ᾽ ἀμύναι,
οὔτε ποικίλος δράκων
παγχρύσιος, οὐδὲ μίτρα
Λυδία, νεανίδων
ἰανογ[λ]εφάρων ἄγαλμα,
70 οὐδὲ ταὶ Ναννῶς κόμαι,
ἀλλ᾽ οὐ[δ᾽] Ἀρέτα σιειδής,

---

49 Et. Mag. 783. 20   61 Hdn. π.μ.λ. β 36 φάρος ... σημαντικὸν τοῦ ἱματίου ἢ καὶ τοῦ ἀρότρου ὡς καὶ παρ᾽ Ἀλκμᾶνι   64–65 schol. Lips. Hom. Il. 5. 266, Eust. Il. 546. 29   71 Et. Mag. 134. 25

---

51 fort. potius Ἐνητ- vel ϝενητ-   54 [ὠ]τ᾽ coni. Blass   58 ειδος Π   60 Πελειάδες Π   61 Ὀρθίαι coni. Bergk coll. schol. A   63 ανειρ- Π   64 ουτι sscr. ε Π

4

οὐδὲ Σύλακίς τε καὶ Κλεησισήρα,
οὐδ' ἐς Αἰνησιμβρ[ό]τας ἐνθοῖσα φασεῖς·
Ἀσταφίς [τ]έ μοι γένοιτο
75 καὶ ποτιγλέποι Φίλυλλα
Δαμαρ[έ]τα τ' ἐρατά τε Ϝιανθεμίς·
ἀλλ' Ἁγησιχόρα με τείρει.

οὐ γὰρ ἁ κ[α]λλίσφυρος
Ἁγησιχ[ό]ρ[α] πάρ' αὐτεῖ,
80 Ἁγιδοῖ .... αρμένει
θωστήρ[ιά τ'] ἄμ' ἐπαινεῖ;
ἀλλὰ τᾶν [..]... σιοὶ
δέξασθε· [σι]ῶν γὰρ ἄνα
καὶ τέλος· [χο]ροστάτις,
85 ϝείποιμί κ', [ἐ]γὼν μὲν αὐτὰ
παρσένος μάταν ἀπὸ θράνω λέλακα
γλαύξ· ἐγὼ[ν] δὲ τᾶι μὲν Ἀώτι μάλιστα
ϝανδάνην ἐρῶ· πόνων γὰρ
ἆμιν ἰάτωρ ἔγεντο·
90 ἐξ Ἁγησιχόρ[ας] δὲ νεάνιδες
ἰρ]ήνας ἐρατ[ᾶ]ς ἐπέβαν·
τῶ]ι τε γὰρ σηραφόρωι
..]τῶς εδ...........
τ[ῶι] κυβερνάται δὲ χρὴ
95 κ[ἠ]ν νᾶϊ μάλιστ' ἀκούην·
ἁ δὲ τᾶν Σηρην[ί]δων
ἀοιδοτέρα μ[ὲν οὐχί,
σιαὶ γάρ, ἀντ[ὶ δ' ἕνδεκα
παίδων δεκ[ὰς ἅδ' ἀείδ]ει·
100 φθέγγεται δ' [ἄρ'] ὥ[τ' ἐπὶ] Ξάνθω ῥοαῖσι

---
76 ιανθ- Π   80 δὲ π]αρμένει vel δ' ἴκτ]αρ μένει veri sim.   82 τᾶν [εὐ]χὰς Blass   85 ειπ- Π   86 βεβακα in λελακα corr. Π   88 δνθ- Π   93 αὐ]τῶς veri sim.   97 suppl. Weil   μ[ὲν αὐδά von der Mühll   98 e schol. A suppl.   99 suppl. Wilam., Blass   100 suppl. Blass

ALCMAN   1. 101–105

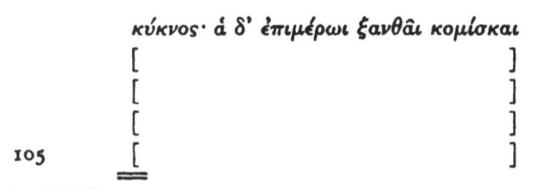

κύκνος· ἁ δ' ἐπιμέρωι ξανθᾶι κομίσκαι

[   ]
[   ]
[   ]
105   [   ]
       ===

105 carminis finem notat in marg. coronis

Schol. A: in marginibus P.Louvr. scripta

2 ὅτι τοιαύτη ἡ | διάν(οια)· τὸν Λύκαι|ον οὐ συγκατα|ριθμ(ῶ) τ[οῖς] a ... |
['Ιπποκων]τίδαις | ουμ[...] ... |του[......]. | .εια.[..]...[.]. | ἔσται οὐ
μόνον | τὸν Λύκαι(ον) ἀλλ[ὰ] | καὶ τοὺς λο[ι]ποὺς | Δηρίτιδας οὓς ἐπ'
ὀ|νόματος λέγει

6 (scr. manus²) Φερεκ(ύδης) ἕνα | τ(ῶν) 'Ιπποκωντιδ(ῶν) | Ἀρήιτον·
μή[π]ο|τ' οὖν κ(αὶ) ὧδε σὺν τῶ[ι ī] | δεῖ γρ(άφειν) ἢ τ(ὸν) Ἀρήιτον | ὁ
Ἀλκμ(ὰν) Ἀρήιον

14 ὅτι τὸν Πόρον εἴρηκε τὸν αὐτὸν | τῶι ὑπὸ τοῦ 'Ησιόδο(υ) μεμυθολογη|
μένωι Χάει

32 Ἀριστο(φάνης) Ἀΐδας, Πάμφιλο(ς) | Ἄιδας
37 αἱ π(ρὸς) τῆ(ς) Ἀγιδοῦς ......
38 Ἀρί(σταρ)χ(ος) ὄ[δ' ὄλβιος]
42 ἐντεῦθεν αἱ π(ρὸς) τῆς Ἀγησιχόρ(ας) παρα[...].ουσι
48 αἱ π(ρὸς) τῆ(ς) Ἀγιδο(ῦς) τοῦτ[ο ...] | οτα αἱ π(ρὸς) τῆ(ς) Ἀγησιχό(ρας)
49 ὅτι τὰ θαυμα|στὰ καὶ τερατώδη οἱ | ποιηταὶ εἰώθα(σι) τοῖς | ὀνείροις
προσάπτειν κ(αὶ) | παρομοιοῦν διὰ τὸ φαίνεσθαι | κατὰ τὸ[ν] ὄνειρον τοιαῦτα· |
ὑ[πο]π[ετρ]ιδίο(υς) εἴρηκε ὡς | ὑπὸ π[έ]τρα(ι) οἰκοῦντα(ς) | ἐν α ...
τόπω(ι)· παραγρά(φει) | δὲ |"Ομη(ρον) ὡς ἐν τῆ(ι) 'Οδυσσείαι· | Πὰρ δ' ἴσαν
'Ωκεανοῖο ῥοὰς | καὶ Λευκά|δα πέτρην ἠδὲ παρ' ἠελίοιο πύλας καὶ δῆμο(ν)
ὀνείρων

59 |τα γένη ἐστὶν .... ικῶν ἵππων [.].[| Εἰβηνῷ | ....[.].... |
.αζειαγ-[...]... | την

61 sup. voc. φᾶρος: αροτο

sub col., ad vv. 60 seqq. spectantia: ἄρ[ο]τρο(ν)· | ὀρθίαι φᾶρος·
Σωσιφάνης ἄροτρον. ὅτι | τὴν Ἀγιδὼ καὶ Ἀγησιχόραν περιστεραῖς εἰκάζουσι

supra col. ad vv. 64 seqq. spectantia, linearum vi reliquiae: tres
priores legere nequeo (nisi in tertio διδάσκαλος), in tribus sequentibus
tantum (4)]ις τ' ἀριθμ̣' τ' ῑβ πρωτοσ .... οὐδὲ ταὶ Ναν[νῶς κόμαι],

6

Schol. A et B   ALCMAN

(5) .... Ἀρέτα .... Θυλακίς (συλ sscr. θ) τ(ε) κ(αὶ) Κλεησισήρα[,
(6) τ]ε κ(αὶ) Ἀσταφὶς ...... κ(αὶ) Φίλυλλα κ(αὶ) Δαμαρέτα κ(αὶ) ʼΙανθεμ[ὶς
79 ἀν(τὶ) αὐτοῦ. | Στασικλεῖ .[|.[.].ρ.
81 θωστήρια ἑορτ[ή
83 ὅτι τὸ ἄνα ἄνυσις
88 ἀρέσκειν ἐπιθυμῶ
95 ναῖ ναὶ Ἀρι...
98 ενδ...|τα..[....]δ° εἴρηκε | ἀλλὰ διὰ | τὸ τὸν | χορὸν ὅτε μὲν ἐξ ῑᾱ
παρθένων ὅτε δὲ ἐκ ῑ· φη(σὶν) οὖν | τὴν χορηγὸν ...χχ... ἀντὶ ῑᾱ ᾄδειν ῑ·
ἐξῆν γὰρ ᾳ. | ἀριθμὸν εἰπεῖν ..... εἴπερ οὐκ ἐβούλετο τὸν ἀριθ[μ(ὸν) τ(ῶν) |
παρθένων - - - (cetera vix legibilia, nisi αι Ολυμπι et ῑθ εξην)

Schol. B: P.Oxy. 2389

fr. 6 col. i

```
              ].ς ἵππος Κολαξαῖος
              ] οὕτως ἡ Ἀγιδὼ προ
              δευ]τέρα κατὰ τὸ εἶδος
              ] ἵππος Κολ[αξαῖος πρὸ]ς ʼΙβηνὸν
5             Κολ]αξαίου δ.[........].[....]ο
        ʼΙβ]ηνοῦ·   πε[ρὶ δὲ τοῦ γένο]υς τῶν
        ἵππω]ν Ἀρίσταρχος ο[ὕτως ἱστορ]εῖ· ἀμ-
        φότερ]α ταῦτα γένη ἵπ[πων......]κά· λέ-
        γουσι] δὲ ἀμφοτέρω[ν διαπρε]πόντων
10      προφ]έρειν τὸν [ʼΙ]βην[όν·.....] τοὺς
        ʼΙβην]οὺς φησιν τῆς Λ[υδίας ἔθνος εἶ]ναι·
        ἀπὸ τ]ούτου δὲ βούλετ[αι......ὅτι] Λυ-
        δὸς ἦν·] ὁ Ἀλκμάν· Σω[σίβιος δὲ τὸ τ]ῶν
        ʼΙβηνῶ]ν ἔθνος ἀποφ[αίνει .... ].ρι-
15      ]κεῖσθαι προσα[γόμενος ..].δο
        μ]άρτυν· περὶ δὲ τῶ[ν Κολαξαί]ων
        Εὔδοξο]ς ὁ Κν[ίδι]ος δια[        ]νεαμ[
              ]..ιως  γρ[         ]δε.[
        ] τὸν πόντον τοῦτο[ν
```

. . .

post e.p. pauca suppl. Barrett *Gnomon* 33 (1961) 682 seqq.

8 cf. schol. A ad 59   Ἀσιατι]κά, sim.   13 vel δ' ἕτερ]ον (Barrett)
13 seqq. 'Σω. Ibenorum sedem (nescio quo loco) esse demonstrat, testem (nescio quem) adducens'   ].δω in].δο corr. Π, fort. 'Ηρόδωρον
in -δοτον (Barrett)   17 vel Κτησία]ς (e.p.)

7

ALCMAN

fr. 6 col. ii

ἀμιν ἀ[ρθρίαι φᾶρος φεροίσαις νύκτα δι'
ἀμβροσία[ν ἅτε σίριον ἄστρον ἀνειρομέναι
μάχονται[ι
εἰρημέν[ι
5 τὴν Ἀγιδὼ [
αὐταῖς ὀρ[
δὲ τοῦτο λ.[πλεο-
νάκις εἰσφ[Ἀ-
ταρνίδες [
10 [
αδ....[
χονται· τὰς [δὲ Πλειάδας Πελειάδας φη-
σὶν καθάπερ [καὶ Πίνδαρος   ὀρει-
ᾶν γε Πελει[άδων μὴ τηλόθεν Ὠαρίωνα
15 νεῖσθαι· ἐὰν [
οὕτως ἀκοῦσα[ι   ἥ τε Ἁγησιχό-
ρα καὶ ἡ Ἀγιδὼ.[
οὖσαι τὸ τοῦ σιρ[ίου ἄστρον
μαχόμεναι πσ[
20 Πλειάδων τὸ α[
γὰρ ὡς πελει[άδες
ρουσιν πα.[
νύκ[τ]α δι' ἀ[μβροσίαν ἅτε σίριον ἄστρον ἀνει-
ρο]μέναι μ[άχ]ο[νται
25 πειν τι· εἶναι γὰρ [νύκτα δι' ἀμβρο-
σίαν ἀντίστροφο[ν τῶι   κανα-
χάποδα ὥστε ηλ[
λείπειν· τιμων[
 .]ν ἄστρον ἅτε σ[ίριον   κατὰ
30 λόγον τοιοῦτον [
ἡμᾶς περὶ τῆς [
] ..νου ἀστρ[
].πο[

• • •

---

fere omnia suppl. e.p.   9 Atarnides quid sibi velint prorsus ignotum   11 δ̣ρ̣μ possis, tum spat. ii litt. vac.; fort. δι' ἀμβρ[οσίαν ἀνειρομέναι μά|χονται voluit   12 seqq. Pind. Nem. 2. 11 (cf. Athen. xi 490 F)   24 seq. φασὶ δὲ ἐν τοῖς ἄνω ἐλλεί|πειν τι possis: sed de responsione minus accurate disserit, de omissione (24–25, 27–28) prorsus hariolatur   26 παγὸν ἀεθλοφόρον spatium excedit: fort. παγόν omisit

Schol. B   ALCMAN

fr. 7 col. i

(a)

```
                    ].[
            ] Φίλυλλα Δαμαρέ-
    τα      ]. · καθ' ὑπόθεσιν ταύ-
    τ       τ]ῆς Αἰνησιμβρό-
5   τας     ]βου[
```

(b)

```
        ἵ]να βλέπηι[
    τὰς λ]οιπὰς παρθ[ένους         ἀλλ' Ἀγη-
    σιχό]ρα με [τ]είρ[ει
        ]. ἀλλ' Ἀγησιχ[όρα με τείρει· οὐ
5   γὰρ ἁ] καλλίσφυρος Ἀγη[σιχόρα πάρ' αὐτεῖ·
    ο]ὐχ ὡς νῦν μὴ παρού[σης
    τ]ῆς Ἀγησιχόρας ἀλλὰ [
    ]ται ὅτι ἐὰν εἰ[ς] τῆ[ς Αἰνησιμβρότας
    ἔλ]θηις οὐδεμίαν [
10     ]. ειν πα[ρθ]ένο[ν
        ]ε τείρ[ει
```

e.p. secutus supplevi   monendum est, a supplementis pendere sententiam. indicio v. 6 fretus ita summam reddere possis: 3 seq. [τ]είρ[ει· τουτέστιν ἔρωτί με | πιέζε]ι· ; 6 seqq. παρού[σης μετὰ τῶν ἄλλων | τ]ῆς Ἀγ. ἀλλὰ [λέγειν βούλε]ται κτλ.; 9 οὐδεμίαν[τοιαύτην δυνήσηι | εὑ]ρεῖν παρθένο[ν ἀλλὰ μόνη Ἀγησιχό|ρα μ]ε τείρ[ει...

9

ALCMAN 2. 1-37

2

[3] fr. 1   ]τα[
π]αρεγγρά(φεται) ἐν [το]ῖς ἀντιγρά(φοις) αὕτη
] πέμπτωι   κα̣ὶ̣ ἐν ἐκείνωι
ἐν μὲν τῶι] Ἀρ(ιστο)νί(κου) περιεγέγρα(πτο) ἐν δὲ τῶι Πτολ(εμαίου)
ἀπερ[ί]γρα(πτος) ἦν

       Ὀλ]υμπιάδες περί με φρένας
           ]ς ἀοιδας
           ]ω δ' ἀκούσαι
           ]ας ὀπός
5   ]..ρα καλὸν ὑμνιοισᾶν μέλος
           ].οι
       ὕπνον ἀ]πὸ γλεφάρων σκεδ[α]σεῖ γλυκύν
           ]ς δέ μ' ἄγει πεδ' ἀγῶν' ἴμεν
       ἆχι μά]λιστα κόμ[αν ξ]ανθὰν τινάξω·
10   ].σχ[ἀπ]αλοὶ πόδες
       ⟨desunt vv. 20⟩

fr. 3 col. i   ]
                            ]λος·
                            ]
          ⟨κρυερὰ⟩   ]
35   ]α
                           ].ας·
                            ]
       ⟨desunt vv. 23⟩

P.Oxy. 2387

---

schol. marg. sup. 2 αὕτη sc. ὠιδή, 3 κἀν (τῶι)] πέμπτωι supplend.; ferebatur idem in libris primo et quinto   1-5 e.g. Μώσαι Ὀλυμπιάδες περί με φρένας | ἱμέρωι νέας ἀοιδᾶς | πίμπλατ'· ἰθύω δ' ἀκούσαι | παρθενηίας ὀπός | πρὸς αἰθέρα καλόν   34 suppl. e schol. κ]ρυερα ψυχρα

10

2. 61-85   ALCMAN

fr. 3 col. ii

    λυσιμελεῖ τε πόσωι, τακερώτερα
    δ' ὕπνω καὶ σανάτω ποτιδέρκεται·
    οὐδέ τι μαψιδίως γλυκ . . ήνα·
    Ἀ[σ]τυμέλοισα δέ μ' οὐδὲν ἀμείβεται
65   ἀλλὰ τὸ]ν πυλεῶν' ἔχοισα
    [ὥ] τις αἰγλά[ε]ντος ἀστήρ
    ὠρανῶ διαιπετής
    ἢ χρύσιον ἔρνος ἢ ἀπαλὸ[ν ψίλ]ον
    . .]ν
70   ] . διέβα ταναοῖς πο[σί·]
    -κ]ομος νοτία Κινύρα χ[άρ]ις
    ἐπὶ π]αρσενικᾶν χαίταισιν ἴσδει·
    Ἀ]στυμέλοισα κατὰ στρατόν
    ] μέλημα δάμωι
75   ]μαν ἑλοῖσα
       ]λέγω·
    ]εναβαλ' α[ἰ] γὰρ ἄργυριν
    ] . [.]ία
    ]α ἴδοιμ' αἴ πως με . . ον φιλοι
80   ἁσ]σον [ἰα]ῖσ' ἁπαλᾶς χηρὸς λάβοι,
    αἶψά κ' [ἐγὼν ἱ]κέτις κήνας γενοίμαν·
    νῦν δ' [   ]δα παῖδα βα[.]ύφρονα
    παιδι . [   ]μ' ἔχοισαν
    ] . ·ε[   ] . ν ἁ παίς
85   ]χάριν·
    ⟨desunt vv. 5⟩

---

68 Paus. iii 19. 6 ψίλα καλοῦσιν οἱ Δωριεῖς τὰ πτερά

63 γλυκῆα κήνα non scripsit, fort. debuit   ante h.v. coronis (a manu posteriore)   71 fort. καλλίκ]ομος   73-74 e.g. ἢ μὰν Ἀστυμέλοισα κατὰ στρατόν | ἔρχεται]   77 de βάλ' vel ἀβάλ' αἰ γὰρ cogitat e.p. 79 vel ἴδοι μ'   hic et 64, 73 (Ϝαστυ-) fort. digamma scribendum   μεσιον ut vid.   φιλοῖ veri sim.   80 suppl. Barrett, Peek   81 κηνᾶς Π

11

ALCMAN 3. 1-21

INCERTI LIBRI

3

[5] fr. 2 col. i

. . .

          ].ου[
          ]..ν οὐδ.[
>—
        ] παρασταθεῖσαν
        ] τὴν Ἀφροδίτην Θέ-
5   ων [καὶ Τ]υραννίων ἀναγι-
νώσκου[σι χρυσῶ] κατὰ γενικήν, ἵν' ᾖι·
οὐδὲ εἶς [σε μέμ]ψεται πλησίον χρυσοῦ
στᾶσαν οὐ[δὲ] ἐ[ξελ]έγξει σε χρυσός, ἀλλὰ
διοίσεις αὐτόν. οὐ γὰρ πολυπήμων Κά-
>—]
10 λα]ισος ἀνὴρ πεδ' ἀνδρῶν οὐ[δ'] ἄγριος· ἐ[κ
τοῦ ἐναντίου τὸ ἐναντίον. οὐκ ἐστὶ πολυπή-
μων ὁ Κάλαισο[ς ἀ]λλ' εὐδαίμων οὐδ' ἄγριος
ἀλλὰ ἥμερος. νῦν δ' ἴομες τῶ δαίμονος
>—]
ἔω(ς) τοῦ παι[δῶν] ἄρισταν· Λεωτυχίδας
15 Λ]ακεδαι[μονί]ων βασιλεύς. ἄδηλον δὲ
        θ]υγάτηρ ἡ Τιμασιμβρότα
      ].αι τινος. φυὰν δ' ἔοικεν
>—
      π]αιδὶ ξανθῶι Πολυδώ[ρ]ω[
      ] Λεωτυχίδα υἱός ἐστι τοῦ
20 Λακεδαιμονίων] βασιλέ[ω]ς· [το]ῦ δ' Εὐρυκ[ρ]ά-
τους υἱὸς Πολύδ]ωρος καὶ Τιμ[ασιμ]βρότα

P.Oxy. 2390 (commentarii fragmenta)

---

col. i 13 seqq.   vid. F. D. Harvey *JHS* 87 (1967) 62 seqq.

3 col. i 22–29, col. ii 1–18   ALCMAN

θυγά[τηρ. Μῶ]ϲα λίϲϲομαί τ[έ ϲι]ῶν μά-
λιϲτα [· τὰς Μο]ύϲας ὕπερ .[   ].ατρος
τῆς τ[   ]ντιδων φυλ[χ]ορός (ἐστι)
25 Δύμα[ιναι, ὧν πά]τρα Δυμᾶ[νες. ἐν δ]ὲ ταύ-
τηι τῆι ὠιδ[ῆι Ἀλ]κμὰν φυσ[ιολο(γεῖ)· ἐ]κθη-
ϲ[ό]μεθα δὲ [τὰ δ]οκοῦντα ἡ[μῖν μ]ετὰ τὰς
τῶν λοιπῶ[ν πεί]ρας. Γῆς [μὲν] Μούϲα[ς
θυγατέρας ὡς Μίμνερμ[ος .]τας ἐγε‖[νεαλόγησε

col. ii

.ν.[
πάντων...[
τις ἐκ δὲ τῶ π[τέ-
κμωρ ἐγένετο τ[
5   μο[.] ἐντεῦθεν ει.[
πόρον ἀπὸ τῆς πορ.[..].[
ὡς γὰρ ἤρξατο ἡ ὕλη κατασκευα[σθῆναι
ἐγένετο πόρος τις οἰονεὶ ἀρχή· λ[έγει
οὖν ὁ Ἀλκμὰν τὴν ὕλην πάν[των τετα-
10 ραγμένην καὶ ἀπόητον· εἶτα [γενέ-
σθαι τινά φησιν τὸν κατασκευά[ζοντα
πάντα, εἶτα γενέσθαι [πό]ρον, τοῦ [δὲ πό-
ρου παρελθόντος ἐπακολουθῆ[σαι] τέ-
κμωρ· καὶ ἔστιν ὁ μὲν πόρος οἷον ἀρχή, τὸ δὲ τέ-
15 κμωρ οἰονεὶ τέλος. τῆς Θέτιδος γενο-
μένης ἀρχὴ καὶ τέ[λ]ο[ς ταῦτ]α πάντων ἐ-
γένε[τ]ο, καὶ τὰ μὲν πάντα [ὁμο]ίαν ἔχει
τὴν φύσιν τῆι τοῦ χαλκοῦ ὕληι, ἡ δὲ

22 suppl. West; est novi carminis initium   24 punctum post
-δων posuit Harvey
col. ii vid. West CQ N.S. 13 (1963) 154 seqq.   2–3 fort. Θέ]τις

ALCMAN   3 col. ii 19-29, 4. 1-5

Θέτις τ[ῆι] τοῦ τεχνίτου, ὁ δὲ πόρος καὶ τὸ τέ-
20   κμωρ τῆι ἀρχῆι καὶ τῶι τέλει. **πρέσγ[υς**

δὲ ἀντὶ τοῦ πρεσβύτης. καὶ τρίτος σκότος·

διὰ τὸ μηδέπω μήτε ἥλιον μήτε σε-
λ]ήνην γεγονέναι ἀλλ' ἔτι ἀδιάκριτ[ο]ν εἶναι
τ]ὴν ὕλην· ἐγένοντο οὖν ὑπο.[.]... πό-
25   ρος καὶ τέκμωρ καὶ σκότ[ος   ].[**ἀμάρ**

τε καὶ σελάνα καὶ τρίτον σκότος· τας
μαρμαρυγας· ἀμαρ οὐ ψιλῶς ἀλλὰ
σὺν ἡλίωι· τὸ μὲν πρότερον ἦν σκότος μό-
νον, μετὰ δὲ ταῦτα διακριθέ[ντο]ς αὐτοῦ

---

24 fort. ὑπὸ τ[α]ὐτὸ (e.p.)   26-27 fort. ⟨ἕως⟩ τας (vel τοῦ, West)
μαρμαρ.

Μελῶν β?

4 (24 B., 13 D.)

[16]
     οὐκ ἦς ἀνὴρ ἀγρεῖος οὐ-
     δὲ σκαιὸς οὐδὲ †παρὰ σοφοῖ-
     σιν† οὐδὲ Θεσσαλὸς γένος,
     'Ερυσιχαῖος οὐδὲ ποιμήν,
5   ἀλλὰ Σαρδίων ἀπ' ἀκρᾶν.

Steph. Byz. s.v. 'Ερυσίχη (παρ' Ἀλκμᾶνι ἐν ἀρχῆι τοῦ δευτέρου τῶν
παρθενείων ᾀσμάτων)+Strabo x 2. 22; P.Oxy. 2389 fr. 9 i 14] ἀνὴρ
ἀγρεῖος οὐδ[2 σκαιός Chrysipp. π. ἀποφ. 21   4 schol. Ap.
Rhod. 4. 972 τὸ παρ' Ἀλκμᾶνι λεγόμενον ἐρυσίχαιον, τῶι χαίωι ἐρύοντα καὶ
ποιμαίνοντα, Et. Mag. s.v. Ἀχαιός

---

1 ἦς Chrys.: εἶς Steph.   ἀγρεῖος P.Oxy.ᵖᶜ: ἄγριος Steph., P.Oxy.ᵃᶜ
ἄγροικος Chrys.   2-3 παρ' ἀσόφοισιν Welcker   4 'Ερυσιχαῖος
Hartung: οὐδ' ἐπυαίχ. vel οὐδ' Ερφαιχ. Steph., Straḃr

Μελῶν γ̄

5 (33 B., 49 D.)

καί ποκά τοι δώσω τρίποδος κύτος [17]
†ὠκένιλεα Γειρης†
ἀλλ' ἔτι νῦν γ' ἄπυρος, τάχα δὲ πλέος
ἔτνεος, οἷον ὁ παμφάγος Ἀλκμὰν
ἠράσθη χλιαρὸν πεδὰ τὰς τροπάς·
οὔτι γὰρ †οὖ τετυμμένον† ἔσθει,
ἀλλὰ τὰ κοινὰ γάρ, ὥσπερ ὁ δᾶμος,
ζατεύει.

Athen. x 416 C–D Ἀλκμὰν ... ἐν τῶι τρίτωι   cf. Ael. v.h. i 27

---

1 τόκα coni. Bergk   2 init. ὠι κ' ἐνί, fin. ἀγείρηις vel ἀγείραις veri sim.   3 δ' ἔμπλεος coni. Lobel   5 χλιαρὸν πεδὰ Casaubon: χαιερον παιδα Athen.   6 fort. ἁδὺ τετυγμένον   ἠὺ pro οὐ vulgo reponunt, formam adverbii inauditam   ἐσθίει coni. Hartung   7 κοινὰ Casaubon: καινὰ Athen.   ὥσπερ Athen.

Μελῶν ε̄

6 (74ᵃ B., 55 D.)

κλίναι μὲν ἑπτὰ καὶ τόσαι τραπέσδαι [19]
μακωνιᾶν ἄρτων ἐπιστεφοίσαι
λίνω τε σασάμω τε κἠν πελίχναις
†πεδεστε† χρυσοκόλλα.

Athen. iii 110 F seq. Ἀλκμὰν ἐν τῶι ε'

---

1 τόσσαι coni. Maas   2 μακωνιᾶν Chantraine et Irigoin: -νίδων Athen.   4 πεδεστε Athen.: fort πλέεσσι, vix παίδεσσι (Schweighaeuser) vel πέδεστι (Bergk)

ALCMAN 7, 8

7 (76 B., 56 D.)

[20]
ὥρας δ' ἔσηκε τρεῖς, θέρος
καὶ χεῖμα κὠπώραν τρίταν
καὶ τέτρατον τὸ ϝῆρ, ὅκα
σάλλει μέν, ἐσθίην δ' ἄδαν
5 οὐκ ἔστι.

Athen. x 416 D ἐν τῶι ε'... λέγων (sc. Ἀλκμάν)

1 fort. τρῖς et θέρος scribendum   2 χεῖμα κὠπώραν anon.: χειμάχωκ· παραν Athen.   3-4 τὸ ϝῆρ, ὅκα σάλλει μὲν edd. vett.: τοηροκας ἀλλ' εἰ μὲν Athen.   4 ἐσθίην Grotefend, Fiorillo (-ίειν): ἐσθειεν Athen.

INCERTI LOCI

8 (13 B.)

[21]
ταῦτα μὲν οὕτω γενέσθαι λέγουσιν· ἐγὼ δὲ γράφειν μὲν ἐθέλω Μεγαρεῦσιν ὁμολογοῦντα, οὐκ ἔχω δὲ ὅπως †εὕρωμαι πάντα σφίσιν, ἀλλὰ ἀποθανεῖν μὲν λέοντα ἐν τῶι Κιθαιρῶνι ὑπὸ Ἀλκάθου πείθομαι, Μεγαρέως δὲ Τίμαλκον παῖδα τίς μὲν ἐς Ἀφιδναν ἐλθεῖν μετὰ τῶν Διοσκούρων ἔγραψε; πῶς δ' ἂν ἀφικόμενος ἀναιρεθῆναι νομίζοιτο ὑπὸ Θησέως, ὅπου καὶ Ἀλκμὰν ποιήσας ᾆσμα ἐς τοὺς Διοσκούρους, ὡς Ἀθήνας ἕλοιεν καὶ τὴν Θησέως ἀγάγοιεν μητέρα αἰχμάλωτον, ὅμως Θησέα φησὶν αὐτὸν ἀπεῖναι; Πίνδαρος δὲ τούτοις τε κατὰ ταὐτὰ ἐποίησε (fr. 243 Sn.) καὶ γάμβρον τοῖς Διοσκούροις Θησέα εἶναι βουλόμενον ⟨ἁρπασθεῖσαν τὴν Ἑλένην διαφυλάξαι add. Schroeder⟩ ἐς ὃ ἀπελθεῖν αὐτὸν Πειρίθωι τὸν λεγόμενον γάμον συμπράξοντα.

Paus. i 41. 4

Ἑλένη ἁρπασθεῖσα ὑπὸ Ἀλεξάνδρου, ἀγνοοῦσα τὸ συμβεβηκὸς μεταξὺ τοῖς ἀδελφοῖς Διοσκούροις κακόν, ὑπολαμβάνει δι' αἰσχύνης αὐτῆς μὴ πεπορεῦσθαι τούτους εἰς Ἴλιον, ἐπειδὴ προτέρως ὑπὸ Θησέως ἡρπάσθη, καθὼς προείρηται. διὰ γὰρ τὴν τότε γενομένην ἁρπαγὴν Ἄφιδνα πόλις Ἀττικῆς πορθεῖται καὶ τιτρώσκεται Κάστωρ ὑπὸ Ἀφίδνου τοῦ τότε βασιλέως κατὰ τὸν δεξιὸν μηρόν. οἱ δὲ Διόσκουροι Θησέως μὴ τυχόντες λαφυραγωγοῦσι τὰς Ἀφίδνας (Ἀθήνας cod.). ἡ ἱστορία παρὰ τοῖς Πολεμωνίοις ἢ τοῖς Κυκλικοῖς καὶ ἀπὸ μέρους παρὰ Ἀλκμᾶνι τῶι λυρικῶι.

Schol. Hom. *Il.* 3. 242

9 (14 B.)

Θαλαμῶν δὲ ἀπέχει σταδίους εἴκοσιν ὀνομαζομένη Πέφνος ἐπὶ [23] θαλάσσηι. πρόκειται δὲ νησὶς πέτρας τῶν μεγάλων οὐ μείζων, Πέφνος καὶ ταύτηι τὸ ὄνομα. τεχθῆναι δὲ ἐνταῦθα τοὺς Διοσκούρους φασὶν οἱ Θαλαμᾶται. τοῦτο μὲν δὴ καὶ Ἀλκμᾶνα ἐν ἄισματι οἶδα εἰπόντα. τραφῆναι δὲ οὐκέτι ἐν τῆι Πέφνωι φασὶν (φησὶν coni. Siebelis) αὐτούς, ἀλλὰ Ἑρμῆν τὸν ἐς Πελλάναν κομίσαντα εἶναι.

Paus. iii 26. 2

10 (26 B., 94 D.)

οὔ μ' ἔτι, παρσενικαὶ μελιγάρυες ἱαρόφωνοι, [26]
γυῖα φέρην δύναται· βάλε δὴ βάλε κηρύλος εἴην,

Antigon. Caryst. *mir.* xxiii (27) τῶν δὲ ἀλκυόνων οἱ ἄρσενες κηρύλοι καλοῦνται. ὅταν οὖν ὑπὸ τοῦ γήρως ἀσθενήσωσιν καὶ μηκέτι δύνωνται πέτεσθαι, φέρουσιν αὐτοὺς αἱ θήλειαι ἐπὶ τῶν πτερῶν λαβοῦσαι. καὶ ἔστι τὸ ὑπὸ τοῦ Ἀλκμᾶνος λεγόμενον τούτωι συνωικειωμένον· φησὶν γὰρ ἀσθενὴς ὢν διὰ τὸ γῆρας καὶ τοῖς χοροῖς οὐ δυνάμενος συμπεριφέρεσθαι οὐδὲ τῆι τῶν παρθένων ὀρχήσει· (1-4)   2 βάλε δή—εἴην Ap. Dysc. *coni.* 522, Et. Gen. A et B, Suid., al.

1 παρθεν- Antig.   ἱερο- Antig.; ἱμερο- coni. Barker   2 φέρειν Antig.

ALCMAN 10, 11, 12

ὅς τ' ἐπὶ κύματος ἄνθος ἅμ' ἀλκυόνεσσι ποτῆται
νηδεὲς ἦτορ ἔχων, ἁλιπόρφυρος ἱαρὸς ὄρνις.

---

3 schol. Ar. *Av.* 251   4 Phot. *Lex.* s.v. ὄρνις, Athen. xi 374 D (ἁλιπ. —ὄρνις)

4 νηδεὲς Boissonade: νηλεὲς Antig., ἀδεὲς Phot.   ἱαρὸς Hecker: εἴαρος Antig., Athen., Phot.

11 (45 B., 67 D.)

[27]

Μῶσ' ἄγε Καλλιόπα θύγατερ Διὸς
ἄρχ' ἐρατῶν ϝεπέων, ἐπὶ δ' ἵμερον
ὕμνωι καὶ χαρίεντα τίθη χορόν.

Heph. *Ench.* vii 4 Ἀλκμὰν δὲ καὶ ὅλας στροφὰς τούτωι τῶι μέτρωι κατεμέτρησε   1 Heph. *Ench.* iv 1   1–3 Syrian. *in Hermog.* i 61. 14, Apostol. xi 94 a

3 τίθει codd.

12 (66 B., 20 D.)

[38]

ὅσσαι δὲ παίδες ἀμέων
ἐντί, τὸν κιθαριστὰν
αἰνέοντι.

Ap. Dysc. *pron.* 121 b ἡ ἀμῶν παρὰ Δωριεῦσι καὶ σύναρθρον γενικὴν σημαίνει ἀκόλουθον τῆι ἁμός. τῆι μέντοι διαιρέσει ἡ πρωτότυπος διαλλάσσει τῆς κτητικῆς, οὐκέτι τὸ αὐτὸ ἀναδεχομένης. Ἀλκμάν·

1 ὅσαι codd.

13 (25 B., 92 D.)

ϝέπη τάδε καὶ μέλος Ἀλκμὰν [39]
εὗρε γεγλωσσαμέναν
κακκαβίδων ὄπα συνθέμενος.

Athen. ix 389 F Ἀλκμᾶνος λέγοντος οὕτως· ἔπη κτλ.

1 ἔπη τάδε Bergk: ἔπη γε δὲ Athen.   2 εὗρε γεγλωσσαμέναν Meineke, Marzullo: εὕρετε γλωσσαμενον Athen.   3 ὄπα Schneidewin: ὄνομα Athen.

14 (67 B., 93 D.)

ϝοῖδα δ' ὀρνίχων νόμως [40]
παντῶν.

Athen. ix 374 D Ἀλκμὰν ... οἶδα κτλ.

1 οἶδα Athen.   δ' Hermann: δι' Athen.

15 (35 B., 100 D.)

ἕρπει γὰρ ἄντα τῶ σιδάρω τὸ καλῶς κιθαρίσδην. [41]

Plut. vit. Lycurg. 21. 6 ἕρπει κτλ., ὡς ὁ Λακωνικὸς ποιητὴς εἴρηκε, de Alex. fort. 2

1 ἕρπει Plut.: ῥέπει coni. Scaliger   κιθαρίσδην Plut. Lyc. S²: -ίζειν, -ίδδειν, -ίσδειν, vel -ίδδεν codd. rell.

16 (21 B., 35 D.)

Κύπρον ἱμερτὰν λιποῖσα καὶ Πάφον περιρρύταν [55]

Strabo viii 3. 8, Eust. Il. 305. 34, Ἀλκμάν· Κύπρον κτλ.

17 (34 B., 37 D.)

[56]
πολλάκι δ' ἐν κορυφαῖς ὀρέων, ὅκα
σιοῖσι ϝάδηι πολύφανος ἑορτά,
χρύσιον ἄγγος ἔχοισα, μέγαν σκύφον,
οἷά τε ποιμένες ἄνδρες ἔχοισιν,
5 χερσὶ λεόντεον ἐν γάλα θεῖσα
τυρὸν ἐτύρησας μέγαν ἄτρυφον Ἀργειφόνται.

Athen. xi 498 F seq. Ἀλκμὰν δέ φησι· πολλάκι κτλ. Aristeid. or. xli 7 πολλή τις καὶ ἄμαχος ἡ δύναμις τοῦ θεοῦ (scil. Διονύσου), καὶ δύναιτ' ἂν καὶ ὄνους πτεροῦν, οὐχ ἵππους μόνον· ὥσπερ καὶ λεόντων γάλα ἀμέλγειν ἀνέθηκέν τις αὐτῶι Λακωνικὸς ποιητής. Gramm. anon. Hamburg. ed. Welcker, Rh. Mus. 10 (1856) 256 ἀργειφόντης· καὶ τύρος ἐν τηρήσας μέγαν ἀργύφαν. ἀργιφόντα. Cf. Hesych. ἄτρυφος· τυρὸς ὁ πησσόμενος ὑπὸ Λακώνων

2 σιοῖσι ϝάδηι : θεοῖς ἅδηι Athen.   πολύφαμος coni. Fiorillo   3 χρύσειον Athen.   4 ἔχουσιν Athen.   5 ἐν γάλα θεῖσα Hermann : ἐπαλαθεισα Athen.   6 Ἀργειφόνται gramm. anon. (ἀργιφόντα) : ἀργειοφόνται Athen., ἀργειφόντης in lemmate gramm. anon.

18 (38 B., 36 D.)

[58]
Ἀφροδίτα μὲν οὐκ ἔστι, μάργος δ' Ἔρως οἷα ⟨παῖς⟩ παίσδει,
ἄκρ' ἐπ' ἄνθη καβαίνων, ἃ μή μοι θίγηις, τῶ κυπαιρίσκω.

Heph. Ench. xiii 6, Apostol. iv 62 b, Ἀλκμᾶνος   1 παῖς suppl. Bentley

19 (36–37 B., 101–2 D.)

[59] (a) Ἔρως με δηὖτε Κύπριδος ϝέκατι
        γλυκὺς κατείβων καρδίαν ἰαίνει.

      (b) τοῦτο ϝαδειᾶν ἔδειξε Μωσᾶν
        δῶρον μάκαιρα παρσένων
        ἁ ξανθὰ Μεγαλοστράτα.

Athen. xiii 600 F Ἀρχύτας δ' ὁ ἁρμονικός, ὥς φησι Χαμαιλέων, Ἀλκμᾶνα γεγονέναι τῶν ἐρωτικῶν μελῶν ἡγεμόνα καὶ ἐκδοῦναι πρῶτον μέλος ἀκόλα-

19, 20, 21, 22   ALCMAN

στον† ὄντα καὶ περὶ τὰς γυναῖκας καὶ τὴν τοιαύτην Μοῦσαν εἰς τὰς διατριβάς· διὸ λέγειν ἔν τινι τῶν μελῶν· "Ερως—ἰαίνει. λέγει δὲ καὶ ὡς τῆς Μεγαλοστράτης οὐ μετρίως ἐρασθεὶς ποιητρίας μὲν οὔσης δυναμένης δὲ καὶ διὰ τὴν ὁμιλίαν τοὺς ἐραστὰς προσελκύσασθαι· λέγει δ' οὕτως περὶ αὐτῆς· τοῦτο— Μεγαλοστράτα.

(a) 1 δηῦτε edd. vett.: δ' αὖτε Athen.   ἕκατι Athen.   (b) 1 τοῦτο ϝαδειᾶν Stephanus, Bergk (ἀδ-): τουθ' αδειαν Athen.   ἔδειξε Μωσᾶν Wilamowitz: Μοῦσαν ἔδειξε Athen.   2 παρθέν· Athen.

20 (16 B., 24 D.)

καὶ τὶν εὔχομαι φέροισα   [60]
τόνδ' ἑλιχρύσω πυλεῶνα
κήρατῶ κυπαίρω.

Athen. xv 680 F Ἀλκμάν; cf. xv 678 A

2–3 πυλεῶνα κηρατῶ κυπαίρω Casaubon, Boissonade, Welcker: πυλεω ακηράτων κυπερω Athen.

21 (62 B., 44 D.)

Εὐνομίας ⟨τε⟩ καὶ Πειθῶς ἀδελφὰ   [64]
καὶ Προμαθήας θυγάτηρ

Plut. de fort. Rom. 4 οὕτως εἰσῆλθεν (sc. ἡ Τύχη) εἰς 'Ρώμην ... ὡς γενεαλογεῖ Ἀλκμάν

1 suppl. Bergk   Εὐνομίης et Πειθοῦς ἀδελφή codd.   2 Προμηθείας codd.

22 (68 B., 77 D.)

δουρὶ δὲ ξυστῶι μέμανεν Αἴας αἵματῆι τε Μέμνων.   [68]

Choerob. in Theodos. i 123. 4 τὸ Αἴας τὸ παρ' Ἀλκμᾶνι ἔχομεν ... συστέλλον τὸ ᾱ. +

μέμηνεν codd.   αἵματῆι Hiller–Crusius: αἵματά codd.

ALCMAN

23 (56ᵃ B., 76 D.)

[69] †με δ' αὖτε† φαίδιμος Αἴας

Et. Gen. B p. 212 Ἀλκμὰν εἶπε· με δ' αὖτε κτλ.

24 (52–54 B., 113+74+47 D.)

[70] (a) πρὸς δέ τε τῶν φίλων
(b) τεὶ γὰρ Ἀλεξάνδρωι δαμάσαι
(c) σὲ γὰρ ἅζομαι.

Ap. Dysc. pron. 106 b σέ ... Δωριεῖς διὰ τοῦ τ (a) Ἀλκμάν, καὶ ἔτι μετὰ τοῦ ι (b) καὶ ἔτι κοινῶς (c).

25 (113 B.)

[71] Λαομεδοντιάδη· μήτηρ Πριάμου, ὥς φησι Πορφύριος ἐν τῶι περὶ τῶν παραλελειμμένων τῶι ποιητῆι ὀνομάτων, κατὰ μὲν Ἀλκμᾶνα τὸν μελοποιὸν Ζευξίππη, κατὰ δὲ Ἑλλάνικον Στρυμώ.

Schol. A Hom. Il. 3. 250

26 (110 B.)

[76] Ὁμήρωι μὲν οὖν φωνὴν Ξάνθωι τῶι ἵππωι δόντι (Il. 19. 404 seqq.) συγγνώμην νέμειν ἄξιον, ποιητὴς γάρ· καὶ Ἀλκμὰν δὲ μιμούμενος ἐν τοῖς τοιούτοις Ὅμηρον οὐκ ἂν φέροιτο αἰτίαν, ἔχει γὰρ ἀξιόχρεων †ἐς αἰδῶ† τὴν πρωτίστην τόλμαν. Αἰγυπτίοις δὲ τοιαῦτα κομπάζουσι προσέχειν πῶς οἷόν τε;

Aelian. n.a. xii 3

27 (40 B., 73 D.)

Δύσπαρις Αἰνόπαρις κακὸν Ἑλλάδι βωτιανείραι. [77]

Schol. A Hom. *Il.* 3. 39 Ἀλκμάν φησιν· Δύσπαρις κτλ., Eust. *Il.* 379. 34 βωτιανείρηι codd.

28 (87 B., 72 D.)

†ὅπως ἀνὴρ δ' ἐν ἀσμένοισιν ἀλιτηρὸς ἦστ' ἐπὶ [79]
θάκας κατὰ πέτρας ὀρέων μὲν οὐδὲν δοκέων δέ†

Schol. Pind. *Ol.* i 91 a Ἀλκαῖος δὲ καὶ Ἀλκμὰν λίθον φασὶν ἐπαιωρεῖσθαι τῶι Ταντάλωι ... ὁ δὲ Ἀλκμάν· Eust. *Od.* 1701. 23

1 ὅπως Pind.: οὕτως coni. Bergk (ὁ δὲ Ἀλκμὰν οὕτως· ἀνὴρ δ' κτλ.) ἀσμένοισιν Pind.: ἀρμένοισιν coni. Bergk ἀλιτηρὸς Pind.: ἀλιτρὸς coni. Bergk, -τήριος Crusius   2 θάκας Pind.: -κοις coni. Heyne, -κω Bergk

29 (41 B., 80 D.)

καί ποκ' Ὀδυσσῆος ταλασίφρονος ὦατ' ἑταίρων [80]
Κίρκα ἐπαλείψασα

Schol. T Hom. *Il.* 16. 236 Ἀλκμὰν γάρ φησι· καί κτλ.

1 ποκ': ποτὲ cod.   ὦατ' Schneidewin: ὠτά θ' cod.   ἑταίρων Heyne: ἑτάρων cod.

30 (29 B., 16 D.)

Ζεῦ πάτερ, αἰ γὰρ ἐμὸς πόσις εἴη. [81]

Schol. Hom. *Od.* 6. 244 Ἀλκμὰν ... παρθένους λεγούσας εἰσάγων

ALCMAN   31, 32, 33, 34

31 (28 B., 15 D.)

[82]
λῦσαν δ' ἄπρακτα νεάνιδες ὥ-
τ' ὄρνις ιἔρακος ὑπερπταμένω.

Athen. ix 373 D ἐπὶ τοῦ πληθυντικοῦ ὄρνις ... Ἀλκμάν πού φησι

1 ὥστ' Athen.   2 ὄρνις codd. recc.: ὄρνιθας Athen.   ἱερ- Athen.
-πταμένωι Athen.

32 (31 B., 106 D.)

[83]
τῶι δὲ γυνὰ ταμία σφεᾶς ἔειξε χώρας.

An. Par. Cramer iv 181. 25 Ἀλκμάν, Ap. Dysc. pron. 142 b

τῶι δὲ γυνὰ ταμία Bergk: τό δε γυναι τάμιας cod.   σφεᾶς ἔειξε:
σφεασε, ειξεν Ap. Dysc., φέας είξε An. Par.

33 (32 B., 82 D.)

[84]
ἐπ' ἀριστερὰ χηρὸς ἔχων

Eust. Il. 110. 35 ἡ χείρ ... διὰ τῆς εῑ ... μετατεθείσης ... εἰς η ...
Ἀλκμάν

⟨Ἄρκτον δ'⟩ ἐπ' κτλ. suppl. Bergk coll. Hom. Od. 5. 276

34 (60 B., 58 D.)

[89]
εὕδουσι δ' ὀρέων κορυφαί τε καὶ φάραγγες
πρώονές τε καὶ χαράδραι
φῦλά τ' ἑρπέτ' ὅσα τρέφει μέλαινα γαῖα

Apollon. Soph. lex. s.v. κνώδαλον· Ἀλκμὰν λέγων οὕτως· εὕδουσι κτλ.

1–2 fort. εὕδουσιν δ' ὀρέων   φάραγγες πρώονές τε Villoison: φάλαγγες
πρώτονέστέ cod.   3 τ' ἑρπέτ' ὅσα: τε ἑρπετά θ' ὅσα cod.

34, 35, 36, 37   ALCMAN

   θῆρές τ' ὀρεσκώιοι καὶ γένος μελισσᾶν
5 καὶ κνώδαλ' ἐν βένθεσσι πορφυρέας ἁλός·
   εὕδουσι δ' οἰωνῶν φῦλα τανυπτερύγων.

4 fort. σῆρες scribendum   μελισσῶν cod.   5 βένθεσσι πορφυρέας Welcker, Bergk: βένθεσι πορφυρῆς cod.

35 (58 B., 59 D.)

Ῥίπας, ὄρος ἀνθέον ὕλαι, [90]
νυκτὸς μελαίνας στέρνον

Schol. Soph. O.C. 1248 Ἀλκμὰν λέγων οὕτως· Ῥίπας κτλ.

1 ἀνθέον Lobeck: ἔνθεον codd.   2 στέρνον Triclinius: -νων codd.

36 (39 B., 105 D.)

χρύσιον ὅρμον ἔχων ῥαδινᾶν πετάλοισι καλχᾶν [91]

Athen. xv 682 A καλχῶν μέμνηται Ἀλκμὰν ἐν τούτοις· χρύσ. κτλ.

χρύσειον et ῥαδινὰν ... κάλχαν Athen.   πετάλοις ἴσα coni. Bergk

37 (70–71 B., 52+51 D.)

(a) κἠπὶ τᾶι μύλαι δρυφῆται κἠπὶ ταῖς συναικλίαις. [95]

(b) αἴκλον Ἀλκμάων ἁρμόξατο.

Athen. iv 140 C φησὶν ὁ Πολέμων καὶ τὸ δεῖπνον ὑπὸ τῶν Λακεδαιμονίων ἄικλον προσαγορεύεσθαι. ... Ἀλκμὰν μὲν γὰρ οὕτω φησί

(a) συναικλίαις Musurus: συνακλειαις Athen.
(b) αἴκλον: ἄικλον Athen.

ALCMAN 38, 39, 40, 41, 42

38 (75 B., 50 D.)

[96]
ἤδη παρεξεῖ πυάνιόν τε πολτὸν
χίδρον τε λευκὸν κηρίναν τ' ὀπώραν.

Athen. xiv 648 B πολτοῦ δὲ μνημονεύει Ἀλκμὰν οὕτως· ἤδη κτλ.; cf. Eust. Od. 1563. 1, 1735. 51

39 (22 B., 71 D.)

[98]
θοίναις δὲ καὶ ἐν θιάσοισιν
ἀνδρείων παρὰ δαιτυμόνεσσι πρέπει παιᾶνα κατάρχην.

Strabo x 4. 18 τὰ δὲ συσσίτια ἀνδρεῖα ... παρ' Ἀλκμᾶνι

2 παρὰ: πὰρ coni. Cobet   πρέπει Ursinus: πρέπε codd.   κατάρχειν codd.

40 (27 B., 95 D.)

[107]
Πολλαλέγων ὄνυμ' ἀνδρί, γυναικὶ δὲ Πασιχάρηα.

Aristeid. or. xlv 32 πολλά, φησίν (sc. ὁ Ἀλκμάν sec. schol.), ὁ ἀνὴρ λεγέτω, γυνὴ δὲ οἷς ἂν ἀκούσηι χαιρέτω

41 (112 B.)

[109]
Σάμβας καὶ Ἄδων καὶ Τῆλος

Athen. xiv 624 B διὸ καὶ τοὺς ... αὐλητὰς Φρυγίους καὶ δουλοπρεπεῖς τὰς προσηγορίας ἔχειν, οἷός ἐστιν ὁ παρὰ Ἀλκμᾶνι Σάμβας κτλ.

42 (80 B., 107 D.)

[110]
οἴκας μὲν ὡραίωι λίνωι

Choerob. in Theodos. ii 343. 33 οἶκα ... παρὰ Ἀλκμᾶνι   οἴκας: εἴκας codd. pars

43 (63 B., 109 D.)

πῆρά τοι μαθήσιος ἀρχά. [125]

Schol. Pind. *Isthm.* i 56 Ἀλκμάν· πεῖρα κτλ.   πεῖρα codd.

44 (114 B.)

τοῦ δὲ Πολυμνήστου καὶ Πίνδαρος (fr. 188 Sn.) καὶ Ἀλκμὰν οἱ [145]
τῶν μελῶν ποιηταὶ ἐμνημόνευσαν.

Plut. *mus.* 5

45 (118 B.)

ἑτέρωθι τοίνυν καλλωπιζόμενος (scil. ὁ Λάκων) παρ' ὅσοις [148]
εὐδοκιμεῖ, τοσαῦτα καὶ τοιαῦτα ἔθνη καταλέγει ὥστ' ἔτι νῦν τοὺς
ἀθλίους γραμματιστὰς ζητεῖν οὗ γῆς ταῦτ' εἶναι, λυσιτελεῖν δ'
αὐτοῖς καὶ μακράν, ὡς ἔοικεν, ἀπελθεῖν ὁδὸν μᾶλλον ἢ περὶ τῶν
Σκιαπόδων ἀνήνυτα πραγματεύεσθαι.

Aristeid. *or.* xxviii 54

Ἡσιόδου δ' οὐκ ἄν τις αἰτιάσαιτο ἄγνοιαν ἡμίκυνας λέγοντος
καὶ μακροκεφάλους καὶ πυγμαίους (fr. 62 Rzach). οὐδὲ γὰρ
αὐτοῦ Ὁμήρου ταῦτα μυθεύοντος, ὧν εἰσι καὶ οὗτοι οἱ πυγμαῖοι,
οὐδ' Ἀλκμᾶνος στεγανόποδας ἱστοροῦντος, οὐδ' Αἰσχύλου κυνο-
κεφάλους καὶ στερνοφθάλμους καὶ μονομμάτους.

Strabo i 2. 35; cf. vii 3. 6

46 (134 B.)

Γραικός· ὁ Ἕλλην, ὀξυτόνως . . . Γραῖκες δὲ παρὰ Ἀλκμᾶνι [155]
αἱ τῶν Ἑλλήνων μητέρες, καὶ παρὰ Σοφοκλεῖ ἐν Ποιμέσιν.

Steph. Byz. s.v.

47

[158] Suda s.v. *Ἀλκμάν· ἔγραψε βιβλία ἓξ μέλη καὶ Κολυμβώσας.*

Cf. Ptolem. Heph. *nov. hist.* ap. Phot. *bibl.* 151 a 7 seqq. Bekker τελευτήσαντος Δημητρίου τοῦ Σκηψίου τὸ βιβλίον Τέλλιδος πρὸς τῆι κεφαλῆι αὐτοῦ εὑρέθη· τὰς δὲ Κολυμβώσας †Ἀλκμάνους† (Ἀλκμᾶνος coni. Casaubon, Ἀλκιμένους Meineke) πρὸς τῆι κεφαλῆι †Τυρονίχου† (Τυννίχου coni. Valesius, Naeke) τοῦ Χαλκιδέως εὑρεθῆναί φησιν κτλ.

STESICHORUS

ΑΘΛΑ ΕΠΙ ΠΕΛΙΑΙ

48 (1 B. et D.)

[178] Φλόγεον καὶ Ἅρπαγον, ὠκέα τέκνα Ποδάργας,
Ἥρα δὲ Ξάνθον καὶ Κύλλαρον

Et. Mag. 544. 54 Στησίχορος ἐν τοῖς ἐπὶ Πελίαι ἄθλοις τὸν μὲν Ἑρμῆν δεδωκέναι φησί Φλόγεον κτλ. +

1 Ἑρμείας Φλόγεον μὲν ἔδωκε καὶ Ἅρπαγον coni. Blomfield, Ἑρμείας μὲν ἔδωκεν | Φλόγεόν τε καὶ Ἅρπαγον Hiller–Crusius 2 Ἥρα Hemsterhuys: Ἥραν codd.   δὲ Ξάνθον Hemsterhuys: δ' ἐξάλιθον fere codd.

49 (2–3 B. et D.)

[179] (a) σασαμίδας χόνδρον τε καὶ ἐγκρίδας
ἄλλα τε πέμματα καὶ μέλι χλωρόν

(b) θρώισκων μὲν ἄρ' Ἀμφιάραος ἄκοντι δὲ
νίκασεν Μελέαγρος.

Athen. iv 172 D seq. (a) Στησιχόρου ἢ Ἰβύκου ἐν τοῖς Ἄθλοις ἐπιγραφομένοις εἰρηκότος φέρεσθαι τῆι παρθένωι δῶρα σασαμίδας κτλ. (b) Στησίχορος οὕτως εἴρηκεν ἐν... τοῖς Ἄθλοις· θρώισκων κτλ.; cf. xiv 645 E

(b) μὲν ἄρ' Kleine: μὲν γὰρ Athen.

50 (4 B.)

[180] χειροβρῶτι δεσμῶι· τοῖς πυκτικοῖς ἱμᾶσι. διὰ τὸ τὰς σάρκας διακόπτειν καὶ ἀναλίσκειν. βέλτιον δὲ τὸν δεσμὸν ἀκούειν τὸν ἀποβιβρώσκοντα τὼ χεῖρε. ἐδέθη γὰρ ἔν τινι †πετραίωι· Στησίχορος ἐν ἀρχῆι τῶν ἐπὶ Πελίαι Ἄθλων.

Zenob. vi 44

ΓΑΡΥΟΝΑΙΣ

51 (7 B., 5 D.)

σκύφιον δὲ λαβὼν δέπας ἔμμετρον ὡς τριλάγυνον [181]
πί' ἐπισχόμενος, τό ῥά οἱ παρέθηκε Φόλος κεράσας.

Athen. xi 499 A Στησίχορος ... λέγει ... ἐπὶ τοῦ Ἡρακλέους   2 πίνεν ἐπισχ. coni. Friedemann

52 (9 B., 6ᴬ D.)

Παλλαντίου μὲν δὴ καὶ Στησίχορος ὁ Ἱμεραῖος ἐν Γηρυονηΐδι [182]
ἐποιήσατο μνήμην.

Paus. viii 3. 2

53 (10 B., 6ᴮ D.)

Στησίχορος δὲ ἐν τῆι Γηρυονίδι καὶ νῆσόν τινα ἐν τῶι Ἀτλαντι- [183]
κῶι πελάγει Σαρπηδονίαν φησί.

Schol. Ap. Rhod. i 211

54 (5 B., 4 D.)

σχεδὸν ἀντιπέρας κλεινᾶς Ἐρυθείας [184]
Ταρτησσοῦ ποταμοῦ παρὰ παγὰς ἀπείρονας ἀργυρορίζους
ἐν κευθμῶνι πέτρας

Strabo iii 2. 11 οὕτως εἰπεῖν ὑπολαμβάνουσι Στησίχορον περὶ τοῦ Γηρυόνος βουκόλου διότι γεννηθείη σχεδὸν κτλ.

1 Ἐρυθίας codd.   3 κευθμῶνι Hermann: -μώνων codd. vid. Addenda p. 264

STESICHORUS 55, 56, 57

55 (8 B., 6 D.)

[185]
ἆμος δ' Ὑπεριονίδα ἲς
δέπας ἐσκατέβαινεν χρύσεον, ὄφρ-
α δι' ὠκεανοῖο περάσας
ἀφίκοιθ' ἱαρᾶς ποτὶ βένθεα νυκτὸς ἐρεμνᾶς,
5 ποτὶ ματέρα κουριδίαν τ' ἄλοχον παί-
δας τε φίλους,
ὁ δ' ἐς ἄλσος ἔβα δάφναισι κατα-
σκιάον ποσὶ παῖς Διὸς [–⏑⏑–].

Athen. xi 469 E; cf. 470 C ὁ δ' Ἡρακλῆς ἕλκεται ἐπ' αὐτὸν (sc. τὸν Ἥλιον) τὸ τόξον ὡς βαλῶν καὶ ὁ Ἥλιος παύσασθαι κελεύει, ὁ δὲ δείσας παύεται. Ἥλιος δὲ ἀντὶ τούτου δίδωσιν αὐτῶι τὸ δέπας τὸ χρύσεον ὃ αὐτὸν ἐφόρει σὺν ταῖς ἵπποις ἐπὴν δύνηι διὰ τοῦ ὠκεανοῦ ... ἔπειτα πορεύεται Ἡρακλῆς ἐν τῶι δέπαι τούτωι εἰς τὴν Ἐρύθειαν. καὶ ὅτε δὲ ἦν ἐν τῶι πελάγει Ὠκεανὸς πειρώμενος αὐτοῦ κυμαίνει τὸ δέπας φανταζόμενος. ὁ δὲ τοξεύειν αὐτὸν μέλλει καὶ αὐτὸν δείσας Ὠκεανὸς παύσασθαι κελεύει; cf. 781 D

vid. Addenda p. 264
1 ἆμος Kaibel: ἅλιος Athen. -ίδα ἲς West: -ίδας cod. τᾶμος δ' Ὑπ. [μὲν] Barrett 2 -βαινε Athen. 4 ἀφίκοιθ' Blomfield: -κηθ' Athen. ἱερ- Athen. 7–8 κατασκιάον Page (cf. Hom. Od. 12. 435 seq. ὄζοι ... κατεσκίαον ... Χάρυβδιν): κατάσκιον Athen. vel fort. -σκιόεν (Barrett) vel -σκιαρὸν fort. [Ἡρακλέης vel adiect.]

56 (6 B.)

[186] ἔστι δὲ ὁ Γηρυονεὺς ἐκ Καλλιρρόης τῆς Ὠκεανοῦ καὶ Χρυσάορος. Στησίχορος δὲ καὶ ἐξ χεῖρας ἔχειν φησὶ καὶ ἐξ πόδας καὶ ὑπόπτερον εἶναι.

Schol. Hes. Theog. 287

ΕΛΕΝΑ

57 (29 B., 10 D.)

[187] πολλὰ μὲν Κυδώνια μᾶλα ποτερρίπτουν ποτὶ δίφρον ἄνακτι,

. Athen. iii 81 D Στησίχορος ἐν Ἑλένηι οὕτως· πολλὰ κτλ.

1 μὲν del. Suchfort

57, 58, 59, 60, 61   STESICHORUS

πολλὰ δὲ μύρσινα φύλλα
καὶ ῥοδίνους στεφάνους ἴων τε κορωνίδας οὔλας.

2 μύρσινα Schneidewin: μυρεινα Athen. cod. A, μύρρινα codd. CE
3 ῥοδίνους Athen. codd. CE: ῥαδίνου cod. A

58 (30 B., 10ᴰ D.)

λιθαργύρεον ποδανιπτῆρα   [188]

Athen. x 451 D Στησίχορος δ' ἐν 'Ελένηι λιθ. ποδ. ἔφη

59 (31 B., 10ᴱ D.)

Argum. Theocr. xviii ἐν αὐτῶι (sc. τῶι εἰδυλλίωι) τινα [189]
εἴληπται ἐκ τοῦ πρώτου Στησιχόρου Ἑλένης.

60 (28 B., 10ᶜ D.)

τῶν ἐκ τῆς Ἑλλάδος ἀρίστων ἐπὶ μνηστείαν τῆς Ἑλένης [190]
παρόντων διὰ τὸ γένος καὶ τὸ κάλλος, Τυνδάρεως ὁ πατὴρ αὐτῆς,
ὥς τινές φασι, φυλασσόμενος μή ποτε ἕνα αὐτῶν προκρίνας τοὺς
ἄλλους ἐχθροὺς ποιήσηται, κοινὸν αὐτῶν ἔλαβεν ὅρκον ἦ μὴν τῶι
ληψομένωι τὴν παῖδα ἀδικουμένωι περὶ αὐτὴν σφόδρα πάντας
ἐπαμυνεῖν. διόπερ Μενελάωι αὐτὴν ἐκδίδωσιν. καὶ μετ' οὐ πολὺ
ἁρπασθείσης αὐτῆς ὑπὸ Ἀλεξάνδρου ἐκοινώνησαν τῆι στρατείαι
διὰ τοὺς γενομένους ὅρκους. ἡ ἱστορία παρὰ Στησιχόρωι.

Schol. A Hom. Il. 2. 339

61 (27 B., 10ᵃ D.)

πλησίον δὲ τῶν Ἀνάκτων Εἰληθυίας ἐστὶν ἱερὸν ἀνάθημα [191]
Ἑλένης, ὅτε σὺν Πειρίθωι Θησέως ἀπελθόντος ἐς Θεσπρωτοὺς

STESICHORUS 61, 62

Ἀφιδνά τε ὑπὸ Διοσκούρων ἑάλω καὶ ἤγετο ἐς Λακεδαίμονα
'Ελένη. ἔχειν μὲν γὰρ αὐτὴν λέγουσιν ἐν γαστρί, τεκοῦσαν δὲ ἐν
Ἄργει καὶ τῆς Εἰληθυίας ἱδρυσαμένην τὸ ἱερὸν τὴν μὲν παῖδα ἣν
ἔτεκε Κλυταιμνήστραι δοῦναι, συνοικεῖν γὰρ ἤδη Κλυταιμνή-
στραν Ἀγαμέμνονι, αὐτὴν δὲ ὕστερον τούτων Μενελάωι γήμασθαι.
καὶ ἐπὶ τῶιδε Εὐφορίων Χαλκιδεὺς (fr. 90 Powell) καὶ Πλευρώνιος
Ἀλέξανδρος (fr. 2 Mein.) ἔπη ποιήσαντες, πρότερον δὲ ἔτι
Στησίχορος ὁ Ἱμεραῖος, κατὰ ταὐτά φασιν Ἀργείοις Θησέως
εἶναι θυγατέρα 'Ιφιγένειαν.

Paus. ii 22. 6

ΕΛΕΝΑ: ΠΑΛΙΝΩΙΔΙΑ

62 (32 B., 11 D.)

[192]
   οὐκ ἔστ' ἔτυμος λόγος οὗτος,
   οὐδ' ἔβας ἐν νηυσὶν εὐσέλμοις
   οὐδ' ἵκεο πέργαμα Τροίας.

Plato Phaedr. 243 A ... Στησίχορος ... τῶν ... ὀμμάτων στερηθεὶς διὰ τὴν Ἑλένης κακηγορίαν οὐκ ἠγνοίησεν ... ἀλλ' ἅτε μουσικὸς ὢν ἔγνω τὴν αἰτίαν καὶ ποιεῖ εὐθὺς οὐκ ἔστ' κτλ.; Resp. 586 c τὸ τῆς Ἑλένης εἴδωλον ὑπὸ τῶν ἐν Τροίαι Στησίχορός φησι γενέσθαι περιμάχητον ἀγνοίαι τοῦ ἀληθοῦς; Isocr. Hel. 64 ὅτε μὲν γὰρ ἀρχόμενος τῆς ὠιδῆς ἐβλασφήμησέ τι περὶ αὐτῆς, ἀνέστη τῶν ὀφθαλμῶν ἐστερημένος, ἐπειδὴ δὲ γνοὺς τὴν αἰτίαν τῆς συμφορᾶς τὴν καλουμένην Παλινωιδίαν ἐποίησε, πάλιν αὐτὸν εἰς τὴν αὐτὴν φύσιν κατέστησε; Dio Chrys. or. xi 40 Στησίχορον ἐν τῆι ὑστερον ὠιδῆι λέγειν ὅτι τὸ παράπαν οὐδὲ πλεύσειεν ἡ Ἑλένη οὐδαμόσε; Aristeid. or. xlv 54 et xiii 131, ubi schol. Στησίχορος ἐν τῆι ποιήσει λέγει ὡς ἡρπακὼς τὴν Ἑλένην Ἀλέξανδρος ... ἀφηιρέθη μὲν ταύτην παρὰ Πρωτέως, ἔλαβε δὲ παρ' αὐτοῦ ἐν πίνακι τὸ εἴδωλον αὐτῆς γεγραμμένον; Tzetz. ad Lyc. Alex. 113 Πρωτεὺς Ἑλένην ἀφελόμενος εἴδωλον Ἑλένης αὐτῶι (sc. Ἀλεξάνδρωι) δέδωκεν ... ὥς φησι Στησίχορος +

34

63

[μέμ-
φεται τὸν Ὅμηρο[ν ὅτι Ἑ-
λέ]νην ἐποίησεν ἐν Τ[ροίαι
καὶ οὐ τὸ εἴδωλον αὐτῆ[ς, ἔν
τε τ[ῆι] ἑτέραι τὸν Ἡσίοδ[ον
μέμ[φετ]αι· διτταὶ γάρ εἰσι πα-
λινωιδ⟨ίαι δια⟩λλάττουσαι, καὶ ἔ-
στιν ἡ μὲν ἀρχῆ· δεῦρ' αὖ-
τε θεὰ φιλόμολπε, τῆς δέ·
χρυσόπτερε παρθένε, ὡς
ἀνέγραψε Χαμαιλέων· αὐ-
τὸ[ς δ]έ φησ[ιν ὁ] Στησίχορο[ς
τὸ μὲν ε[ἴδωλο]ν ἐλθεῖ[ν ἐς
Τροίαν τὴν δ' Ἑλένην π[αρὰ
τῶι Πρωτεῖ καταμεῖν[αι· οὕ-
τως δὴ ἐκ[α]ινοποίησε τ[ὰς
ἱστορ[ί]ας [ὥ]στε Δημοφῶντ[α
μὲν τ[ὸ]ν Θησέως ἐν τ[ῶ]ι νό-
στωι με[τὰ] τῶν θε.[...]δωγ[
ἀνενεχ[θῆναι λέγ]ειν [ἐ]ς [Αἴ-
γυπτον, [γενέσθα]ι δὲ Θη[σεῖ

P.Oxy. 2506 fr. 26 col. i
omnia suppl. Lobel
5–7 cur Hesiodum increpuerit obscurum; etenim πρῶτος Ἡσίοδος περὶ τῆς Ἑλένης τὸ εἴδωλον παρήγαγε, Hes. fr. 266 Rz.

---

7 seq. διτταγαρεστι, in διτταγαρεισιπα corr. man. prima, tum τινωδ[.]ἄ-λαττουσαι Π, corr. Lobel   duas esse palinodias ignoramus   11 = Musa? cf. Himer. or. xlviii 37 Col.   15 cf. Aristeid. or. iii. 150, Lycophr. 113   18 Demophonta ad Aegyptum esse devectum unus auctor Stesichorus   20 post θε, circuli arcus superio

STESICHORUS 63, 64

Δημοφῶ[ντα μ]ὲν ἐξ 'Ιό[πης
τῆς 'Ιφικ[λέους, Ἀ]κάμαν[τα δὲ
25   ]..[   ] ἐκ δὲ τῆς αμ[
      ]..τη[.]..λη.[

(sequ. vv. vi vestigia minora; notabilia tantum 28 τῆς ['Ε]λένης, 29 Ἀγαμέμ[ν-, 31 Ἀ]μφίλοχον)

23 vulgo Phaedrae filius, sed Antiopae Pind. fr. 176 Sn., Ariadnae schol. Hom. *Od*. 11. 321   Iopa: vid. Plut. *Thes*. 29, sed nusquam Demophontis mater   25 ἐκ] Φα[ίδρας, sed etiam alia possis 25–26 Ἀμ[αζόνος 'Ιππο]λύτη[ς probabiliter Lobel

ΕΡΙΦΥΛΑ

64 (16 B., 8 D.)

[194] ὑπόθεσιν γὰρ ἑαυτοῖς ψευδῆ λαμβάνοντες οἱ ἱστορικοὶ τὸν ἀρχηγὸν ἡμῶν τῆς ἐπιστήμης Ἀσκληπιὸν κεκεραυνῶσθαι λέγουσιν, οὐκ ἀρκούμενοι τῶι ψεύσματι ἐν ὧι καὶ ποικίλως αὐτὸ μεταπλάττουσι, Στησίχορος μὲν ἐν 'Εριφύληι εἰπὼν ὅτι τινὰς τῶν ἐπὶ Θήβαις πεσόντων ἀνιστᾶι, Πολύανθος δὲ ὁ Κυρηναῖος κτλ.

Sext. Emp. *adv. mathem*. ā 261

λέγεται δὲ ὁ Ἀσκληπιὸς χρυσῶι δελεασθεὶς ἀναστῆσαι 'Ιππόλυτον τεθνηκότα. οἱ δὲ Τινδάρεων, ἕτεροι Καπανέα, οἱ δὲ Γλαῦκον, οἱ δὲ 'Ορφικοὶ 'Υμέναιον, Στησίχορος δὲ ἐπὶ Καπανεῖ καὶ Λυκούργωι. οἱ δὲ διὰ τὸ τὰς Προιτίδας ἰάσασθαι, οἱ δὲ διὰ τὸ τὸν 'Ωρίωνα. Φύλαρχος ὅτι τοὺς Φινείδας ἰάσατο, Φερεκύδης δὲ ὅτι τοὺς ἐν Δελφοῖς θνήσκοντας ἀναβιοῦν ἐποίησεν.

Schol. Pind. *Pyth*. iii 96

Ἀπολλόδωρος δέ φησι κεραυνωθῆναι τὸν Ἀσκληπιὸν ἐπὶ τῶι τὸν 'Ιππόλυτον ἀναστῆσαι, Ἀμελησαγόρας δὲ ὅτι Γλαῦκον,

64, 65, 66 STESICHORUS

Πανύασσις ⟨δὲ⟩ ὅτι Τυνδάρεων, οἱ δὲ 'Ορφικοὶ ὅτι 'Υμέναιον, Στησίχορος δὲ ἐπὶ Καπανεῖ καὶ Λυκούργωι, Φερεκύδης δὲ κτλ.

Schol. Eur. *Alc.* 1

εὗρον δέ τινας λεγομένους ἀναστῆναι ὑπ' αὐτοῦ, Καπανέα καὶ Λυκοῦργον, ὡς Στησίχορός φησιν ⟨ἐν⟩ 'Εριφύληι, 'Ιππόλυτον ὡς ὁ τὰ Ναυπακτικὰ συγγράψας κτλ.

Apollod. *bibl.* iii 121

Ἀσκληπι[ὸν δὲ Ζε]ὺς ἐκεραύνωσ[εν ὡς μ]ὲν ὁ τὰ Ναυπα[κτι]κὰ συγγράψας ..... [ὡς δ' ἐ]ν 'Εριφύληι Σ[τησίχορ]ος ὅτι Κα[πανέα καὶ Λυ]κοῦρ[γον...

Philodem. *de piet.* p. 52 Gomperz

ΕΥΡΩΠΕΙΑ

65 (15 B.)

ὁ μὲν Στησίχορος ἐν Εὐρωπείαι τὴν Ἀθηνᾶν ἐσπαρκέναι τοὺς [195] ὀδόντας φησίν.

Schol. Eur. *Phoen.* 670

ΙΛΙΟΥ ΠΕΡΣΙΣ

66 (23 B.)

καθελών· Δημοσθένης ἐν τῶι κατ' Ἀριστοκράτους φησίν· ἢ ἐν [196] ὁδῶι καθελών, ἀντὶ τοῦ ἀνελὼν ἢ ἀποκτείνας. ἐχρήσαντο δὲ οὕτω τῶι ὀνόματι καὶ ἄλλοι, ὡς καὶ Στησίχορος ἐν 'Ιλίου Πέρσιδι καὶ Σοφοκλῆς ἐν Εὐμήλωι (fr. 205 P.).

Harpocr. *lex.* i 165 seq.+

67 (21 B., 9ᶜ D.)

[197] Κλυμένην μὲν οὖν Στησίχορος ἐν ᾿Ιλίου Πέρσιδι κατηρίθμηκεν ἐν ταῖς αἰχμαλώτοις.

Paus. x 26. 1

68 (19 B., 9ᴀ D.)

[198] ἐς δὲ ῾Εκάβην Στησίχορος ἐν ᾿Ιλίου Πέρσιδι ἐποίησεν, ἐς Λυκίαν ὑπὸ Ἀπόλλωνος αὐτὴν κομισθῆναι.

Paus. x 27. 2

69 (24 B., 9ᴇ D.)

[199] καὶ ἐὰν μέν τίς σου πύθηται τίνες ἦσαν οἱ εἰς τὸν δούρειον ἵππον ἐγκατακλεισθέντες, ἑνὸς καὶ δευτέρου ἴσως ἐρεῖς ὄνομα· καὶ οὐδὲ ταῦτ᾽ ἐκ τῶν Στησιχόρου, σχολῆι γάρ, ἀλλ᾽ ἐκ τῆς †σακατου Ἀργείου ᾿Ιλίου Πέρσιδος· οὗτος γὰρ παμπόλλους τινὰς κατέλεξεν.

Athen. xiii 610 c, Eust. *Od.* 1698. 2

70 (18 B., 9 D.)

[200]. ἀνακομίζοντος δ᾽ αὐτοῖς τὸ ὕδωρ ὄνου ὃν ἐκάλουν ᾿Επειὸν διὰ τὸ μυθολογεῖσθαι τοῦτο δρᾶν ἐκεῖνον καὶ ἀναγεγράφθαι ἐν τῶι τοῦ Ἀπόλλωνος ἱερῶι τὸν Τρωικὸν μῦθον, ἐν ὧι ὁ ᾿Επειὸς ὑδροφορεῖ τοῖς Ἀτρείδαις, ὡς καὶ Στησίχορός φησιν·

ὤικτιρε γὰρ αὐτὸν ὕδωρ
αἰεὶ φορέοντα Διὸς κούρα βασιλεῦσιν.

Athen. x 456 F ὁ ᾿Επειὸς ὑδροφορεῖ τοῖς Ἀτρείδαις, ὡς καὶ Στησίχορός φησίν· ὤικτιρε κτλ., Eust. *Il.* 1323. 55

71 (25 B., 9ʳ D.)

ἆρα εἰς τὸ τῆς Ἑλένης κάλλος βλέψαντες οὐκ ἐχρήσαντο τοῖς [201]
ξίφεσιν. οἷόν τι καὶ Στησίχορος ὑπογράφει περὶ τῶν καταλεύειν
αὐτὴν μελλόντων. φησὶ γὰρ ἅμα τῶι τὴν ὄψιν αὐτῆς ἰδεῖν αὐτοὺς
ἀφεῖναι τοὺς λίθους ἐπὶ τὴν γῆν.

Schol. Eur. *Or.* 1287

72 (20 B., 9ᵇ D.)

Στησίχορον μὲν γὰρ ἱστορεῖν ὅτι τεθνήκοι (scil. ὁ Ἀστυάναξ) [202]
καὶ τὸν τὴν Πέρσιδα συντεταχότα κυκλικὸν ποιητὴν (p. 138
Allen) ὅτι καὶ ἀπὸ τοῦ τείχους ῥιφθείη· ὧι ἠκολουθηκέναι
Εὐριπίδην.

Schol. Eur. *Andr.* 10

73 (18 adnot. B.)

Στησιχόρου δὲ καὶ Πινδάρου ἐπεμνήσθη, τοῦ μὲν ὅτι μιμητὴς [203]
Ὁμήρου γενέσθαι δοκεῖ καὶ τὴν ἅλωσιν οὐκ ἀναξίως ἐποίησε τῆς
Τροίας, κτλ.

Dio Chrys. *or.* ii 33

74 (22 B., 9ᵈ D.)

ἐφεξῆς δὲ τῆι Λαοδίκηι ὑποστάτης τε λίθου καὶ λουτήριόν ἐστιν [204]
ἐπὶ τῶι ὑποστάτηι χαλκοῦν, Μέδουσα δὲ κατέχουσα ταῖς χερσὶν
ἀμφοτέραις τὸ ὑπόστατον ἐπὶ τοῦ ἐδάφους κάθηται· ἐν δὲ ταῖς
Πριάμου θυγατράσιν ἀριθμήσαι τις ἂν καὶ ταύτην κατὰ τὸν
Ἱμεραίου τὴν ὠιδήν.

Paus. x 26. 9

STESICHORUS 75, 76, 77

75 (p. 212 B.)

[205] accedit *Tabula* quae vocatur *Iliaca*, in via Appia prope Bovillas reperta, cum titulo *Ἰλίου Πέρσις κατὰ Στησίχορον*: *Τρωικός*.

vid. *PMG* pp. 110 seq.

ΚΕΡΒΕΡΟΣ

76 (11 B.)

[206] ἀρύβαλλος δὲ ἐπὶ τοῦ συσπάστου βαλαντίου ἐν Ἀντιφάνους Αὐτοῦ ἐρῶντι (II 31 K.) καὶ ἐν Στησιχόρου Κερβέρωι.

Pollux x 152

ΚΥΚΝΟΣ

77 (12 B., 6ᶜ D.)

[207] Κυκνέα μάχη· ὅτι τὸν Ἄρεος Κύκνον Ἡρακλῆς φυγὼν αὖτις ἀνεῖλε, Στησίχορος ἐν τῶι ἐπιγραφομένωι Κύκνωι φησίν.
..... ἐτράπη μὲν ἐν τῆι μάχηι τοῦ Κύκνου ὁ Ἡρακλῆς. ὁ Κύκνος υἱὸς ὢν τοῦ Ἄρεος ἐν τῆι παρόδωι τῆς Θεσσαλίας οἰκῶν τοὺς παριόντας ξένους ἐκαρατόμει, ἐκ τῶν κεφαλῶν ναὸν τῶι Ἀπόλλωνι (Ἄρει coni. Heyne, Boeckh) ποιῆσαι βουλόμενος. παριόντι τοίνυν τῶι Ἡρακλεῖ ἐπεβούλευσε καὶ συστάσης μάχης ἐτράπη εἰς φυγὴν ὁ Ἡρακλῆς συλλαβομένου τοῦ Ἄρεος ὡς παιδὶ τῶι Κύκνωι. ἀλλὰ ὕστερον αὐτὸν μόνον γενόμενον ἐνίκησεν ὁ Ἡρακλῆς. ita cod. A: fere eadem codd. BCDEQ (ad 19), add. Στησίχορος ἐν ⟨τῶι⟩ ἐπιγραφομένωι Κύκνωι ἱστορεῖ.

Schol. Pind. *Ol.* x 19 seqq.

ΝΟΣΤΟΙ

78 (33 B.)

Στησίχορος ... καὶ Ἀριστομάχην ἐποίησεν ἐν Νόστοις (ἔννος [208] τοῖς codd.: corr. Heyne) θυγατέρα μὲν Πριάμου, Κριτολάου δὲ γυναῖκα εἶναι τοῦ Ἱκετάονος.

Paus. x 26. 1

79

col. i

θε[ῖ]ον ἐ[ξ]αίφνας τέρας ἰδοῖσα νύμφα [209]
ὧδε δε[..]. Ἑλένα φωνᾶι ποτ[ὶ] παῖδ' Ὀδύσειο[ν·
Τηλέμαχ[..]τις ὅδ' ἁμὶν ἄγγελ[ο]ς ὠρανόθεν
δι' αἰθέρο[ς ἀτ]ρυγέτας κατέπαλτο βαδ[
5   ].. φοινᾳι κεκλαγγω[
  ]...ς ὑμετέρους δόμους προφα.[.......]υς
         ].....αν.υς ἀνὴρ
    βο]υλαῖς Ἀθάνας
        ].ηις αυτα λακέρυζα κορώνα
10   ].μ' οὐδ' ἐγώ σ' ἐρύ[ξ]ω
   Παν]ελόπᾳ σ' ἰδοῖσα φίλου πατ[ρ]ὸς υἱὸν
             ]σο.[.]τ..ς ἐσθλ[
               ].[.]θειον μ[

P.Oxy. 2360 col. i-ii

omnia suppl. e.p.
col. i 1 cf. *Od.* 15. 168   2 δ' ἔ[ει]φ' Ἑλένα veri sim., e.p.   3-4 Τηλέμαχ', [ὅσ]τις—κατέπαλτο, βαδ[ίζειν veri sim., e.p., tum σ' οἴκαδ' ἄνωγ(ε), sim., possis   4 κατέπτατο vel -πτλτο Π, corr. e.p. (nisi κατέπτατο, βᾶ δ(voluit)   5 -γω[ν vel -γω[ς, sed -αγώ[ς exspectasses   6 προφαν[εὶς Ὀδυσε]ὺς veri sim., e.p.   9 αὐτὰ vel αὖτα   10 cf. *Od.* 15. 68   12 fort. τέλος ἐσθλ[όν, e.p.

```
               ]        [
15              ].[
               ].ν...[
               ].α..[].[
               ].[
               ]αμο[
20             ].οιω[
               ].ντ[
         .   .   .
```

col. ii

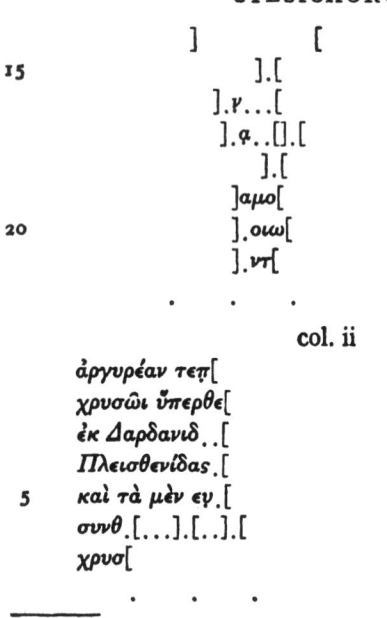

ἀργυρέαν τεπ[
χρυσῶι ὕπερθε[
ἐκ Δαρδανιδ..[
Πλεισθενίδας.[
5 καὶ τὰ μὲν εγ.[
συνθ.[...].[...].[
χρυσ[
         .   .   .

---
col. ii cf. *Od.* 15. 113 seqq.

ΟΡΕΣΤΕΙΑΣ Ā?

80 (35 B., 12 D.)

[2|0]   Μοῖσα, σὺ μὲν πολέμους ἀπωσαμένα πεδ᾽ ἐμοῦ
        κλείοισα θεῶν τε γάμους ἀνδρῶν τε δαίτας
        καὶ θαλίας μακάρων

Ar. *Pax* 775 seqq. Μοῦσα σὺ μὲν πολέμους ἀπωσαμένη μετ᾽ ἐμοῦ | τοῦ φίλου χόρευσον | κλείουσα θεῶν τε γάμους ἀνδρῶν τε δαῖτας | καὶ θαλίας μακάρων; ad haec schol. RV τὸ χ πρὸς τὴν ἀλλαγὴν τοῦ μέτρου. αὕτη δὲ ⟨παρα⟩πλοκή (Lobel: πλοκή codd.) ἐστι καὶ ἔλαθεν. σφόδρα δὲ γλαφυρὸν εἴρηται, καὶ ἔστι Στησιχόρειον

Orestiae exordium esse coni. Bergk   πεδ᾽: μετ᾽ codd.

81 (36 B., 13 D.)

ὅκα ἦρος ὥραι κελαδῆι χελιδών [211]

Ar. *Pax* 800 ὅταν ἠρινὰ μὲν φωνῆι χελιδὼν ἐζομένη κελαδῆι; ad haec schol. RV καὶ αὕτη πλοκὴ Στησιχόρειος. φησὶ γὰρ οὕτως· ὅταν ἦρος κτλ.

ὅκα: ὅταν codd.

82 (37 B., 14 D.)

τοιάδε χρὴ Χαρίτων δαμώματα καλλικόμων [212]
ὑμνεῖν Φρύγιον μέλος ἐξευρόντας ἁβρῶς
ἦρος ἐπερχομένου.

Ar. *Pax* 797 seqq. cum schol. ἔστι δὲ παρὰ τὰ Στησιχόρου ἐκ τῆς Ὀρεστείας· τοιάδε κτλ.

2 ἐξευρόντα codd., corr. Kleine

ΟΡΕΣΤΕΙΑΣ Β̄

83 (34 B.)

Στησίχορος δὲ ἐν δευτέρωι Ὀρεστείας ... τὸν Παλαμήδην [213] φησὶν εὑρηκέναι (scil. τὰ στοιχεῖα).

An. Bekker ii 783. 16; cf. ii 786. 11, An. Ox. Cramer iv 318. 19

84 (14ᵃ D.)

λιθακοῖς [214]

Habron ap. P.Oxy. 1087 ii 47 τὸ λιθακός, ἔνθεν φη(σὶ) Στησίχορος ἐν Ὀρεστείας β'· λιθ.

43

STESICHORUS 85, 86, 87

ΟΡΕΣΤΕΙΑΣ Ā vel *B̄*

85 (38 B., 14^A D.)

[215] Στη[σίχορο]ς δ' ἐν 'Ορεστεί[αι κατ]ακολουθήσας ['Ησιό]δωι τὴν Ἀγαμέ[μνονος Ἰ]φιγένειαν εἶ[ναι τὴ]ν Ἑκάτην νῦν [ὀνομαζ]ομένην [... (quae sequuntur valde incerta praeter voc. τάφον).

Philodem. *de piet.* p. 24 Gomperz

86 (39 B., 14^B D.)

[216] φανερὸν ὅτι ἐν Ἄργει ἡ σκηνὴ τοῦ δράματος ὑπόκειται. Ὅμηρος δὲ ἐν Μυκήναις φησὶ τὰ βασίλεια Ἀγαμέμνονος, Στησίχορος δὲ καὶ Σιμωνίδης (fr. 377) ἐν Λακεδαίμονι.

Schol. Eur. *Or.* 46

87

[217]
Στη]|σίχορος ἐχρήσατ[ο διη-
γήμασιν, τῶν τε ἄλλ[ων ποι-
ητῶν οἱ πλείονες τ[
μαις ταῖς τούτου· με[
5   Ὅμηρον κα[ὶ] Ἡσίοδον [
μᾶλλ[ον] Στησιχο[ρ]..[
φων[..]· Αἰσχύλο[ς μὲν γὰρ
Ὀρέστ⟨ε⟩[ια]ν ποιήσα[ς

P.Oxy. 2506 fr. 26 col. ii

omnia suppl. Lobel
2 seqq. 'poetis plurimis fons erat Stesichorus; post Homerum Hesiodumque cum illo praecipue concinunt', e.g. οἱ πλείονες τ[αῖς ἀφορ]μαῖς ταῖς τούτου, tum quod proposuit Lobel με[τὰ γὰρ] Ὅμ. καὶ Ἡσ. [οὐδενὶ] μᾶλλον ἢ Στησιχόρωι [συμ]φων[οῦσ]ι   8 seq. τριλο]γίαν exspectasses, sed γ non adeo veri sim.

STESICHORUS

```
         .ιαν [Ἀ]γαμέμνον[α
10       Χ]οηφ[όρ]ους Εὐμεν[ίδας
         ...]..[.] τὸν ἀναγ[νωρισ-
         μὸ]ν διὰ τοῦ βοστρύχο[υ·
         Στ]ησιχόρωι γάρ ἐστιν [
         ..]., Ε[ὐ]ριπίδης δὲ τὸ τ[όξον
15       τὸ 'Ορέστου ὅτι ἐστὶν δε[δο-
         μέ]νον αὐτῶι δῶρον πα[ρὰ
         τ]οῦ Ἀπόλλωνος· παρω.[
         γ]ὰρ λέγεται· δὸς τόξα μ[οι
         κ]ερουλκά, δῶρα Λοξίου, [οἷς εἶ-
20       π'] Ἀπόλλων μ' ἐξαμύ[νασ]θαι
         θ]εάς· παρὰ δὲ Στησιχ[όρω]ι· τό-
         ξα      ] τάδε δώσω παλά-
         μα]ισιν ἐμαῖσι κεκασμένα
         ..]..[ἐ]πικρατέως βάλλειν·
25       Εὐριπίδ]ης δὲ καὶ τὴν 'Ιφ[ιγέ-
         νειαν ἐ]ποίησε γαμουμέ[νην
         Ἀχιλλεῖ ]...σατ[.]ρ.[
```

11 seqq. 'hunc anagnorismi modum a Stesichoro mutuatus est Aeschylus'   17 seq. παρ' ὧι [μὲν γ]ὰρ suppl. Lobel   21 seqq. cf. schol. Eur. *Or.* 268 Στησιχόρωι ἑπόμενος τόξα φησὶν αὐτὸν εἰληφέναι παρὰ Ἀπόλλωνος   22 seq. Hes. *scut.* 320 seq. confert Lobel   κεκασμένα: cf. A. *Eum.* 766   init. e.g. τό[ξα δὲ σοὶ] τάδε   25 Stesichorum secutus Iphigeneiam ad Aulida sub praetextu nuptiarum illectam esse memorat Euripides

88 (41 B., 14ᴅ D.)

Κίλισσαν δέ φησι τὴν 'Ορέστου τροφόν, Πίνδαρος δὲ Ἀρσινόην [218] (*Pyth.* xi 26), Στησίχορος Λαοδάμειαν.

Schol. Aesch. *Cho.* 733

89 (42 B., 15 D.)

[219] τᾶι δὲ δράκων ἐδόκησε μολεῖν κάρα βεβροτωμένος ἄκρον,
ἐκ δ' ἄρα τοῦ βασιλεὺς Πλεισθενίδας ἐφάνη.

Plut. *ser. num. vind.* 10 ὥστε πρὸς τὰ γιγνόμενα καὶ πρὸς τὴν ἀλήθειαν ἀποπλάττεσθαι τὸ τῆς Κλυταιμνήστρας ἐνύπνιον τὸν Στησίχορον οὑτωσί πως λέγοντα· τᾶι κτλ.

ΣΚΥΛΛΑ

90 (13 B.)

[220] Στησίχορος δὲ ἐν τῆι Σκύλληι †εἶδός τινος† Λαμίας τὴν Σκύλλαν φησὶ θυγατέρα εἶναι.

Schol. Ap. Rhod. iv 825 seqq., Eust. *Od.* 1714. 34

ΣΥΟΘΗΡΑΙ

91 (14 B., 7 D.)

[221] κρύψαι δὲ ῥύγχος
ἄκρον γᾶς ὑπένερθεν

Athen. iii 95 D Στησίχορός τέ φησιν ἐν Συοθήραις· κρύψαι κτλ.

1 κρύψαι: κρύψε coni. Dindorf

92

col. i

Θεσ]τιάδαι·   [222]
]αρ ὀψιγόνοι τε καὶ ἀσπασί-
οι   ]ν ἐν μεγάρ[ο]ισιν· ἀτὰρ πόδας
]τ..αθο. Προκάων Κλυτί-
5   ος τ(ε)   ]σθαν·

]ας δὲ μόλ' [Ε]ὐρυτίων
]ς τανυπ[έ]πλου
]ας
].Εἰλατίδαο δαίφρονος

. . .

col. ii

ἔνθεν μὲν Λοκρ[οὶ
ἱζάνον αἰχματαὶ [
τέκνα φίλα[ἐρί-
ηρες Ἀχαιοὶ [
5 καὶ ὑπερθύμοι [
θ' ἱαρὰν Βοιωτίδ[α ν]αίον [
χθόνα πυροφόρ[ον.]
ἔνθεν δ' αὖ Δρύοπ[ές] τε κα[ὶ
λοι μενεχάρμα[ι

. . .

P.Oxy. 2359 fr. 1

omnia suppl. e.p.

i 4 seq. [ὠκέες αἰχματαί] τ' ἀγαθοὶ Προκάων Κλυτί|ος τ' ἐς ἀγῶνα νέ(ε)]σθαν possis   Proc. et Clyt. Thestiadae a Meleagro occisi alibi nusquam memorantur nisi Schol. T Hom. *Il.* 9. 567; Pind. fr. 343. 28 Sn. confert e.p.   9 fort. latet Καινέος βία, sim., nam hic Elati filius in Συοθήραις erat

ii vid. Snell, *Herm.* 1957. 249   8 seq. fort. Αἰτω|λοί (e.p.), sed pro λ litt. δ non minus veri sim.

STESICHORUS 93, 94, 95

INCERTI LOCI

93 (26 B., 17 D.)

[223]
οὕνεκα Τυνδάρεος
ῥέζων ποκὰ πᾶσι θεοῖς μόνας λάθετ' ἠπιοδώρου
Κύπριδος· κείνα δὲ Τυνδαρέου κόραις
χολωσαμένα διγάμους τε καὶ τριγάμους τίθησι
5 καὶ λιπεσάνορας.

Schol. Eur. *Or.* 249 Στησίχορός φησιν ὡς θύων τοῖς θεοῖς Τυνδάρεως Ἀφροδίτης ἐπελάθετο

1-2 ποτέ post ῥέζων Suchfort: post οὕνεκα codd.   μόνας: μόνης cod. A, μιᾶς codd. MTB, μούνας coni. Bergk   λάθετο cod. B: λήθετο cod. A, ἐπελάθετο codd. MT   3 Τυνδάρεω codd.   κόραις cod. A: κούραις cod. B, κούρας cod. T, κούρου cod. M   4 -σαμένη codd. 5 λιπεσάνορας: λιπεσήνορας codd. TB, λειπεσάνορας cod. A, λιπεσιόρας cod. M, unde λιπεσάορας coni. Schneidewin

94 (69 B.)

[224] Στησίχορος δὲ καὶ Εὐφορίων (fr. 56 Powell) τὸν Ἕκτορά φασιν εἶναι υἱὸν τοῦ Ἀπόλλωνος.

Schol. Lyc. *Alex.* 265, Schol. T Hom. *Il.* 24. 258

95 (70 B.)

[225] ἡ δ' Ὀδυσσέως ἀσπὶς ὅτι μὲν ἐπίσημον εἶχε δελφῖνα καὶ Στησίχορος ἱστόρηκεν. ἐξ ἧς δ' αἰτίας, Ζακύνθιοι διαμνημονεύουσιν κτλ.

Plut. *sollert. anim.* 36, Schol. Lyc. *Alex.* 658

96, 97, 98   STESICHORUS

96 (57 B., 26ᴬ D.)

διόπερ καὶ Μεγακλείδης ἐπιτιμᾶι τοῖς μεθ' Ὅμηρον καὶ [229]
Ἡσίοδον ποιηταῖς ὅσοι περὶ Ἡρακλέους εἰρήκασιν ὡς στρατο-
πέδων ἡγεῖτο καὶ πόλεις ἥιρει . . . τοῦτον οὖν, φησίν, οἱ νέοι
ποιηταὶ κατασκευάζουσιν ἐν ληιστοῦ σχήματι μόνον περιπορευό-
μενον ξύλον ἔχοντα καὶ λεοντῆν καὶ τόξα· καὶ ταῦτα πλάσαι
πρῶτον Στησίχορον τὸν Ἱμεραῖον. καὶ Ξάνθος δ' ὁ μελοποιὸς
πρεσβύτερος ὢν Στησιχόρου ὡς καὶ αὐτὸς ὁ Στησίχορος μαρτυρεῖ,
ὥς φησιν ὁ Μεγακλείδης, οὐ ταύτην αὐτῶι περιτίθησι τὴν στολὴν
ἀλλὰ τὴν Ὁμηρικήν. πολλὰ δὲ τῶν Ξάνθου παραπεποίηκεν ὁ
Στησίχορος ὥσπερ καὶ τὴν Ὀρέστειαν καλουμένην.

Athen. xii 512 E seq., Eust. *Il.* 1279. 8

97 (58 B., 26ᴮ D.)

ἐπιδεικνύουσι δὲ Ἡρακλέους τῶν παίδων τῶν ἐκ Μεγάρας [230]
μνῆμα οὐδέν τι ἀλλοίως τὰ ἐς τὸν θάνατον λέγοντες ἢ Στησίχορος ὁ
Ἱμεραῖος καὶ Πανύασσις (fr. 22 Kinkel) ἐν τοῖς ἔπεσιν ἐποίησαν.
Θηβαῖοι δὲ καὶ τάδε ἐπιλέγουσιν, ὡς Ἡρακλῆς ὑπὸ τῆς μανίας καὶ
Ἀμφιτρύωνα ἔμελλεν ἀποκτιννύναι, πρότερον δὲ ἄρα ὕπνος ἐπ-
έλαβεν αὐτὸν ὑπὸ τοῦ λίθου τῆς πληγῆς· Ἀθηνᾶν δὲ εἶναι τὴν
ἐπαφεῖσάν οἱ τὸν λίθον τοῦτον, ὅντινα σωφρονιστῆρα ὀνομάζουσιν.

Paus. ix 11. 2

98 (50 B., 22 D.)

†μάλα† τοι μάλιστα   [232]
παιγμοσύνας ⟨τε⟩ φιλεῖ μολπάς τ' Ἀπόλλων,
κήδεα δὲ στοναχάς τ' Ἀίδας ἔλαχε.

Plut. *de E apud Delph.* 21 Στησίχορος· μάλα κτλ.

1 ⟨χορεύ⟩ματά τοι coni. Wilam., ἀλλά τοι Crusius, μάλα τοι μελιστᾶν
Bergk   2 παιδμ- vel παισμ- maluit Wilam.   τε suppl. Blomfield
φιλέει coni. Schneidewin   3 κήδεα τε codd., corr. Blomfield; κα-
Schneidewin

99 (72 B.)

[234] Διόνυσος Ἥφαιστον γενόμενον ἐν Νάξωι μιᾶι τῶν Κυκλάδων ξενίσας ἔλαβε παρ' αὐτοῦ δῶρον χρύσεον ἀμφορέα. διωχθεὶς δὲ ὕστερον ὑπὸ Λυκούργου καὶ καταφυγὼν εἰς θάλασσαν, φιλοφρόνως αὐτὸν ὑποδεξαμένης Θέτιδος ἔδωκεν αὐτῆι τὸν ἡφαιστότευκτον ἀμφορέα. ἡ δὲ τῶι παιδὶ ἐχαρίσατο ὅπως μετὰ θάνατον ἐν αὐτῶι ἀποτεθῆι τὰ ὀστᾶ αὐτοῦ. ἱστορεῖ Στησίχορος.

Schol. AB Hom. *Il.* 23. 92

100 (68 B.)

[236] τοῖς δὲ ἐκ Μεγάρων ἰοῦσι πηγή τέ ἐστιν ἐν δεξιᾶι καὶ προελθοῦσιν ὀλίγον πέτρα· καλοῦσι δὲ τὴν μὲν Ἀκταίωνος κοίτην, ἐπὶ ταύτηι καθεύδειν φάμενοι τῆι πέτραι τὸν Ἀκταίωνα ὁπότε κάμοι θηρεύων, ἐς δὲ τὴν πηγὴν ἐνιδεῖν λέγουσιν αὐτὸν λουομένης Ἀρτέμιδος ἐν τῆι πηγῆι. Στησίχορος δὲ ὁ Ἱμεραῖος ἔγραψεν ἐλάφου περιβαλεῖν δέρμα Ἀκταίωνι τὴν θεόν, παρασκευάζουσάν οἱ τὸν ἐκ τῶν κυνῶν θάνατον ἵνα δὴ μὴ γυναῖκα Σεμέλην λάβοι.

Paus. ix 2. 3

101 (51 B., 23 D.)

[244] ἀτελέστατα γὰρ καὶ ἀμάχανα τοὺς θανόντας
κλαίειν.

Stob. *ecl.* iv 56. 15 Στησιχόρου· ἀτελ. κτλ.   ἀτελέστατα : ἀτέλεστά τε coni. Ahrens

102 (67 B.)

τῆς Ἀσπίδος ἡ ἀρχὴ ἐν τῶι τετάρτωι Καταλόγωι φέρεται μέχρι [269]
στίχων ν´ καὶ ϛ´. διὸ καὶ ὑπώπτευκεν Ἀριστοφάνης ὡς οὐκ
οὖσαν αὐτὴν Ἡσιόδου ἀλλ᾽ ἑτέρου τινὸς τὴν Ὁμηρικὴν ἀσπίδα
μιμήσασθαι προαιρουμένου. Μεγακλῆς (Μεγακλείδης coni.
Schoemann) ὁ Ἀθηναῖος γνήσιον μὲν οἶδε τὸ ποίημα, ἄλλως δὲ
ἐπιτιμᾶι τῶι Ἡσιόδωι. ἄλογον γάρ φησι ποιεῖν ὅπλα Ἥφαιστον
τοῖς τῆς μητρὸς ἐχθροῖς. Ἀπολλώνιος δὲ ὁ Ῥόδιος ἐν τῶι τρίτωι
φησὶν αὐτοῦ εἶναι ἔκ τε τοῦ χαρακτῆρος καὶ ἐκ τοῦ πάλιν τὸν
Ἰόλαον ἐν τῶι Καταλόγωι εὑρίσκειν ἡνιοχοῦντα Ἡρακλεῖ. καὶ
Στησίχορος δέ φησιν Ἡσιόδου εἶναι τὸ ποίημα.

Argum. *a* in Hes. *scut.* p. 267 Rzach

Stesichori nomen a contextu alienum videtur: corruptum esse censuit Paley. *Scutum* saec. vi a.C. init. scriptum esse arguunt R. M. Cook *CQ* 31 (1937) 204 seqq., J. L. Myres *JHS* 61 (1941) 17 seqq.: si recte, oritur quaestio de qua consulendus J. A. Davison *Eranos* 53 (1955) 132 seqq.

SPURIA

103 (43 B., 15ᴬ D.)

ΚΑΛΥΚΗ

Ἀριστόξενος δὲ ἐν τετάρτωι περὶ Μουσικῆς· ᾖδον, φησίν, αἱ [277]
ἀρχαῖαι γυναῖκες Καλύκην τινὰ ὠιδήν. Στησιχόρου δ᾽ ἦν ποίημα,
ἐν ὧι Καλύκη τις ὄνομα ἐρῶσα Εὐάθλου νεανίσκου εὔχεται τῆι
Ἀφροδίτηι γαμηθῆναι αὐτῶι. ἐπεὶ δὲ ὑπερεῖδεν ὁ νεανίσκος κατεκρήμνισεν ἑαυτήν. ἐγένετο δὲ τὸ πάθος περὶ Λευκάδα. σωφρονικὸν δὲ πάνυ κατεσκεύασεν ὁ ποιητὴς τὸ τῆς παρθένου ἦθος, οὐκ ἐκ

παντὸς τρόπου θελούσης συγγενέσθαι τῶι νεανίσκωι, ἀλλ' εὐχομένης εἰ δύναιτο γυνὴ τοῦ Εὐάθλου γενέσθαι κουριδία, ἢ εἰ τοῦτο μὴ δυνατὸν ἀπαλλαγῆναι τοῦ βίου.

Athen. xiv 619 D

104 (44 B., 16 D.)

ΡΑΔΙΝΗ

[278] καὶ πεδίον δ' αὐτόθι καλεῖται Σαμικόν· ἐξ οὗ πλέον ἄν τις τεκμαίροιτο ὑπάρξαι ποτὲ πόλιν τὴν Σάμον. καὶ ἡ 'Ραδίνη δὲ ἦν (εἰς ἢν codd.) Στησίχορος ποιῆσαι δοκεῖ, ἧς ἀρχὴ

ἄγε Μοῦσα λίγει' ἄρξον ἀοιδᾶς †ἐρατῶν ὕμνους†
Σαμίων περὶ παίδων ἐρατᾶι φθεγγομένα λύραι,

ἐντεῦθεν λέγει τοὺς παῖδας. ἐκδοθεῖσαν γὰρ τὴν 'Ραδίνην εἰς Κόρινθον τυράννωι φησὶν ἐκ τῆς Σάμου πλεῦσαι πνέοντος Ζεφύρου, οὐ δήπουθεν τῆς Ἰωνικῆς Σάμου· τῶι δ' αὐτῶι ἀνέμωι καὶ ἀρχιθέωρον εἰς Δελφοὺς τὸν ἀδελφὸν αὐτῆς ἐλθεῖν, καὶ τὸν ἀνεψιὸν ἐρῶντα αὐτῆς ἅρματι εἰς Κόρινθον ἐξορμῆσαι παρ' αὐτήν· ὅ τε τύραννος κτείνας ἀμφοτέρους ἅρματι ἀποπέμπει τὰ σώματα, μεταγνοὺς δ' ἀνακαλεῖ καὶ θάπτει.

Strabo viii 3. 20

105 (63 B.)

ΔΑΦΝΙΣ

[279] βουκολῶν δὲ κατὰ τὴν Σικελίαν ὁ Δάφνις, ἠράσθη αὐτοῦ νύμφη μία καὶ ὡμίλησε καλῶι ὄντι... συνθήκας δὲ ἐποίησε μηδεμιᾶι ἄλληι πλησιάσαι αὐτὸν καὶ ἐπηπείλησεν ὅτι πεπρωμένον ἐστὶν αὐτὸν στερηθῆναι τῆς ὄψεως ἐὰν παραβῆι. καὶ εἶχον ὑπὲρ τούτων

ῥήτραν πρὸς ἀλλήλους. χρόνωι δὲ ὕστερον βασιλέως θυγατρὸς ἐρασθείσης αὐτοῦ οἰνωθεὶς ἔλυσε τὴν ὁμολογίαν καὶ ἐπλησίασε τῆι κόρηι. ἐκ δὲ τούτου τὰ βουκολικὰ μέλη πρῶτον ἤισθη καὶ εἶχεν ὑπόθεσιν τὸ πάθος τὸ κατὰ τοὺς ὀφθαλμοὺς αὐτοῦ. καὶ Στησίχορόν γε τὸν Ἱμεραῖον τῆς τοιαύτης μελοποιίας ὑπάρξασθαι.

Aelian. v.h. x 18

106 (66 B.)

ἀμῶντες ἄνθρωποι τὸν ἀριθμὸν ἑκκαίδεκα τοῦ ἡλίου κατα- [280] φλέγοντος δίψει πιεζόμενοι ἕνα ἑαυτῶν ἀπέστειλαν ἐκ πηγῆς γειτνιώσης κομίσαι ὕδωρ. οὐκοῦν ὁ ἀπιὼν τὸ μὲν δρέπανον τὸ ἀμητικὸν διὰ χειρὸς εἶχε τὸ δὲ ἀρυστικὸν ἀγγεῖον κατὰ τοῦ ὤμου ἔφερεν. ἐλθὼν δὲ καταλαμβάνει ἀετὸν ὑπό τινος ὄφεως ἐγκρατῶς τε καὶ εὐλαβῶς περιπλακέντα. ἔτυχε δὲ ἄρα καταπτὰς μὲν ἐπ' αὐτὸν ὁ ἀετός, οὐ μὴν τῆς ἐπιβουλῆς ἐγκρατὴς ἐγένετο, οὐδέ, τοῦτο δὴ τὸ Ὁμηρικόν, τοῖς ἑαυτοῦ τέκνοις τὴν δαῖτα ἐκόμισεν, ἀλλὰ τοῖς ἐκείνου περιπεσὼν ἕρμασιν ἔμελλεν οὐ μὰ Δί' ἀπολεῖν ἀλλ' ἀπολεῖσθαι. εἰδὼς οὖν ὁ γεωργὸς τὸν μὲν εἶναι Διὸς ἄγγελον καὶ ὑπηρέτην, εἰδώς γε μὴν κακὸν θηρίον τὸν ὄφιν, τῶι δρεπάνωι τῶι προειρημένωι διακόπτει τὸν θῆρα, καὶ μέντοι καὶ τῶν ἀφύκτων ἐκείνων εἰργμῶν τε καὶ δεσμῶν τὸν ἀετὸν ἀπολύει. ὁδοῦ μέντοι πάρεργον τῶι ἀνδρὶ ταῦτα καὶ δὴ διεπέπρακτο, ἀρυσάμενος δὲ τὸ ὕδωρ ἧκε καὶ πρὸς τὸν οἶνον κεράσας ὤρεξε πᾶσιν, οἱ δὲ ἄρα ἔπιον καὶ ἀμυστὶ καὶ πολλὰς ἐπὶ τῶι ἀρίστωι. ἔμελλε δὲ καὶ αὐτὸς ἐπ' ἐκείνοις πίεσθαι· ἔτυχε γάρ πως ὑπηρέτης κατ' ἐκεῖνο τοῦ καιροῦ ἀλλ' οὐ συμπότης ὤν. ἐπεὶ δὲ τοῖς χείλεσι τὴν κύλικα προσῆγεν, ὁ σωθεὶς ἀετὸς ζωάγρια ἐκτίνων οἳ καὶ κατὰ τύχην ἀγαθὴν ἐκείνου ἔτι διατρίβων περὶ τὸν χῶρον ἐμπίπτει τῆι κύλικι καὶ ἐκταράττει αὐτὴν καὶ ἐκχεῖ τὸ ποτόν. ὁ δὲ ἠγανάκτησεν, καὶ γὰρ ἔτυχε διψῶν, καὶ λέγει· εἶτα μέντοι σὺ ἐκεῖνος ὤν· καὶ γὰρ τὸν ὄρνιν ἐγνώρισε· τοιαύτας ἀποδίδως τοῖς σωτῆρσι τὰς χάριτας;

ἀλλὰ πῶς ἔτι ταῦτα καλά; πῶς δ' ἂν καὶ ἄλλος σπουδὴν καταθέσθαι θελήσειεν ἔς τινα αἰδοῖ Διὸς χαρίτων ἐφόρου τε καὶ ἐπόπτου; καὶ τῶι μὲν ταῦτα εἴρητο, καὶ ἐφρύγετο· ὁρᾶι δὲ ἐπιστραφεὶς τοὺς πιόντας ἀσπαίροντάς τε καὶ ἀποθνήσκοντας. ἦν δὲ ἄρα ὡς συμβαλεῖν ἐμημεκὼς ἐς τὴν πηγὴν ὁ ὄφις καὶ κεράσας αὐτὴν τῶι ἰῶι. ὁ μὲν οὖν ἀετὸς τῶι σώσαντι ἰσότιμον τῆς σωτηρίας ἀπέδωκε τὸν μισθόν. λέγει δὲ Κράτης ὁ Περγαμηνὸς ὑπὲρ τούτων καὶ τὸν Στησίχορον ᾄδειν ἔν τινι ποιήματι οὐκ ἐκφοιτήσαντί που ἐς πολλοὺς σεμνόν τε καὶ ἀρχαῖον ὥς γε κρίνειν ἐμὲ τὸν μάρτυρα ἐσάγων.

Aelian. *n.a.* xvii 37

ALCAEUS

INCERTI LOCI

107 (19 B., 119 D.)

1-16]   τόδ' αὖτε κῦμα τὼ προτέρω †νέμω†
           στείχει, παρέξει δ' ἄμμι πόνον πόλυν
           ἄντλην ἐπεί κε νᾶος ἔμβαι
4   ].ὀμεθ' ἐ[
           ]..[..][
           [   ]
           φαρξώμεθ' ὠς ὤκιστα [
8   ἐς δ' ἔχυρον λίμενα δρό[μωμεν·
           καὶ μή τιν' ὄκνος μόλθ[ακος
           λάχηι· πρόδηλον γὰρ μεγ[
           μνάσθητε τὼ πάροιθα γ[
12   νῦν τις ἄνηρ δόκιμος γε[νέσθω
           καὶ μὴ καταισχύνωμεν [
           ἔσλοις τόκηας γᾶς ὔπα κε[ιμένοις
           ] τᾶνδ[
16   τὰν πο[

(sequuntur stropharum iv fragmenta minora)

P.Oxy. 1789 fr. 1 i 15-19, ii 1-17; Heracl. *quaest. Hom.* 5 ὁμοίως δὲ τὰ ὑπὸ τούτου (sc. Μυρσίλου) αἰνιττόμενος ἑτέρωθί που λέγει (Ἀλκαῖος)· τὸ δ'— ἐμβαίνει

1 τὸ δηὖτε coni. Seidler   προτέρω νέμω codd. ABG Ald.: προτέρω νόμω cod. O, π[ρ]οτερ[P.Oxy.   τὼι προτέρω νόμωι (*more praecedentis*) vel τῶν προτέρων ὄνω (Seidler, Bergk) possis   3 κε P.Oxy.: καὶ Heracl.   ἔμβαι Seidler: -βαίνει codd.   7 e.g. [τοίχοις   9-11 e.g. ἀμμέων, μέγ[α χεῖμ' ἴδην, μ[όχθω(ν)   10 λαχη sscr. λαβη P.Oxy.   11 τὼ sscr. τῶν P.Oxy.   13 e.g. [ἀνανδρίαι, [ἀναλκίαι

marg. inf. schol. *Μυρσίλου*

108 (59+97-98 B., 123 D.)

ἔμε δείλαν, ἔμε παίσαν κακοτάτων πεδέχοισαν   [10 B]
]δομονρ[
]ει μόρος αἶσχ[
4   ἐπὶ γὰρ πάρος ἀνίατον †ἴκνεῖται†,
ἐλάφω δὲ βρόμος ἐν στήθεσι φυίει φοβέροισιν
μ]αινόμενον [
] ἀνάταισ' ὠ[

P.Oxy. 1789 frr. 29+16+2166 (e) 12; Heph. Ench. xii 2, de poem. 15 ἐν τῶι παρ' Ἀλκαίωι ᾄσματι οὗ ἡ ἀρχή· ἔμε δείλαν—πεδέχ.; Hdn. π.μ.λ. β 36 ἐπὶ γὰρ τὸ πάρος ὀνειαρὸν ἰκνεῖται, Ἀλκαῖός φησι; Schol. Soph. O.T. 153 ἐλάφω—φοβ.

4 πάρος Seidler: τὸ πάρος Hdn.   ἀνίατον: ὀνίατον P.Oxy., ὀνειαρὸν Hdn.; fort. ὀνίαρον   ἰκνεῖται Hdn.: fort. ἰκάνει   5 στήθεσι P.Oxy.: -θεσσι schol.   φοβέροισιν Lobel: -ρός Schol.   6-7 gloss. inter lineas μανιώδες, ἄταις

109 (78 D.)

δεῦτέ μοι νᾶ]σον Πέλοπος λίποντε[ς   [34 1-12]
παῖδες ἴφθ]ιμοι Δ[ίος] ἠδὲ Λήδας,
.....ω]ι θύ[μ]ωι προ[φά]νητε, Κάστορ
4   καὶ Πολύδε[υ]κες,
οἳ κὰτ εὔρηαν χ[θόνα] καὶ θάλασσαν
παῖσαν ἔρχεσθ' ὠ[κυπό]δων ἐπ' ἵππων,
ῥῆα δ' ἀνθρώποι[ς] θα[ν]άτω ῥύεσθε
8   ζακρυόεντος

P.Oxy. 1233 fr. 4+2166 (b) 3, 9

7 λύ- in ρύ- corr.

ALCAEUS 109, 110

εὐσδ[ύγ]ων θρώισκοντ[ες ἐπ'] ἄκρα νάων
π]ήλοθεν λάμπροι πρό[τον ὀν]τρ[έχο]ντες,
ἀργαλέαι δ' ἐν νύκτι φ[άος φέ]ροντες
12   νᾶϊ μ[ε]λαίναι.

(sequebantur ut vid. eiusdem carminis strophae iii, quarum
extant fragmenta minima)

110 (73 D.)

[38 A]   πῶνε [καὶ μέθυ' ὦ] Μελάνιππ' ἄμ' ἔμοι· τί[..].[
  2   †ὅταμε[...] δινάεντ'† Ἀχέροντα μεγ[
      ζάβαι[ς ἀ]ελίω κόθαρον φάος [ἄψερον
  4   ὄψεσθ'· ἀλλ' ἄγι μὴ μεγάλων ἐπ[ιβάλλεο·
      καὶ γὰρ Σίσυφος Αἰολίδαις βασίλευς [ἔφα
  6   ἄνδρων πλεῖστα νοησάμενος [θανάτω κρέτην,
      ἀλλὰ καὶ πολύιδρις ἔων ὐπὰ κᾶρι [δὶς
  8   δινάεντ' Ἀχέροντ' ἐπέραισε, μ[
      α]ὔτωι μόχθον ἔχην Κρονίδαις βα[σίλευς κάτω
 10   μελαίνας χθόνος· ἀλλ' ἄγι μὴ τα[
      ']. ταβάσομεν αἴ ποτα κἄλλοτα .[
 12   ..]ην ὄττινα τῶνδε πάθην τα[
      ...... ἄνε]μος βορίαις ἐπι.[

P.Oxy. 1233 fr. 1 ii 8-20+2166 (b) 1

suppl. e.g. 1 τί φαῖς,   2 μέγαν πόρον   8 μέμηδε δ' ὦν   10 τάδ'
ἐπέλπεο   11 θᾶς τ' ἀβάσομεν (= ἕως ἂν ἡβήσωμεν)—κἄλλοτα, νῦν
χρέων   12 φέρην—τάχα δῶι θέος

58

111 (74 D.)

ὡς λόγος, κάκων ἄ[χος, Ὤλεν', ἔργων   [42]
Περράμωι καὶ παῖσ[ι φίλοισ' ἐπῆλθεν
ἐκ σέθεν πίκρον, π[ύρι δ' ὤλεσε Ζεῦς
4   Ἴλιον ἴραν·

οὐ τεαύταν Αἰακίδαι[ς ἄγανος
πάντας ἐς γάμον μάκ[αρας καλέσσαις
ἄγετ' ἐκ Νή[ρ]ηος ἔλων [μελάθρων
8   πάρθενον ἄβραν

ἐς δόμον Χέρρωνος· ἔλ[υσε δ' ἄγνας
ζῶμα παρθένω· φιλό[τας δ' ἔθαλε
Πήλεος καὶ Νηρεΐδων ἀρίστ[ας.
12   ἐς δ' ἐνίαυτον

παῖδα γέννατ' αἰμιθέων [φέριστον,
ὄλβιον ξάνθαν ἐλάτη[ρα πώλων·
οἰ δ' ἀπώλοντ' ἀμφ' Ἐ[λέναι Φρύγες τε
16   καὶ πόλις αὔτων.

P.Oxy. 1233 fr. 2 ii 1-16

112 (76 D.)

6   μάτε[ρ' ἐξονομ]άσδων ἐκάλη νά[ιδ' ὑπερτάταν   [44 6-8]
νύμφ[αν ἐνν]αλίαν· ἀ δὲ γόνων [ἀψαμένα Δίδς
8   ἰκέτευ' [ἀγαπά]τω τέκεος μᾶνιν [

P.Oxy. 1233 frr. 9. 1-8, 3. 1-7

ALCAEUS

113 (77 D.)

[45]

Ἔβρε, κ[άλ]λιστος ποτάμων πὰρ Ἀ[ἶνον
ἐξί[ησθ' ἐς] πορφυρίαν θάλασσαν
Θραικ[ίας ἐρ]ευγόμενος ζὰ γαίας
4 .]ιππ[.].[..]ι·
καί σε πόλλαι παρθένικαι 'πέπ[οισι
....]λων μήρων ἀπάλαισι χέρ[σι
....]α· θέλγονται τὸ σὸν ὠς ἄλει[ππα
8 θή[ϊο]ν ὕδωρ

P.Oxy. 1233 frr. 3, 9, 18+2166 (b) 2; Schol. Theocr. vii 112 *Ἔβρον·
Ἀλκαῖός φησιν ὅτι *Ἔβρος κάλλιστος ποταμός, Διοκλῆς δὲ καταφέρεσθαι
αὐτὸν ἀπὸ 'Ροδόπης καὶ ἐξερεύγεσθαι κατὰ πόλιν Αἶνον

1 vel παρ' Ἀ[ίνωι   3 vel Θραικ[ων   4 fort. Σ]ιππ-, cf. Paus. v
fin., oppidum Aeno vicinum   7 φον lectio dubia

114 (82 D.)

[48 6-17]

].αν θάλασσαν
]τω φέρεσθαι·
]κ' ὦν φέροιτο
]α κατάγρει
10] Βαβύλωνος ἴρας
]ν Ἀσκάλωνα
κρ]υόεντ' ἐγέρρην
]ν κὰτ ἄκρας·
]τε κάσλον
15]ς Ἀίδαο δῶμα
]λω νόησθαι
στ]εφανώματ' ἄμμι

(sequuntur vv. iii frr. minora)

P.Oxy. 1233 fr. 11

115 (86 D.)

κὰτ τὰς πόλλα π[αθοίσας κεφάλας ⟨παῖ⟩ χέε μοι μύρον   [50]
καὶ κὰτ τὼ πολ[ίω στήθεος

(sequuntur vv. iv fragmenta minora)

P.Oxy. 1233 fr. 32. 2–7; Plut. *quaest. conv.* iii i. 3 μαρτυρεῖ δ' Ἀλκαῖος κελεύων καταχέαι τὸ μύρον αὐτοῦ κατὰ τᾶς πολλὰ παθοίσας κεφαλᾶς καὶ τῶι πολιῶι στήθεος

---

1 fin. incertum quid e Plut. supplendum sit: alii alia, velut κάκχεέ μοι, κακχεέτω

116 (42 D.)

Ζεῦ πάτερ, Λύδοι μὲν ἐπασχάλαντες   [69]
συμφόραισι δισχελίοις στά[τηρας
ἄμμ' ἔδωκαν, αἴ κε δυνάμεθ' ἴρ[αν
4   ἐς πόλιν ἔλθην,
οὐ πάθοντες οὐδάμα πῶσλον οὐ[δ' ἔ]ν
οὐδὲ γινώσκοντες· ὁ δ' ὡς ἀλώπα[
ποικ[ι]λόφρων εὐμάρεα προλέξα[ις
8   ἦλπ[ε]το λάσην.

P.Oxy. 1234 fr. 1. 7–14+2166 (c) 1; cf. fr. 306 (1) 18–21 Ζεῦ πάτερ, [Λύδοι μὲν ἀ]πεσχαλάσ[αντες· ἀλγοῦν]τες ἐπὶ τ[αῖς συμφοραῖς ἡ]μῶν οἱ Λυ[δοί; etiam schol. marg. dext. v. 1 ἐπὶ συμφοραῖς ἀσχάλαντες καὶ λυπούμενοι

---

3 vel fort. Ἴρ[ας

ALCAEUS 117, 118

117 (43 D.)

[70 2-13]

π.[.]τωι τάδ' εἴπην ὀδ.υ..[
ἀθύρει πεδέχων συμποσίω.[
βάρμος, φιλώνων πεδ' ἀλεμ[άτων
5 εὐωχήμενος αὔτοισιν ἐπα[
κῆνος δὲ παώθεις Ἀτρεΐδα[.].[
δαπτέτω πόλιν ὡς καὶ πεδὰ Μυρσί[λ]ω
θᾶς κ' ἄμμε βόλλητ' Ἄρευς ἐπιτ.ύχε..[
9 τρόπην, ἐκ δὲ χόλω τῶδε λαθοίμεθ..[·
χαλάσσομεν δὲ τὰς θυμοβόρω λύας
ἐμφύλω τε μάχας, τάν τις Ὀλυμπίων
ἔνωρσε, δᾶμον μὲν εἰς ἀυάταν ἄγων
13 Φιττάκωι δὲ δίδοις κῦδος ἐπήρ[ατ]ον.

P.Oxy. 1234 fr. 2 i 1-13

4 cf. Theognost. ap. An. Ox. Cramer ii 12. 19 φέλων ὁ ἀλαζών   6 e.g. Ἀτρεΐδαν γένει, Ἀτρεΐδαισ', ὅλαν   marg. schol. ἐπιγαμίαν σχών, οἱ γὰρ περὶ [   ] Ἀτρέως ἀπόγονοι [   ] ὡς καὶ πρώην μετὰ το[ῦ Μυρ]σίλου   8 fort. ἐπὶ τεύχεα   9 fort. λαθοίμεθ' αὖ: λαθώμ- coni. Wilam.   10 fort. χολ- scribendum

118 (45 D.)

[72 3-13]

λάβρως δὲ συν στεί[.]..[..]ειατ..
πίμπλεισιν ἀκράτω [... ἐ]π' ἀμέραι
καὶ νύκτι παφλάσδει ...αχθεν,
6 ἔνθα νόμος θάμ' ἐν.[.].[.].νην.

P.Oxy. 1234 fr. 2 ii+D 14+2166 (c) 30

4 fort. [τὸ δ' ἐ]π'   vel ἀμέραν   5 fort. λάταχθεν

κῆνος δὲ τούτων οὐκ ἐπελάθετο
ὤνηρ ἐπεὶ δὴ πρῶτον ὀνέτροπε,
παίσαις γὰρ ὀννώρινε νύκτας,
τὼ δὲ πίθω πατάγεσκ' ὁ πύθμην.
σὺ δὴ τεαύτας ἐκγεγόνων ἔχηις
τὰν δόξαν οἴαν ἄνδρες ἐλεύθεροι
ἔσλων ἔοντες ἐκ τοκήων;

13 γον- in τοκ- corr. man. secunda

119 (46ᵃ D.)

(a)

πὰν φόρτι[ο]ν δ . . [[73]
δ' ὅττι μάλιστα σάλ[
καὶ κύματι πλάγεισ[α
ὄμβρωι μάχεσθαι . . [
φαῖσ' οὐδὲν ἰμέρρη[ν, ἀσάμωι
δ' ἔρματι τυπτομ[ένα
κήνα μὲν ἐν τούτ[
τούτων λελάθων ὠ . [
σύν τ' ὔμμι τέρπ[εσθ]α[ι συν]άβαις
καὶ πέδα Βύκχιδος αὖ . . [
τὼ δ' ἄμμες ἐς τὰν ἄψερον ἀ[
αἰ καί τισαφ[. . .] . . αντ . . [
δείχνυντε[

. . .

P.Oxy. 1234 fr. 3; cf. lemmata et comment. P.Oxy. 2307 frr. 14 i et 16
(= X (14), (16)): 16 νό]στου λελάθων[, σύ]μ τ' ὔμμι τέρπ.[,   ]άβαις
καὶ πεδά[; etiam 2299 fr. 3 = M 3. 2 κήνᾰμε[= v. 7

2 σάλ[ωι, sim.   3–8 suppl. e.g. 3 -εισαν ἐπισσύτωι, 4 χείματί τ'
ἀγρίωι, 6 τυπτομέναν ὄλεσθαι, 7 ἐν τούτοισιν ἔοισ' ἴτω, 8 ὦ φίλ' ἔγω θέλω
8 τούτων: fort. νόστω ex Alc. fr. X 16 scribendum

ALCAEUS

(b)

ἐστάναι ψόμμος [
ἕως ὀνστείχει· τὸ ō [με-
ταλαμβάνουσιν ἐ[πὶ τὸ
ā οἱ Αἰολεῖς, καὶ νῦν [τὴν
ψάμμον ψόμμον εἴρ[η-
κε· σημ⟨αί⟩νει δὲ τὴν ἀκα-
θαρσίαν· θλιβομένης αὐ-
τῆς καὶ περαινομένης
πολλὴ ἀκαθαρσία ἀνα-
πορεύεται καὶ λεύκη· εἴρη-
ται δὲ τὸ λευκὸς διὰ τὸ ἔ-
παρμα. †οια δὲ σκέλη ἤ-
δη κεχώρηκε αὗται· καὶ
τὰ σκέλη αὐτῆς πεπαλαί-
ωτα[ι·   ]ά τε καὶ θαμᾳ[
δρο.[. . . . . . .· ἐ]πὶ τῆς ἀλ-
ληγορία[ς . . .]. πεπλευ-
κυίαι αὐτῆι διὰ τοὺς πολ-
λοὺς πλοῦς καὶ πυκνοὺς ἤ-
δη π[α]λαιὰ γέγονε[ν], ἀλ-
λ᾽ οὐ σ.[. .]των ἔνεκ[α
ται. . .[. .]· οὐ διὰ τὸ[
λαιωσ.[. . . . .]. . .[κα-
θορμισθῆναι η[

[306 (14)
col. ii
2–32]

P.Oxy. 2307 fr. 14 ii

idem carmen spectat   strophas ita partim restituere possis:

⌣ – ⌣ πόλλα ψόμμος ⌣ – ⌣ –
καὶ λεῦκος ὀστείχει, διὰ δὲ σκέλεα
ἤδη κεχώρηκ᾽ – ⌣ αὗται
πύκνα τε καὶ θάμ᾽ ἄλα δρομοίσαι.
ἀλλ᾽ οὐ σ.[. .]των ἔννεκα βόλλεται
⌣ – κατορμίσθην ⌣⌣ – ⌣ –

119, 120, 121   ALCAEUS

συνουσι[..] πεπλ[
η ναῦς π[α]λαιὰ του[.].[
πλεῖν κ[α]τίσχει τουτι[
π[......]γας πορεύετα[ι
30   τ[οὺς λεγ]ομένους πε[σσοὺς
κί]νεις πάντα λί[θον
]τάγεται ω[

120 (27 D.)

]έντην   [74]
]ν ὅδε πλάτυ
]κ κεφάλας, μάτει
]α
5   ].ντες·
τ]ὸ ξύλον
]προΐει μόνον

Schol. ad v. 4 ὑμεῖς δὲ σιγᾶτε ὥσπερ νεύρων .ροι.νεται ο[ὐ]δὲν δυνάμενοι ἀντιστῆναι τῶι τυράν[νωι] v. 6 ἀλλὰ ὦ Μυτιληναῖοι ἕως ἔτι καπνὸν μόνο[ν] ἀφίησι τὸ ξύλον, τοῦτ' ἔστιν ἕως οὐδέπω τυρανν[εύει], κατάσβετε καὶ καταπαύσατε ταχέως μὴ λα[μπρό]τερον τὸ φῶς γένηται

P.Oxy. 1360 fr. 2+2166 (c) 31

121 (48 D.)

μέ]μναμ'· ἔτι γὰρ πάις   [75 7-13]
].σμίκρ[ο]ς ἐπίσδανον·
]ν οἶδα τιμ.[.].

P.Oxy. 1234 fr. 6. 7-13

7-8 ἀλλ' οὔ τι τῶν μέμν., τρόφω 'πὶ κόλπωι σμίκρ. suppl. Hunt

ALCAEUS 121, 122, 123

10   ] Πενθίλη..[
          ] νῦν δ' ὁ πεδέτροπ[ε
          ]ν κακοπάτριδ[αι
          τ]υραννεύ-

. . .

122 (35 D.)

[112 10]   ἄνδρες γὰρ πόλιος πύργος ἀρεύιος

[112
21-26]   τό]σσουτον ἐπεύ[χο]μαι
              ]ησθ' ἀελίω φ[ά]ος
              ]ιγε Κλεανακτίδαν
5   ] ἦρχεανακτίδαν
              ]τον μελιάδεα
              ].κιδος ὤλεσαν

. . .

P.Berol. 9569 v. 10+P.Aberdon. 7. 21-26; cf. schol. Aesch. Pers. 352
Ἀλκαῖος· ἄνδρες—ἀρεύιος; schol. Soph. OT 56 = Suda s.v. ἀρήιος·
Ἀλκαῖός φησιν· ἄνδρες—ἀρήιοι

1 γὰρ om. schol. Soph., Suda   πόλεως codd.   πύργοι schol. Soph.,
Suda   ἀρήιοι schol. Soph., Suda
4-5 marg. schol. τὸν Μυρσίλον, τὸν Φιττακόν

123 (37 D.)

[114   κατὰ τὴν φυγὴν τὴν πρώτην ὅτ' ἐπὶ Μυρσίλον κατασκευασά-
schol.] μ[(εν)]οι ἐπιβουλὴν οἱ π(ερὶ) Ἀλκαῖον κ( ) φαν[.]ι.[.]ς δ(ὲ) π( )
         φθάσα[ν]τες πρὶν ἢ δίκη[ν] ὑπο[σ]χεῖν ἔφ[υ]γον [εἰ]ς Πύρρ[α]ν

P.Berol. 9569

124 (106 D.)

π]λεξάνθιδος ἰππ[
ὀρ]νίθεσσ' ἀπὺ λίμνας πόλιν ἐς τάνδ[
..]αν ἐκ κορύφαν ὄπποθεν εὐωδεσ[
γλ]αύκαν ψῦχρον ὕδωρ ἀμπελόεσσ[
.....]'[...]ν κάλαμος χλῶρ[ο...].[
κ]ελάδεις ἤρινον ὀν.[...]όμεν[
π]ηλεφάνην, κὰδ δ.[...]ντὼ[

[115
5–11]

(sequuntur vv. xiv frr. minora)

P.Oxy. 1788 frr. varia coniuncta

125 (109–10. 26 seq. D.)

πόρναι δ' ὄ κέ τις δίδ[ωι,
ἴ]σα κἀ[ς] πολίας κῦμ' ἄλ[ο]ς ἐσβ[ά]λην.

[117 (b)
26–27]

(sequuntur vv. xvi frr. minora)

P.Oxy. 1788 frr. varia coniuncta

126 (117 D.)

σοὶ μὲν [γ]ὰρ ἤ[δ]η περβέβα[τ]αι χρό[νος
κ]αὶ κάρπος ὄσσ[ο]ς ἦς συνα[γ]άγρετ[αι,
τὸ κλᾶμμα δ' ἐλπώρα, κάλον γά[ρ,
ο]ὐκ ὀλ[ί]γαις σταφύλαις ἐνείκη[ν
... ὄ]ψ[ι], τοιαύτας γὰρ ἀπ' ἀμπέ[λω
βότρ]υς γ......ι σκοπιάμ[ενοι
τά]ρβημ⟨μ⟩ι μὴ δρόπ[ω]σιν αὔταις
ὄμφ]ακας ὠμοτέραις ἐοίσαις.

[119
9–16]

(sequuntur vv. iv frr. minora)

P.Oxy. 1788 fr. 15 ii 9–16

ALCAEUS 127. 1-24

127 (Rh. Mus. 1944. 1 seqq. D.)

[129
1-28]

].ρά.α τόδε Λέσβιοι
...].... εὔδειλον τέμενος μέγα
ξῦνον κά[τε]σσαν, ἐν δὲ βώμοις
4 ἀθανάτων μακάρων ἔθηκαν
κἀπωνύμασσαν ἀντίαον Δία
σὲ δ' Αἰολήιαν [κ]υδαλίμαν θέον
πάντων γενέθλαν, τὸν δὲ τέρτον
8 τόνδε κεμήλιον ὠνύμασσ[α]ν
Ζόννυσσον ὠμήσταν. ἄ[γι]τ' εὔνοον
θῦμον σκέθοντες ἀμμετέρα[s] ἄρας
ἀκούσατ', ἐκ δὲ τῶν[δ]ε μόχθων
12 ἀργαλέας τε φύγας ῥ[ύεσθε·
τὸν Ὕρραον δὲ πα[ῖδ]α πεδελθέτω
κήνων Ἐ[ρίννυ]ς ὤς ποτ' ἀπώμνυμεν
τόμοντες α..[   ]ν..
16 μηδάμα μηδ' ἔνα τὼν ἐταίρων
ἀλλ' ἢ θάνοντες γᾶν ἐπιέμμενοι
κείσεσθ' ὐπ' ἄνδρων οἳ τότ' ἐπικ.'ην
ἤπειτα κακκτάνοντες αὔτοις
20 δᾶμον ὐπὲξ ἀχέων ῥύεσθαι.
κήνων ὀ φύσγων οὐ διελέξατο
πρὸς θῦμον, ἀλλὰ βραϊδίως πόσιν
ἔ]μβαις ἐπ' ὀρκίοισι δάπτει
24 τὰν πόλιν ἄμμι δέ[δ[.]..[.].ί.αις

P.Oxy. 2165 fr. 1 i 1-32+2166 (c) 6

1 fort.].ρα, τὰι voluit, sed τ non est scriptum   4 marg. schol. ut vid. ζεθηκα(ν)   8 κεμήλιον: fort. Dionysi titulus adhuc ignotus   12 sscr. σ[άωτε ut vid.   15 ἀμφ[ενα (= αὐχένα), ἀμφ[αδα possis; fin. fort.]νην (infin. = prodere, cedere, sim.?)   18 ἐπεκρέτην exspectasses, non est scriptum   20 sscr. λ[ύεσθαι   24 fin. πολίταις ut vid.

68

127, 128 ALCAEUS

οὐ κἂν νόμον [.]οy..[   ].'▯
γλαύκας ἀ[.]..[.]..[
γεγρά.[
28   Μύρσιλ[ο

(sequuntur strophae carminis ultimae frr. minima)

128 (ibid. D.)

περ.[.]...[..].εν κ῀υθυ κατασσάτω   [130
αὖτο.[....]ε καππέτων   13–39]
15   ἐχέπ[..].[.]α τεῖχος βασιλήιον
ἀγνοισ..σβιότοισ..ισ ὀ τάλαις ἔγω
ζώω μοῖραν ἔχων ἀγροϊωτίκαν
ἰμέρρων ἀγόρας ἄκουσαι
19   καρυ[ζο]μένας ὠγεσιλαΐδα
καὶ β[ό]λλας· τὰ πάτηρ καὶ πάτερος πάτηρ
κα..[.].ηρας ἔχοντες πεδὰ τωνδέων
τὼν [ἀ]λλαλοκάκων πολίταν
23   ἔ.[.. ἀ]πὺ τούτων ἀπελήλαμαι
φεύγων ἐσχατίαισ', ὠς δ' Ὀνυμακλέης
ἔνθα[δ'] οἶος ἐοίκησα λυκαιμίαις
.[   ]ον [π]όλεμον· στάσιν γὰρ
27   πρὸς κρ.[....]. οὐκ ἄμεινον ὀννέλην·
.].[...].[..]. μακάρων ἐς τέμ[ε]νος θέων

P.Oxy. 2165 frr. 1 ii 6–31+2 ii 1

13 κατασσάτω: non intelligitur   15 marg. schol. τὸ τῆς *Ήρας
16 locus difficillimus: nihil adhuc inventum   var. lect. λίνο- pro ἄγνο-
sscr. ut vid.   21, 23 καγγεγήρᾶσ' ut vid. (= καταγεγήρᾶσι), mox 23
ἔγωγ' ἀπὺ; sed fort. κἀπὶ γῆρας scribendum, mox 23 ἔζων, ἀπὺ   27 κρέ[σ-
σονα]s non est scriptum (post κρ, fort. ο, non erat ε; lacuna litt. quattuor
capit)   οὐκ ἄμεινον metro repugnat: fort. οὐ κάλλιον scribendum

69

ALCAEUS 128, 129

ἐοι[.....]με[λ]αίνας ἐπίβαις χθόνος
χλι.[.].[.].[.]ν συνόδοισί μ' αὔταις
31   οἴκημ⟨μ⟩ι κ[ά]κων ἔκτος ἔχων πόδας,
ὄππαι Λ[εσβί]αδες κριννόμεναι φύαν
πώλεντ' ἐλκεσίπεπλοι, περὶ δὲ βρέμει
ἄχω θεσπεσία γυναίκων
35   ἴρα[ς ὀ]λολύγας ἐνιαυσίας
       ].[.].[.]. ἀπὺ πόλλων πότα δὴ θέοι
       ].[   ]σκ...ν 'Ολύμπιοι;
                  ].......
39   .ρα[   ]...μεν.

_____

29 ἐοίκησα vel fort. ἐόρταισα   30 obscurum: init. χλια- vel χλιδ-;
non fuit χλιαιν-, χλιδων, -δαις, sim.   36 vel τότα   37]σκοισιν
possis

129 (31 D.)

[141   3   ὤ]νηρ οὗτ[ος ὁ μαιόμενος τὸ μέγα κρέτος
3-4]   ὀν]τρέψ[ει τάχα τὰν πόλιν· ἀ δ' ἔχεται ῥόπας.

_____

P.Oxy. 2295 fr. 2. 3-4; Ar. Vesp. 1234 seq. ὤνθρωφ' οὗτος—ῥοπᾶς;
schol. ibid. παρὰ τὰ Ἀλκαίου· ὤν.—ῥοπᾶς (corruptissime); schol. Ar.
Thesm. 162 ὠνὴρ—κράτος

3 sup. ω]νηρ scr. Φιττακ[ος P.Oxy.

70

130

<pre>
17   ] πατέρων ἐπι Φ[ρ]ύνωνα τὸν   [167
          ]   17-20]
          ]ασσαν ἐῦ
20   ] ὠκυ.[...]s νᾶας ἐρύσσομεν.
</pre>

. . .

P.Oxy. 2298 fr. 28. 17-20

17 cf. Strab. xiii 1. 38   marg. schol. Ἀπίων· ἔτι Φρύνωνα   18]παπλεει scr. et del. eadem manus quae marg. schol. ταῦτα οὐ σώζεται, ἐλλείπει γάρ   20 ωκυν[ut vid.: vix ὠκυάλοις, ὠκυπόροις

131

<pre>
        ν]ῦν δὲ Δίος θυ[γάτηρ   [206]
        ὤπασσε θέρσος· τ.[
        κ]ράτηρας ἴσταις ε.[
        τ]ῶν δή σ' ἐπιμνα.[
5   ..]το πέφαννέ τεκ[
        ...]ξηι δὲ θᾶς κε Ζεῦς [
        ...] μοῖρα· τάρβην δ' ο[
</pre>

. . .

P.Oxy. 2297 fr. 3

132

[249
2-11]

]..ον χ[ό]ρον αϝ..[
]. νᾶα φ[ερ]έσδυγον
]ην γὰρ ο[ὐ]κ ἄρηον
]ω κατέχην ἀήταις
ἔ]κ γᾶς χρῆ προΐδην πλό[ον
αἴ ⟨ ⟩ δύναται, καὶ π[αλ]άμαν ἔ[χηι,
ἐπεὶ δέ κ' ἐν π]όν[τωι γ]ένηται
τὼι παρέοντι ⟨ ⟩ ἀνά]γκα·
μ]αχάνα
ἄν]εμος φέρ[

(sequuntur vv. ii frr. minima)

P.Oxy. 2298 fr. 1; cf. Athen. xv 695 A (Carm. Conv. infra), unde vv. suppl. e.p.

5 ἀνέμ]ω veri sim.   7 αἴ τις vel αἴ κεν   11 e.g. ὢς κ' ἄνεμος φέρηι (Lobel)

133

[261 (b)]

col. i

]ημ[
Ἀφρό]διτ[α
]ακεφα....[
]αν λύθεισα·
].[μαλ]οπάρανε, σοὶ μὰν
].'δε.β[ ]ν γυναίκων
]...οισαν μ[ ]. ζάεισαι
].ιν ὄρχησθ[' ἐρό]εσσ' Ἀβανθι·

col. ii

.[..]κυπ[
ἀγλαοι.[
βῶμος [
κυαν[
ἀργ[υρ-
χρυ[σ

P.Oxy. 2299 fr. 10 (b)

134

καιν[.]ων.υγ[   ]ν[[283]
2   ωνενογ.ττ.[   ]
    κάλενας ἐν στήθ[ε]σιν [ἐ]πτ[όαισε
    θῦμον Ἀργείας, Τροΐω δ' [ὐ]π' ἀν[δρος
    ἐκμάνεισα ξ[εν]ναπάτα 'πὶ π[όντον
6   ἔσπετο νᾶϊ,
    παῖδά τ' ἐν δόμ[ο]ισι λίποισ' [ἐρήμαν
    κἄνδρος εὔστρωτον [λ]έχος .[
    πεῖθ' ἔρωι θῦμο[
10   ]δαδ[.]οτε
         ]πιε..μανι[
    κ]ασιγνήτων πόλεας μ[έλαινα
    γα]ῖ' ἔχει Τρώων πεδίωι δά[μεντας
14 ἔν]νεκα κήνας,
    πό]λλα δ' ἄρματ' ἐν κονίαισι [
    ].εν, πό[λ]λοι δ' ἐλίκωπε[ς
    ]ρι στ[εί]βοντο, φόνω δ.[
18   ]..[..]ευς·
         ]...[....]υσ.[
         .   .   .

P.Oxy. 2300 fr. 1

---

3 vel ἐπτόαισας   4-5 vel Τροΐωι δ' ἐπ' ἄνδρι—ξενναπάται   8-10 e.g. ὤς ϝ' ὐπείκην / πεῖθ' ἔρωι θῦμος διὰ τὰν Διώνας / παῖδα Δίος τε (Maas)   16 fort. ἤρι]πεν   17 στειν- in στειβ- corr.   18 Ἀχίλλευς veri sim., e.g. [δῖος Ἀ]χί[λλ]ευς

ALCAEUS 135, 136

135

[286 (a)]
```
              ] . ᾳνᾳω[
          πο]λυανθέμῳ[
          κρ]ύερος πάγος·
          ]. ὑποτάρταρον·
5     γελάνα δὲ θαλάσσας ἐπ]ὶ νῶτ' ἔχει
          ε]ὐσοΐας τύχοις
```

P.Oxy. 2301 fr. 1 (a)

3 schol. τὰ τοῦ χειμῶν[ος,] φησί, διαλύεται   4 ὑπατάρτ. vel ὑπὰ Τάρτ. debuit   5 ἀντὶ τοῦ γαλήνη ἐστὶ κατὰ τὴν θάλασσαν schol., unde versum suppl. e.p.   6 scriptum est -σοΐαις non -σοΐας, sed τῆς εὔ[σοΐας schol. ut vid.

136

[296 (a)]
```
          ]. νότατον τόδ[ . . . . . . . . ἐ]νόησεν
          ]λασθ' ἔρον ἀλ[ . . . . . . . .]. [ . .]. νταπέδ[
          ]δη πόλις ὠ[ . . . . . . Κρο]νίδα βασίλη[ος
4     ]μω . . [ . .]υ . . [ . . . . . . . . .]. δε θάν[ον]τε[ς
          ] εἰς Ἀΐδα δόμο[ν . . . . .]άνευθα δ[ὲ] τούτ[
          οὐ]δεὶς πόνος ὠ[ . . . . . . ἀ]λλὰ τὰ πά[ν]τ' ἀπ[
          ]. ἐν κάλα . ε . . [ . . . . . . . . .]δε τᾶσλα κάκρ[ισι
8     ]. ἄξιος ἀντιλε[.]ῃτ[ . . .]' ἦς ἀπυδέρθην
```

P.Oxy. 2308 fr. 4 (a)

1 seqq. difficillima, sed sententiam ita fere fortasse reddere possis: ἀπαλαμνότατον τόδε (Διννομένης) ἐνόησεν, | ῥή' ἔλλασθ' ἔρον· ἀλλὰ Δίκα ϝ' ἀέκοντα πέδηλθεν | ἐπεὶ δὴ πόλις ὤλετο   4–8 etiam difficiliora: fort. εἰς Ἀΐδα δόμον ἦλθον· ἄνευθα δὲ τούτων | ἦς οὐδεὶς πόνος ὠ[. . . . . .], ἀλλὰ τὰ πάντ' ἀπόλωλε | [   ] δὲ τᾶσλα κάκοισιν, | ἆρ' οὐκ ἄξιος ἀντὶ λέοντος ὅγ' ἦς ἀπυδέρθην; v. 8 aliter Maas: μᾶλλόν κ' ἄξιος Ἀντιλέοντος ὅδ' ἦς ἀπυδέρθην, coll. Aristot. pol. 1316ᵃ29

137

K]υπρογένη', ἔν σε κάλωι Δαμοανακτίδ[[**296** (b)
   ]. πὰρ ἐλάαις ἐροέσσα[ις] καταήσσατο   1-4]
         ]σύναις· ὡς γὰρ ὀί[γ]ρντ' ἔαρος πύλ[αι
4   ἀμβ]ροσίας ὀσδόμενοι [.]αις ὑπαμε[

(sequuntur vv. iv frr. minora)

P.Oxy. 2302 fr. 4 (b)

---

1 e.g. εὗρε Κυπρογένη' ἔν σε κάλωι, Δαμοανακτίδα,   2 καταήσσατο
obscurum   3 εὐφροσύναις veri sim.   4 fort. ὑπαμειδίαν

138

        ]σαντας αἰσχυν[...]τα τὰ μὴ 'νδικα   [**298**]
        ]ην δὲ περβαλον[. ἀν]άγκα
3   ].ενι λαβολίωι π.[..]αν·
        ] Ἀχαίοισ' ἦς πόλυ βέλτερον
        ].......κατέκτανον·
        ]....ἔοντες Αἴγαις
7   πραϋτέρα]ς ἔτυχον θαλάσσας·
        ] ἐν ναύωι Πριάμω πάις
  Ἀ]θανάας πολυλάιδος

C = P.Colon. col. i, ii 1-11, prim. ed. R. Merkelbach +O=P.Oxy. 2303 fr. 1 (a)

---

1 αἰσχύν[θεν]τα τὰ μὴ κτλ. veri sim.   μηδικα C, μηνδικα ... τ]α μη ἐνδίκως κειμενα schol.   2 περβαλον[τ' veri sim.   schol. την αισχυνην ουτως ειρηκε δεσμον την αναγκην   3 λαβολίωι: λε[υ]σμῶι schol. 4 e.g. καί κ' ὣς (= οὕτως)] Ἀχ. κτλ.   5 Αἴαντα κατέκτανον e.p. schol. θεοσυλον οντα, itaque fort. αἰ τὸν θεοβλάβεντα κατέκτανον, sim. 6 e.g. ἴσως κε π]αρπλέοντες   8 e.g. ἀλλ' ἀ μὲν] ἐν ναύωι   incertum utrum Πριάμω an Περάμω fuerit scriptum   9 e.g. ἵκτωρ] Ἀθαν. κτλ.

ALCAEUS 138. 10-35

```
             ] ἐπαππένα γενήῳ
11       δυσμέ]νεες δὲ πόλιν ⟨.⟩ ἔπηπον
             ]....ας Δαΐφοβόν τ' ἄμα
             ].ν οἰμώγα δ' [ἀπ]ὺ τείχεος
         ὄρωρε κα]ὶ παίδων ἀΰτα
15       Δαρδάνι]ον πέδιον κάτηχε·
         Αἴας δὲ λ]ύσσαν ἦλθ' ὀλόαν ἔχων
             ]..ας Πάλλαδος ἀ θέων
         θνάτοι]σι θεοσύλαισι πάντων
19       πικροτά]τα μακάρων πέφυκε·
         χέρρεσ]σι δ' ἄμφοιν παρθενίκαν ἕλων
             ] παρεστάκοισαν ἀγάλματι
         ὔβρισσ'] ὀ Λ[ό]κρος οὐδ' ἔδεισε
23       παῖδα Δ]ίος πολέμω δότε[ρ]ραν
              ]δε δεῖνον ὐπ' [ὄ]φρυσιν,
         σμ[έρδνον πε]λ[ι]δνώθεισα, κὰτ οἴνοπα
         [δ' ἄιξε πόντον] ἐκ δ' ἀφάντοις
27       ἐξαπ[ίνας] ἐκύκα θυέλλαις·
         αιδη.[
         ἴραισ.[
         Αἴας ἀχ..[
31       ἀνδρο[
         ..μ.[
         ...ρ.[
         ἔβασκε[
35       παννυχία[
```

10 e.g. κάτισδ'] απαππενα in απεππενα (επαππενα debuit) corr. C; αφημμενη schol.   γενήῳ e.p.: γενειω C   11 πόλινδ' vel πόλιν τ' 12]....ᾱs C   15 incipit O   17 e.g. ἐς ναῦον ἄγνας (νᾶς C) 19]..τᾱπεφυκε· C (fort. μακάρων πικροτάτα πέφυκε)   21 e.g. σέμνωκ] παρεστ. κτλ.   24-27 nescimus quamobrem vv. 25-31 (dubio procul 24-31) obeli marg. sin. sint praefixi   24 e.g. ἀ δ' αὔτικ' εἴ]δε, sed accedit O fr. (b) fortasse vv. 24-26 adiungendum ita ut 24]ν· ἀ δὲ δεῖνον κτλ. legas

138, 139, 140　　ALCAEUS

πρώτοισ[
δεινα.[
ἄιξε πόν[τον
39　　ὦρσε βία[ν
　　　(sequuntur vv. decem initia)

139

　　　　　．　．　．
　　　　　]σανορεσ..[　．　　　　[304]
Φοίβωι χρυσοκό]μαι, τὸν ἔτικτε Κόω κ[όρα
μίγεισ' ὑψινέφει Κρ]ονίδαι μεγαλωνύμωι·
Ἄρτεμις δὲ θέων] μέγαν ὅρκον ἀπώμοσε·
5　νὴ τὰν σὰν κεφά]λαν, ἄϊ πάρθενος ἔσσομαι
ἄδμης οἰοπό]λων ὀρέων κορύφαισ' ἔπι
θηρεύοισ'· ἄγι καὶ τά]δε νεῦσον ἔμαν χάριν.
ὼς εἶπ'· αὐτὰρ ἔνευ]σε θέων μακάρων πάτηρ.
πάρθενον δ' ἐλαφάβ]ολον ἀγροτέραν θέοι
10　ἄνθρωποί τε κάλε]ισιν ἐπωνύμιον μέγα.
κήναι λυσιμέλης] Ἔρος οὐδάμα πίλναται,
　　　　　].[.]....αφόβε[..]'.ω·

P.Fouad, ed. CQ N.S. 2 (1952) 1 seqq.; An. Ox. Cramer i. 71. 19 ἀεὶ παρθένος ἔσσομαι, An. Par. Cramer iii 321. 22 ἀειπάρθενος... Αἰολικῶς... διὰ τοῦ ῑ　nusquam nomen auctoris

140

10　　　　　　　　　ὠς ἄλος　　　　[305 col. i
ἐ⟨κ⟩ πολίας ἀρυτήμεν[οι·] ὠς　　　10–27]
ἐκ θαλάσσης ἀντλο[ῦ]ντες
ἀνέκλειπτον πόλε[μ]ον ἔ-
ξετε　　　　　　ἐ[..].αμοι

15   πόλεμος μήτε γένοιτ[ο]· γέγρα-
       πται πρός τινα ὀνόματι κα-
       λούμενον Μνήμονα ὃς ἀ-
       κάτιον παρέστησεν εἰς τὴν
       Μυρσίλου κάθοδον· φησὶν οὖν
20   ὅτι οὐκ αἰτιᾶται αὐτὸ[ν] οὐδὲ
       διαφέρεται περὶ το[ύ]του.
       ὅστις δ' ἄμμε διαστα[..]. θέλει·
       ἤτοι καθόλου λ[......].των
       περὶ Φίττακον [......].των
25   ὦ Μνᾶμον κ[......] τιν( )
       .]. κύριον ὄνομ[α ... Μ]νημο-
       ν-.   ]

            (sequuntur vv. v frr. minora)

P.Oxy. 2306 col. i

141

νῦν δεῖ α[ὐτοὺς] ἀγαθῆι χρη-
σαμένου[ς τύχηι] ἐνθορεῖν
5   καὶ ἐνορμ[ῆσαι τ]οῖς τ[ο]ῦ Φιτ-
τάκ[ο]υ νώτ[οις καὶ τῆς] κα-
κῆς ὕβρεως [τὸ]ν τύραννον
παῦσαι. ἐπίδ[..]. ι Διός υἱὸς
Κρονίδα· καὶ α[ὐτ]η κατὰ
10   Φιττάκου γέγ[ρα]πται πε-
ρὶ τῶν ὅρκων [τῶν γ]ε[γ]ε-
νημένων ἐν [   ].
πολ[......]ρ[   ].

P.Oxy. 2307 fr. 9

Μελῶν ᾱ

142 (2-4 B., 1 adnot. D.)

ἐθέλω δὲ ὑμῖν καὶ Ἀλκαίου [ἀναγκαῖον cod.] τινὰ λόγον εἰπεῖν, [307] ὃν ἐκεῖνος ᾖσεν ἐν μέλεσι παιᾶνα γράφων Ἀπόλλωνι· . . . ὅτε Ἀπόλλων ἐγένετο, κοσμήσας αὐτὸν ὁ Ζεὺς μίτραι τε χρυσῆι καὶ λύραι δούς τε ἐπὶ τούτοις ἅρμα ἐλαύνειν, κύκνοι δὲ ἦσαν τὸ ἅρμα, εἰς Δελφοὺς πέμπει ⟨καὶ⟩ Κασταλίας νάματα, ἐκεῖθεν προφητεύ⟨σ⟩οντα δίκην καὶ θέμιν τοῖς Ἕλλησιν. ὁ δὲ ἐπιβὰς ἐπὶ τῶν ἁρμάτων ἐφῆκε τοὺς κύκνους ἐς Ὑπερβορέους πέτεσθαι. Δελφοὶ μὲν οὖν, ὡς ᾔσθοντο, παιᾶνα συνθέντες καὶ μέλος καὶ χοροὺς ἠϊθέων περὶ τὸν τρίποδα στήσαντες, ἐκάλουν τὸν θεὸν ἐξ Ὑπερβορέων ἐλθεῖν. ὁ δὲ ἔτος ὅλον παρὰ τοῖς ἐκεῖ θεμιστεύσας ἀνθρώποις, ἐπειδὴ καιρὸν ἐνόμιζε καὶ τοὺς Δελφικοὺς ἠχῆσαι τρίποδας, αὖθις κελεύει τοῖς κύκνοις ἐξ Ὑπερβορέων ἀφίπτασθαι. ἦν μὲν οὖν θέρος καὶ τοῦ θέρους τὸ μέσον αὐτὸ ὅτε ἐξ Ὑπερβορέων Ἀλκαῖος ἄγει τὸν Ἀπόλλωνα· ὅθεν δὴ θέρους ἐκλάμποντος καὶ ἐπιδημοῦντος Ἀπόλλωνος θερινόν τι καὶ ἡ λύρα περὶ τὸν θεὸν ἁβρύνεται. ᾄδουσι μὲν ἀηδόνες αὐτῶι ὁποῖον εἰκὸς ᾆσαι παρ' Ἀλκαίωι τὰς ὄρνιθας, ᾄδουσι δὲ καὶ χελιδόνες καὶ τέττιγες, οὐ τὴν ἑαυτῶν τύχην τὴν ἐν ἀνθρώποις ἀγγέλλουσαι ἀλλὰ πάντα τὰ μέλη κατὰ θεοῦ φθεγγόμεναι. ῥεῖ καὶ ἀργυροῖς ἡ Κασταλία κατὰ ποίησιν νάμασι καὶ Κηφισσὸς μέγας αἴρεται πορφύρων τοῖς κύμασι, τὸν Ἐνιπέα τοῦ Ὁμήρου μιμούμενος. βιάζεται μὲν γὰρ Ἀλκαῖος ὁμοίως Ὁμήρωι ποιῆσαι καὶ ὕδωρ θεῶν ἐπιδημίαν αἰσθέσθαι δυνάμενον.

Himer. *or.* xlviii 10–11; idem carmen ut vid. respiciunt Plut. *mus.* 14, Paus. x 8. 10, Strabo viii 7. 5 (vid. Aly, *SB Heidelb.*, Phil.-Hist. Kl., 1931/2, Abh. I p. 10); initium refert Heph. *Ench.* xiv 3 ὦναξ Ἄπολλον, παῖ μεγάλω Δίος; schol. A in Heph. *de poem.* p. 169 C. ἔστι τῆς μὲν πρώτης ὠιδῆς (ἐν τῶι πρώτωι Ἀλκαίου) ἀρχή

143 (5 B., 2 D.)

[308 (b)]

χαῖρε, Κυλλάνας ὁ μέδεις, σὲ γάρ μοι
θῦμος ὕμνην, τὸν κορύφαισιν †αὔγαις†
Μαῖα γέννατο Κρονίδαι μίγεισα
παμβασίληϊ.

Heph. *Ench.* xiv 1 χαῖρε—μοι; Choerob. ad loc. p. 252 seq. Consbr. χαῖρε—παμβασίληϊ; schol. A in Heph. *poem.* p. 170 Consbr. τῆς δευτέρας (sc. ὠιδῆς ἐν πρώτωι Ἀλκαίου ἀρχή)· χαῖρε—μοι+

2 ὑμνεῖν codd.   αὔγαις Choer. cod. K: ἀγναῖς cod. U; ἄγνα coni. Bowra   3 γέννατο Bergk: γέννα τῶι codd.   μίγεισα Bergk: μέγιστα cod. U, μαιεία cod. K

Μελῶν θ
144 (16 B., 22 D.)

[319]

βλήχρων ἀνέμων ἀχείμαντοι πνόαι

Schol. Hom. *Il.* 8. 178 τὸ βληχρὸς σημαίνει . . . τὸ ἀσθενές· Ἀλκαῖος θ'· βλ. κτλ.+

145 (76 B., 23 D.)

[320]

καί κ' οὐδὲν ἐκ δενὸς γένοιτο.

Et. Gen. B p. 230+Et. Mag. 639. 30 τοῦ οὐδεὶς τὸ οὐδέτερον δέν, χωρὶς τῆς ου παραθέσεως, ἔχομεν παρὰ Ἀλκαίωι ἐν τῶι ἐνάτωι· καί κ' κτλ.+

Μελῶν ι
146 (43 B., 24 D.)

[322]

λάταγες ποτέονται
κυλίχναν ἀπὺ Τηίαν.

Athen. xi 481 A Ἀλκαῖος . . . ἐν τῶι δεκάτωι

1 πότηνται coni. Bergk   2 ἀπὸ Athen.

INCERTI LIBRI

147 (9 B., 3 D.)

ἄνασσ' Ἀθάναα πτολε[μάδοκος,   [325]
ἄ ποι Κορωνήας †ἐπιδεω†
ναύω πάροιθεν ἀμφι[
Κωραλίω ποτάμω πὰρ ὄχθαις

Strabo ix 2. 29 κρατήσαντες (Βοιωτοὶ) δὲ τῆς Κορωνείας ἐν τῶι πρὸ αὐτῆς πεδίωι τὸ τῆς Ἰτωνίας Ἀθηνᾶς ἱερὸν ἱδρύσαντο ὁμώνυμον τῶι Θετταλικῶι, καὶ τὸν παραρρέοντα ποταμὸν Κουάριον προσηγόρευσαν ὁμοφώνως τῶι ἐκεῖ. Ἀλκαῖος δὲ καλεῖ Κωράλιον, λέγων· ἄνασσ' κτλ.

1 (λέγων) ἄσσ' ἀθάνα ἄπολε codd.; post ε septem fere litt. cum marg. interciderunt in cod. A, spat. vac. in rell.   ἄνασσ' Friedmann, sed fort. habuit (ὦν)ασσ'   fin. suppl. Welcker; πτολ- scripsi (est enim vocativus Ἀθάναα. divisio Ἀθάνα', ἁ multo minus veri sim.)   2 ἅ ποι Welcker (ἅ που): ἀπὸ codd.   Κορωνήας Bergk: κοιρωνίας codd. 2–3 ἐπιδεων ανω codd. A c (-δέων αὔω), ἐπιδεύων ἄνω cod. g, ἐπιδέων αὐτῶι codd. h i: dist. Welcker (frustra idem ἐπὶ λαίω, Bergk ἐπὶ πισέων: latet πεδίωι, opinor)   3 post αμφι (sic) sex septemve litt. interciderunt in cod. A, spat. vac. in cghi   ἀμφιβαίνεις suppl. Welcker 4 fort. ὄχθοις scribendum

148 (18 B., 46ᴬ D.)

ἀσυννέτημμι τὼν ἀνέμων στάσιν·   [326]
τὸ μὲν γὰρ ἔνθεν κῦμα κυλίνδεται,

P.Oxy. 2297 fr. 5 (a) ii+2306 ii+Heracl. quaest. Hom. 5 ἐν ἱκανοῖς δὲ καὶ τὸν Μιτυληναῖον μελοποιὸν εὑρήσομεν ἀλληγοροῦντα· τὰς γὰρ τυραννικὰς ταραχὰς ἐξ ἴσου χειμερίωι προσεικάζει καταστήματι θαλάττης· ἀσυνν.—9 ἄγκ. τίς οὐκ ἂν εὐθὺς ἐκ τῆς προτρεχούσης περὶ τὸν πόντον εἰκασίας ἀνδρῶν πλωϊζομένων θαλάττιον εἶναι νομίσειε φόβον; ἀλλ' οὐχ οὕτως ἔχει. Μυρσίλος γὰρ ὁ δηλούμενός ἐστι καὶ τυραννικὴ κατὰ Μυτιληναίων ἐγειρομένη σύστασις; Cocondrius π. τρόπ. θ 3. 234 Spengel, ἀσυνν.—5 μάλα; Ap. Dysc. pron. 119 b, 3 ἄμμες κτλ.

1 ἀσυννέτημι Ahrens coll. Theodos. can. i 83 Hilg. (Αἰολεῖς) ἀσυνέτημι φασίν: varie corrupta codd.   τὸν ἀνέμω coni. Dindorf

ALCAEUS 148, 149

τὸ δ' ἔνθεν, ἄμμες δ' ὂν τὸ μέσσον
4   νᾶϊ φορήμμεθα σὺν μελαίναι
χείμωνι μόχθεντες μεγάλωι μάλα·
πὲρ μὲν γὰρ ἄντλος ἰστοπέδαν ἔχει,
λαῖφος δὲ πὰν ζάδηλον ἤδη
8   καὶ λάκιδες μέγαλαι κὰτ αὖτο·
χόλαισι δ' ἄγκοnναι, τὰ δ' ὀή[ϊα
[   ]
[   ]
12   -τοι πόδες ἀμφότεροι μένο[ισιν
ἐν βιμβλίδεσσι· τοῦτό με καὶ σ[άοι
μόνον· τὰ δ' ἄχματ' ἐκπεπ[.].άχμενα
..]μεν φ[ό]ρηντ' ἔπερθα, τῶν [...].
16   ]ενοισ.[

(vv. iii fragmenta minora)

---

3 ὂν τὸ μέσσον: ἂν τὸ μέσον codd.   4 φορήμεθα codd.   5 μοχθεῦν-
τες codd.   μάλα Cocondr.: καλά Heracl.   6 πὲρ Hermann: περὰ
vel παρὰ codd.   9 fort. χάλαισι scribendum   ἄγκονναι Unger:
ἄγκυραι codd.   14 non ut vid. -πατάχμενα vel -παλάχμενα

---

149 (13 B., 8 D.)

[327]
δεινότατον θέων
⟨τὸν⟩ γέννατ' εὐπέδιλλος Ἶρις
χρυσοκόμωι Ζεφύρωι μιγεῖσα.

Plut. amator. 20; schol. Theocr. xiii 2 Ἀλκαῖος "Ἴριδος καὶ Ζεφύρου
(τὸν Ἔρωτά φησιν υἱὸν εἶναι) +

---

1 θέων: θειῶν codd.   2 τὸν suppl. Bergk   .γείν- et -πέδιλος codd.
3 μιγεῖσα Porson: μιχθεῖσα codd.

82

150, 151, 152, 153   ALCAEUS

150 (58ᴀ D.)

καὶ χρυσοπάσταν τὰν κυνίαν ἔχων   [329]
ἔλαφρα π[

Schol. Hom. *Il.* 2. 816+P.Oxy. 1086. 113 Ἀλκαῖος ... λέγων οὕτως· καὶ κτλ.

151 (21 B., 29 D.)

Μέλαγχρος αἴδως ἄξιος ἐς πόλιν   [331]

Heph. *Ench.* xiv 3

152 (20 B., 39 D.)

νῦν χρῆ μεθύσθην καί τινα πὲρ βίαν   [332]
πώνην, ἐπειδὴ κάτθανε Μύρσιλος.

Athen. x 430 C (κατὰ πᾶσαν ὥραν πίνων Ἀλκαῖος εὑρίσκεται·) ἐν δὲ ταῖς εὐφρόναις· νῦν χρῆ κτλ.

1 μεθύσθην Buttmann: μεθύσκειν Athen.   πὲρ Lobel: πρὸς Athen.
2 πώνην Ahrens: πονεῖν Athen.

153 (53 B., 104 D.)

οἶνος γὰρ ἀνθρώπω δίοπτρον.   [333]

Tzetz. in Lyc. *Alex.* 212 οἱ οἰνωθέντες τὰ τοῦ λογισμοῦ ἀπόρρητα ἐκφαίνουσιν· ὅθεν καὶ Ἀλκαῖός φησιν· οἶνος κτλ.

ἀνθρώπω Lobel: -ποις codd.

154 (26 B., 51 D.)

[334]
>οὐδέπω Ποσείδαν
>ἄλμυρον ἐστυφέλιξε πόντον.

Hdn. π.μ.λ. ā 10 εἴρηται δὲ ὁ δαίμων παρ' Ἀλκαίωι διὰ τοῦ ā μένοντος τοῦ ᾱ Ποσειδᾶν· οὐδέπω κτλ.

155 (35 B., 91 D.)

[335]
>οὐ χρῆ κάκοισι θῦμον ἐπιτρέπην,
>προκόψομεν γὰρ οὐδὲν ἀσάμενοι,
>ὦ Βύκχι, φαρμάκων δ' ἄριστον
>οἶνον ἐνεικαμένοις μεθύσθην.

Athen. x 430 A–C κατὰ γὰρ πᾶσαν ὥραν καὶ πᾶσαν περίστασιν πίνων ὁ ποιητὴς οὗτος (sc. Ἀλκαῖος) εὑρίσκεται.... ἐν δὲ τοῖς συμπτώμασιν· οὐ κτλ.

1 θῦμον Stephanus: μῦθον Athen. -τρέπειν Athen. 3 φαρμάκων Lobel: -κον Athen.

156 (65 B., 124 D.)

[337]
>πρώτα μὲν Ἄντανδρος Λελέγων πόλις

Strabo xiii 1. 51 τὴν δὲ Ἄντανδρον Ἀλκαῖος μὲν καλεῖ Λελέγων πόλιν· πρώτα κτλ.

157 (34 B., 90 D.)

[338]
>ὔει μὲν ὁ Ζεῦς, ἐκ δ' ὀράνω μέγας
>χείμων, πεπάγαισιν δ' ὑδάτων ῥόαι
>[ἔνθεν   ]
>4 [   ]

Athen. x 430 A–B (κατὰ πᾶσαν ὥραν πίνων εὑρίσκεται Ἀλκαῖος)· χειμῶνος μὲν ἐν τούτοις· ὔει κτλ.; P. Bouriant 8. 20 πεπάγ.—ἔνθεν

1 ὀράνω cod. rec.: ὠρ- Athen. 2 πεπάγαισιν P.Bour.: -γασι(ν) Athen.

157, 158, 159, 160   ALCAEUS

> κάββαλλε τὸν χείμων', ἐπὶ μὲν τίθεις
> πῦρ, ἐν δὲ κέρναις οἶνον ἀφειδέως
> μέλιχρον, αὐτὰρ ἀμφὶ κόρσαι
> 8   μόλθακον ἀμφι[   ] γνόφαλλον.

5 κάββαλλε cod. rec.: κάββαλε Athen.   6 κίρν- Athen.
8 μαλθ- Athen.   ἀμφιγνόφαλλον Athen.: ἀμφι⟨βάλων⟩ suppl. Grotefend,
-⟨τίθεις⟩ Rutgers

158 (83 B., 134 D.)

> αἴ κ' εἴπηις τὰ θέληις, ⟨καί κεν⟩ ἀκούσαις τά κεν οὐ θέλοις.   [341]

Procl. in Hes. *op.* 719 Ἀλκαῖος· αἴ κτλ.

εἴποις τὰ θέλεις Procl.   καί ' κεν suppl. Meineke, Lobel   τά κεν
οὐ θέλοις Meineke: τά κ' οὐ θέλεις Procl.

159 (44 B., 97 D.)

> μηδ' ἓν ἄλλο φυτεύσηις πρότερον δένδριον ἀμπέλω.   [342]

Athen. x 430 c καὶ καθόλου δὲ συμβουλεύων φησίν (sc. Ἀλκαῖος)· μηδ'
κτλ.; Eust. *Il.* 1163. 10

μηδ' ἓν: μηδὲν Athen. cod. C, Eust.; μηθὲν Athen. cod. A   δένδριον
Athen. cod. E: δένδρον Athen. cod. A, Eust.

160 (84 B., 135 D.)

> ὄρνιθες τίνες οἴδ' Ὠκεάνω γᾶς ἀπὺ περράτων   [345]
> ἦλθον πανέλοπες ποικιλόδερροι τανυσίπτεροι;

Ar. *Av.* 1410, ubi schol. παρὰ τὸ Ἀλκαίου· ὄρνιθες κτλ.; cf. schol. Ar.
Thesm. 162

1 γᾶς τ' coni. Hecker   περράτων: περάτων codd.   2 -δειροι codd.

85

161 (41 B., 96 D.)

πώνωμεν· τί τὰ λύχν' ὀμμένομεν; δάκτυλος ἀμέρα.
2 κὰδ δάερρε κυλίχναις μεγάλαις †αιταποικίλλις†
   οἶνον γὰρ Σεμέλας καὶ Δίος υἶος λαθικάδεον
4 ἀνθρώποισιν ἔδωκ'. ἔγχεε κέρναις ἔνα καὶ δύο
   πλήαις κὰκ κεφάλας, ⟨ἀ⟩ δ' ἀτέρα τὰν ἀτέραν κύλιξ
6 ὠθήτω

Athen.¹ x 430 C–D φησὶ γάρ (sc. Ἀλκαῖος)· πών. κτλ.; Athen.² xi 480 F seq. Ἀλκαῖος· πών.—πλέαις; Athen.³ x 429 F ἔγχεε—δύο

1 πίνωμεν Athen. τὰ λύχν' Porson: τὸν λύχνον Athen. ἀμμένομεν Athen. 2 δάερρε Lobel: δ' ἄειρε Athen.², δ' ἀνάειρε Athen.¹ fin. αἴψ' ἀπὺ πασσάλων coni. Ahrens, Lobel; fort. , αἴ ποτα, ποικίλαις 3 λαθικάδεον Lobel: -κάδεα Athen. 5 ἀ suppl. Porson ἐτέραν Athen.

162 (39 B., 94 D.)

τέγγε πλεύμονας οἴνωι, τὸ γὰρ ἄστρον περιτέλλεται,
2 ἀ δ' ὤρα χαλέπα, πάντα δὲ δίψαισ' ὑπὰ καύματος,
   ἄχει δ' ἐκ πετάλων ἄδεα τέττιξ, ⟨πτερύγων δ' ὔπα
4 κακχέει λιγύραν πύκνον ἀοίδαν, θέρος ὄπποτα
   φλόγιον †καθέταν ἐπιπτάμενον καταυδείη†⟩
6 [   ]

Procl. in Hes. op. 584 τοιαῦτα δὲ καὶ τὸν Ἀλκαῖον ᾄδειν· τέγγε κτλ.; 3–5 πτερύγων—καταυδ. suppl. e Demetr. eloc. 142; Athen.¹ i. 22 E οἴνωι πν. τέγγε—καύματος; Athen.² x 430 B τέγγε—καύματος; Plut. quaest. conv. vii 1. 1 τέγγε—περιτέλλεται +

2 δίψαισ': διψαις Athen.² cod. A, διψᾶι cod. C, ἐδίψουν Athen.¹ cod. C ὑπὸ codd. 3 ἄδεα τέττιξ Graefe: τάδε ἀντέττιξ Procl. cod. A, sim. rell. 3–5 πτερύγων κτλ. hic inseruit Bergk ὑποκακχέει ληγυρὰν ἀοιδάν, ὅ τι ποτ' ἂν φλόγιον κτλ. Demetr.; πύκνον et θέρος suppl. Bergk ex Hes. op. 583–4; πεπτάμενον coni. Hartung, καταυλέηι Ahrens 6 lacunam indicavi; vid. Sappho & Alc. p. 306

162, 163, 164   ALCAEUS

ἄνθει δὲ σκόλυμος· νῦν δὲ γύναικες μιαρώταται,
8 λέπτοι δ' ἄνδρες, ἐπεὶ ⟨δὴ⟩ κεφάλαν καὶ γόνα Σείριος
ἄσδει

7 ἄνθει δὲ Schneidewin: ἀνθεῖ δὲ καί Procl.   γυν. μιαρ. Blomfield: μιαρ. γυν. Procl.   8 δ' ἄνδρες Mehlhorn: δέ τοι ἄνδρες Procl.   δή suppl. Sitzler   γόνα Bergk: γόνατα Procl.   9 ἄζει Procl.

163 (37ᴬ B., 87 D.)

τὸν κακοπατρίδαν   [348]
Φίττακον πόλιος τὰς ἀχόλω καὶ βαρυδαίμονος
ἐστάσαντο τύραννον μέγ' ἐπαίνεντες ἀόλλεες.

Aristot. pol. 1284ᵃ35 εἵλοντό ποτε Μυτιληναῖοι Πιττακὸν πρὸς τοὺς φυγάδας ὧν προειστήκεσαν Ἀντιμενίδης καὶ Ἀλκαῖος ὁ ποιητής· δηλοῖ δ' Ἀλκαῖος ὅτι τύραννον εἵλοντο τὸν Πιττακὸν ἔν τινι τῶν σκολιῶν μελῶν, ἐπιτιμᾷ γὰρ ὅτι τὸν κακοπ. κτλ.; cf. Plut. amator. 18

1 -πατρίδαν Blass: -πάτριδα codd.   2 πόλεως codd.   3 ἐπαινέοντες codd.

614 (Alc. 11+Sa. 66+Alc. 75+adesp. 77 B., Alc. 9 D.)

Ἀλκαῖος Ἡφαίστου (γονὰς ὕμνησεν).   [349]

Menand. π. ἐπιδεικτ. p. 39 Burs.; ex quo carmine sumpta ut vid. frr. (a), (b), (c), fort. etiam (d) infra

(a)   ὥστε θέων μηδ' ἔν' Ὀλυμπίων
λῦσ' ἄτερ ϝέθεν

Ap. Dysc. pron. 98 b Ἀλκαῖος· ὥστε κτλ.

(b)   ὁ δ' Ἄρευς φαῖσί κεν Ἄφαιστον ἄγην βίαι.

Priscian. inst. vi 92 Ἄρευς pro Ἄρης ut Sappho ὁ κτλ.

(a) 2 λῦσ' ἄτερ ϝέθεν Bekker: λυσεατερ γεθεν cod.
(b) φαῖσί—ἄγην Bergk, Hermann: φαισει κεν αφεστον αγειν, sim., codd. historiam invenies ap. Liban. viii 38 Förster

ALCAEUS   164, 165

(c)   εἶς τῶν δυοκαιδέκων

Et. Gen. B p. 94+Et. Mag. 290. 49 παρὰ Ἀλκαίωι· εἶς κτλ., ἀντὶ τοῦ δυοκαίδεκα

(d)   γέλαν δ' ἀθάνατοι θέοι.

Et. Mag. 225. 8 sine auctoris nomine

165 (33 B., 50 D.)

[350]
```
     ἦλθες ἐκ περάτων γᾶς ἐλεφαντίναν
2    λάβαν τὼ ξίφεος χρυσοδέταν ἔχων·
     συμμάχεις δ' ἐτέλεσσας Βαβυλωνίοισ'
4    ἄεθλον μέγαν, εὐρύσαο δ' ἐκ πόνων
     κτένναις ἄνδρα μαχαίταν βασιληίων
6    παλάσταν ἀπυλείποντα μόναν ἴαν
     παχέων ἀπὺ πέμπων.
```

1-2 ex Heph. *Ench.* x 3 οἷον τὸ Ἀλκαίου· ἦλθες—ἔχων; cf. Liban. *or.* xiii 5 ἆρ' οὖν μοι καιρὸν ἔχει κατὰ τὸν Λέσβιον Ἀλκαῖον ποιήσασθαι τὴν ἀρχήν, ἦλθες ἐκ περάτων γᾶς οὐκ ἐλεφαντίνηι χρυσοδέτωι καλλωπιζόμενος λαβῆι, καθάπερ ἐκεῖνος ἐποίησεν, κτλ.

3-7 Strabo xiii 617 τὸν ἀδελφὸν Ἀντιμενίδαν . . . φησὶν Ἀλκαῖος Βαβυλωνίοις συμμαχοῦντα τελέσαι μέγαν ἆθλον καὶ ἐκ πόνων αὐτοὺς ῥύσασθαι κτείναντα ἄνδρα μαχαίταν, βασιλήων παλαστάν, ὥς φησι, ἀπολιπόντα μόνον ἀνίαν παχέων ἀπυπέμπων: unde textum edd.

1 cf. Alc. fr. 303. 10].σελεφ[, ubi γ]ᾶς ἐλεφ[αντ- possis   3-4 quanquam inter disticha non licuit elisione uti, distichi in medio fortasse licuit; Βαβυλωνίων (et σύμμαχος) coni. Fick

166 (48ᵃ B., 14 D.)

Ἀχίλλευς, ὁ τὰς Σκυθίκας μέδεις [354]

Eust. in Dion. Perieg. 306 (= *Geogr. Gr. Min.* ii 271) ἄλλοι δέ φασιν ἕτερον εἶναι τοῦτον Ἀχιλλέα παρὰ Σκύθαις βασιλέα τῶν τόπων, ὃς ἠράσθη τε τῆς Ἰφιγενείας πεμφθείσης ἐκεῖ καὶ ἔμεινεν ἐπιδιώκων, ἐξ οὗ ὁ τόπος Ἀχίλλειον. οἱ δὲ τοῦτο λέγοντες παραφέρουσι μάρτυρα τὸν Ἀλκαῖον λέγοντα· Ἀχ. κτλ.

ὃς codd.   γᾶς coni. Bergk   μέδεις Blomfield : μεδέεις codd.

167 (15 B., 54 D.)

1   [   ]   [357]
    [   ]
2   μαρμαίρει δὲ μέγας δόμος
    χάλκωι, παῖσα δ' †ἄρηι κεκόσμηται στέγα
3   λάμπραισιν κυνίαισι, κὰτ
    τᾶν λεῦκοι κατέπερθεν ἵππιοι λόφοι
4   νεύοισιν, κεφάλαισιν ἄν-
    δρων ἀγάλματα· χάλκιαι δὲ πασσάλοις
5   κρύπτοισιν περικείμεναι
    λάμπραι κνάμιδες, ἄρκος ἰσχύρω βέλεος,
6   θόρρακές τε νέω λίνω
    κόϊλαί τε κὰτ ἄσπιδες βεβλήμεναι·

Athen. xiv 626 F Ἀλκαῖος ... ἐπὶ τοῖς τοιούτοις σεμνυνόμενός φησιν· μαρμ. κτλ.; P.Oxy. 2295 fr. 1, 2296 fr. 4, versuum 1-5 fragmenta; Eust. *Il.* 1320. 1 Ἀλκαῖος δὲ ὁ ποιητὴς κατὰ τὴν ἱστορίαν τοῦ Ἀθηναίου μουσικώτατος γενόμενος ὅμως μαρμαίρει, φησί, μέγας δόμος χάλκωι, καὶ ἄλλα τοιαῦτα

2 ἄρηι Athen., ἀ[P.Oxy. 2295; fort. ἄρ' εὖ   3 κατέπερθεν: κατέπ[
P.Oxy. 2295 et 2296, καθύπερθεν Athen.   5 ἄρκος Athen.: ερκ[
P.Oxy. 2296   βέλευς Athen.   6 νέω: νέωι Athen.; νέοι coni. Bergk

ALCAEUS 167, 168, 169

7   πὰρ δὲ Χαλκίδικαι σπάθαι,
    πὰρ δὲ ζώματα πόλλα καὶ κυπάσσιδες.
8   τῶν οὐκ ἔστι λάθεσθ', ἐπεὶ
    δὴ πρώτιστ' ὐπὰ τὠργον ἔσταμεν τόδε.

7 κυππαττιδες Athen.   8 πρώτιστ' ὐπὰ τὠργον Lobel: πρώτισθ' ὑπὸ ἔργον Athen.

168 (51 B., 103 D.)

[359] (a)   πέτρας καὶ πολίας θαλάσσας τέκνον

(b)   ἐκ δὲ παίδων χαύνωις φρένας, ἀ θαλασσία λέπας.

Athen. iii 85 B Καλλίας δ' ὁ Μιτυληναῖος ἐν τῶι περὶ τῆς παρ' Ἀλκαίωι λεπάδος παρὰ τῶι Ἀλκαίωι φησὶν εἶναι ὠιδὴν ἧς ἡ ἀρχή· (a), ἧς ἐπὶ τέλει γεγράφθαι· (b), ὁ δ' Ἀριστοφάνης γράφει ἀντὶ τοῦ λεπάς, χέλυς.

(b) δὲ παίδων Ahrens: λεπάδων Athen.   χαύνοις Athen.   λέπας Athen.: χέλυς Aristoph. Byzant.

169 (49 B., 101 D.)

[360]   ὡς γὰρ δή ποτ' Ἀριστόδα-
        μον φαῖσ' οὐκ ἀπάλαμνον ἐν Σπάρται λόγον
    εἴπην· χρήματ' ἄνηρ, πένι-
        χρος δ' οὐδ' εἶς πέλετ' ἔσλος οὐδὲ τίμιος.

Diog. Laert. i 31 Ἀλκαῖος οὕτως· ὡς—ἔσλος; schol. Pind. Isthm. ii 17 ὡς—τίμιος +

1 φασὶν codd.   2 εἰπεῖν codd.   ἐσλὸς schol. Pind.: ἐσθλὸς Diog.

90

170 (36 B., 92 D.)

ἀλλ' ἀνήτω μὲν περὶ ταῖς δέραισι [362]
περθέτω πλέκταις ὐπαθύμιδάς τις,
κὰδ δὲ χευάτω μύρον ἆδυ κὰτ τὼ
στήθεος ἄμμι.

1-2 Athen. xv 674 C ἐκάλουν δὲ καὶ οἷς περιεδέοντο τὸν τράχηλον στεφάνους ὑποθυμίδας, ὡς Ἀλκαῖος ἐν τούτοις· ἀλλ'—τις   3-4 Athen. xv 687 D κὰδ—ἄμμι. fragmenta coniunxit Bergk

1 ἀννήτω et δέραις Athen.   2 πλεκτὰς ὑποθυμιάδας Athen.   3 κὰδ δὲ χευάτω Bergk: καδδ' ἐχεύσατο Athen. cod. A, καδδεχεύατο cod. E   3-4 ἄμμι et ἆδυ invicem transponenda coni. Lobel

171 (92 B., 142 D.)

ἀργάλεον Πενία κάκον ἄσχετον, ἀ μέγαν [364]
δάμναι λᾶον Ἀμαχανίαι σὺν ἀδελφέαι.

Stob. ecl. iv 32. 35 Ἀλκαίου ποιητοῦ· ἀργ. κτλ.   2 δάμναι Blomfield: δάμνησι codd.

172 (93 B., 32 D.)

κεῖται πὲρ κεφάλας μέγας, ὦ Αἰσιμίδα, λίθος. [365]

Schol. Pind. Ol. i 91 Ἀλκαῖος δὲ καὶ Ἀλκμὰν λίθον φασὶν ἐπαιωρεῖσθαι τῶι Ταντάλωι· κεῖται κτλ.

κεῖται Gerhard: κεῖσθαι codd.   πὲρ Ahrens: πὰρ codd. AH, περὶ cod. E, παρὰ cod. Q

173 (57 B., 66 D.)

οἶνος, ὦ φίλε παῖ, καὶ ἀλάθεα [366]

Schol. Plat. Symp. 217 E ἄισματος Ἀλκαίου ἀρχή· οἶνος κτλ.; cf. Theocr. xxix 1 οἶνος, ὦ φίλε παῖ, λέγεται καὶ ἀλάθεα; Athen. ii 37 E οἶνος καὶ ἀλήθεια

ALCAEUS 174, 175, 176, 177

174 (45 B., 98 D.)

[367] (a) ἦρος ἀνθεμόεντος ἐπάιον ἀρχομένοιο.
       (b) ἐν δὲ κέρνατε τὼ μελιάδεος ὄττι τάχιστα
            κράτηρα.

Athen. x 430 B τοῦ δ' ἔαρος (Ἀλκαῖος πίνων εὑρίσκεται)· (a), καὶ προελθών· (b)

(a) ἀρχομ- Lobel: ἐρχομ- Athen.
(b) 1 κιρν- Athen.

175 (46 B., 99 D.)

[368]
κέλομαί τινα τὸν χαρίεντα Μένωνα κάλεσσαι,
αἰ χρῆ συμποσίας ἔτ' ὄνασιν ἔμοιγε γένεσθαι.

Heph. *Ench.* vii 6+ sine auctoris nomine

2 αἰ: εἰ codd.   ἔτ' ὄνασιν Page: επ (sic) ὄνασιν cod. A, επ' ὄνασιν codd. D I, ἐπόνασιν codd. dett.   ἔμοιγε γέν- Fick: ἐμοὶ γεγεν- codd.

176 (47 B., 100 D.)

[369]
ἄλλοτα μὲν μελιάδεος, ἄλλοτα
δ' ὀξυτέρω τριβόλων ἀρυτήμενοι

Athen. ii 38 Ἀλκαῖος· ἄλλοτα κτλ.; Eust. *Od.* 1910. 18 κατὰ γὰρ τὴν Ἀλκαίου Μοῦσαν ἄλλοτε μὲν μελιαδὴς ὁ οἶνος ... ἄλλοτε δ' ὀξύτερος τριβόλων

1 -οτε codd.   2 -τέρου codd.   ἀρυτήμενοι Bergk: ἀρητυμενοι codd.

177 (26.3 B., 53 D.)

[373]   γᾶς γὰρ πέλεται σέος.

Et. Gen. A p. 14, B pp. 264, 463 σείω· ἔστι γὰρ σέος ὡς ⟨δέος⟩ παρ' Ἀλκαίωι, οἷον γᾶς κτλ.

σέος Hoffmann: σέωι cod. A, σέως cod. B

178 (56 B., 65 D.)

δέξαι με κωμάσδοντα, δέξαι, λίσσομαί σε, λίσσομαι. [374]

Heph. *Ench.* v 2 τετράμετρον δὲ οἶον τὸ Ἀλκαίου· δέξαι κτλ. + κωμαζ- codd.

179 (52 B., 34 D.)

ἐκ δὲ ποτήριον
πώνηις Διννομένηι παρίσδων. [376]

Athen. xi 460 D Ἀλκαῖος· ἐκ κτλ.

1 ποτήριον Bergk: -ρίων Athen.

180 (60 B., 68 D.)

ἔπετον Κυπρογενήας παλάμαισιν. [380]

An. Ox. Cramer i 144. 5 τοῦ πέτω ὁ ἀόριστος ὤφειλεν εἶναι ἔπετον· Ἀλκαῖος κέχρηται, ἔπετον κτλ.; Et. Mag. 666. 51 ἔπετον Κυπρογενήας

παλάμαισιν Schneidewin: -μίησ(ιν) An. Ox.

181 (94 B., 40 D.)

ἦρ' ἔτι Διννομένη τὼ Τυρρακήω
τάρμενα λάμπρα κέοντ' ἐν Μυρσινήωι; [383]

Heph. *Ench.* xv 10 ἐγκωμιολογικὸν ... ὧι κέχρηται μὲν καὶ Ἀλκαῖος ἐν ἄισματι οὗ ἡ ἀρχή· ἦρ' κτλ.

1 fort. Διννομένηι τὼι Τυρρακήωι legendum   2 κέοντ' Seidler: κέατ' codd.   Μυρσινήωι: μυρσίννωι cod. A ut vid., μυρσιννήωι cod. I

93

ALCAEUS 182, 183, 184

182 (55.1 B., 63 D.)

ἰόπλοκ' ἄγνα μελλιχόμειδε Σάπφοι

Heph. *Ench.* xiv 4 Ἀλκαϊκὸν δωδεκασύλλαβον, οἷον· ἰόπλ. κτλ.

μελλιχόμειδε (e -μειδες corr.) cod. A: μελλιχόμειδες codd. C, P

183 (48ᴬ B., 15 D.)

Κρονίδα βασίληος γένος Αἴαν τὸν ἄριστον πεδ' Ἀχίλλεα

Heph. *Ench.* x 7 Ἀλκαῖος καὶ πενταμέτρωι ἀκαταλήκτωι ἐχρήσατο· Κρον. κτλ. +

πεδ' Casaubon : παῖδ(α) codd.

184 (32 B., 49 D.)

Ἄλκαος σάος †ἄροι ἐνθαδ' οὐκυτὸν ἀληκτορὶν†
ἐς γλαυκώπιον ἶρον ὀνεκρέμασσαν Ἄττικοι.

Strabo xiii 1. 38 Πιττακὸς δ' ὁ Μιτυληναῖος ... πλεύσας ἐπὶ τὸν Φρύνωνα στρατηγὸν διεπολέμει τέως διατιθεὶς καὶ πάσχων κακῶς· ὅτε καὶ Ἀλκαῖός φησιν ὁ ποιητὴς ἑαυτὸν ἔν τινι ἀγῶνι κακῶς φερόμενον τὰ ὅπλα ῥίψαντα φυγεῖν· λέγει δὲ πρός τινα κήρυκα κελεύσας ἀγγεῖλαι τοῖς ἐν οἴκωι· Ἀλκ. κτλ.; cf. Hdt. v 95 Ἀλκαῖος ὁ ποιητὴς συμβολῆς γενομένης καὶ νικώντων Ἀθηναίων αὐτὸς μὲν φεύγων ἐκφεύγει, τὰ δέ οἱ ὅπλα ἴσχουσι Ἀθηναῖοι καί σφεα ἀνεκρέμασαν πρὸς τὸ Ἀθήναιον τὸ ἐν Σιγείωι. ταῦτα δὲ Ἀλκαῖος ἐν μέλει ποιήσας ἐπιτιθεῖ ἐς Μυτιλήνην ἐξαγγελλόμενος τὸ ἑωυτοῦ πάθος Μελανίππωι ἀνδρὶ ἑταίρωι

Ἀλκαῖος codd.   σόος vel σῶος codd. CDh   ἐνθαδ' var. accent. codd.: ἔντεα δ' coni. Wesseling   οὐκυτὸν, οὐχυτον, οὐκ αὐτόν, οὐ κεῖται codd.   ἀληκτορὶν codd.   κύτος ἀλκτήριον coni. Diels, Diehl   γλαυκώπιον Ahrens : γλαυκωπὸν codd.   ὀνεκρέμασσαν Ahrens : ὃν ἐκρέμασαν codd.   fort. ἐς γλαυκώπιον ἶρον / ὀνεκρέμασσαν Ἄττικοι /, pherecr.+ ia. dim., sed displicet brevis in longo ἶρον /

185 (37ᴬ B.)

τοῦτον (τὸν Πιττακὸν) Ἀλκαῖος σαράποδα μὲν καὶ σάραπον [429]
ἀποκαλεῖ διὰ τὸ πλατύπουν εἶναι καὶ ἐπισύρειν τὼ πόδε· χειρο-
πόδην δὲ διὰ τὰς ἐν τοῖς ποσὶ ῥαγάδας, ἃς χειρίδας ἐκάλουν·
γαύρηκα δὲ ὡς εἰκῇ γαυριῶντα· φύσκωνα δὲ καὶ γάστρωνα ὅτι
παχὺς ἦν· ἀλλὰ μὴν καὶ ζοφοδορπίδαν ὡς ἄλυχνον· ἀγάσυρτον δὲ
ὡς ἐπισεσυρμένον καὶ ῥυπαρόν.

Diog. Laert. i 81 +

186 (58 adnot. B.)

     age dic Latinum [430]
barbite carmen,
Lesbio primum modulate civi,
qui ferox bello tamen inter arma,
sive iactatam religarat udo
litore navim,
Liberum et Musas Veneremque et illi
semper haerentem puerum canebat
et Lycum nigris oculis nigroque
crine decorum.

Hor. *carm.* i 32. 3 seqq.
amorum in fragmentis Alc. vestigia perrara, Lyci mentio nulla

187 (106 B.)

τὸ δὲ πλείοσι στόμασιν ἐκδιδόναι (scil. ὥσπερ ὁ Νεῖλος) κοινὸν [432]
καὶ πλειόνων, ὥστ' οὐκ ἄξιον μνήμης ὑπέλαβε, καὶ ταῦτα πρὸς
εἰδότας· καθάπερ οὐδ' Ἀλκαῖος, καίτοι φήσας ἀφῖχθαι καὶ αὐτὸς
εἰς Αἴγυπτον.

Strabo i 2. 30

188 (116 B.)

[441] καὶ Ἀλκαῖος δὲ λέγει τοὺς Φαίακας ἔχειν τὸ γένος ἐκ τῶν σταγόνων τοῦ Οὐρανοῦ.

Schol. Ap. Rhod. iv 992

189 (119 B.)

[444] καὶ ἐν Λέσβωι δὲ ὁ Ἀπόλλων μυρίκης κλάδον ἔχει, ὅθεν καὶ μυρικαῖος καλεῖται. καὶ Ἀλκαῖός φησιν †ἐν† τοῖς περὶ Ἀρχεανακτίδην κατὰ τὸν πρὸς Ἐρυθραίους πόλεμον φανῆναι τὸν Ἀπόλλωνα καθ' ὕπνους ἔχοντα μυρίκης κλῶνα.

Schol. Nic. Ther. 613

ἀλκαῖος cod. G.: ἀρχαῖος KRAV   ἐν τοῖς codd.: ἐν del. Welcker,
ἐν πρώτωι (vel sim.) τοῖς coni. Bergk   καὶ τὸν πρὸς Ἐρυθραῖον codd.,
corr. Welcker, Bergk

190

[448] καὶ Ἀλκαῖος ἐν ὠιδαῖς εἶχε Θαλῆν, ὅτε καὶ Λέσβος πανήγυριν ⟨litt. iii spat. vac.⟩ Σαπφὼ δὲ κτλ.

Himer. or. xxviii 2

εἶχε: οἶδε coni. Lobel, ἦχει Schenkl   Θαλῆν Schenkl: Θαλλῆν cod.

SAPPHO

Μελῶν ā

191 (1 B. et D.)

[1]

ποικιλόθρον᾽ ἀθανάτ᾽ Ἀφρόδιτα,
παῖ Δίος δολόπλοκε, λίσσομαί σε·
μή μ᾽ ἄσαισι μηδ᾽ ὀνίαισι δάμνα,
4   πότνια, θῦμον,

ἀλλὰ τυίδ᾽ ἔλθ᾽, αἴ ποτα κἀτέρωτα
τὰς ἔμας αὔδας ἀίοισα πήλοι
ἔκλυες, πάτρος δὲ δόμον λίποισα
8   χρύσιον ἦλθες

ἄρμ᾽ ὑπασδεύξαισα· κάλοι δέ σ᾽ ἆγον
ὤκεες στροῦθοι περὶ γᾶς μελαίνας
πύκνα δίννεντες πτέρ᾽ ἀπ᾽ ὠράνωἴθε-
12   ρος διὰ μέσσω·

αἶψα δ᾽ ἐξίκοντο, σὺ δ᾽ ὦ μάκαιρα
μειδιαίσαισ᾽ ἀθανάτωι προσώπωι
ἤρε᾽ ὄττι δηὖτε πέπονθα κὤττι
16   δηὖτε κάλημμι

κὤττι μοι μάλιστα θέλω γένεσθαι
μαινόλαι θύμωι· τίνα δηὖτε πείθω
†.. σαγην† ἐς σὰν φιλότατα; τίς σ᾽ ὦ
20   Ψάπφ᾽ ἀδικήει;

Dion. Hal. *comp.* 173 seqq. θήσω δὲ καὶ ταύτης παραδείγματα τῆς ἁρμονίας (τῆς γλαφυρᾶς συνθέσεως), ποιητῶν μὲν προχειρισάμενος Σαπφώ, ῥητόρων δὲ Ἰσοκράτην. ἄρξομαι δὲ ἀπὸ τῆς μελοποιοῦ· ποικ. κτλ.; P. Oxy. 2288 +

codicum vitia minora iamdudum correcta praetereo

1 ποικιλόθρον᾽: -οφρον codd. non nulli   8 post χρύσιον distinguit P.Oxy.   19 .]..ἄγη.[P.Oxy., ut vid. ἄ]ψ σ᾽ ἄγην[; μαι (in βαι corr.) σαγηνεσσαν Dion. cod. P, και σαγηνεσσαν cod. F

SAPPHO

καὶ γὰρ αἰ φεύγει, ταχέως διώξει,
αἰ δὲ δῶρα μὴ δέκετ', ἀλλὰ δώσει,
αἰ δὲ μὴ φίλει, ταχέως φιλήσει
κοὐκ ἐθέλοισα.

ἔλθε μοι καὶ νῦν, χαλέπαν δὲ λῦσον
ἐκ μερίμναν, ὄσσα δέ μοι τέλεσσαι
θῦμος ἰμέρρει, τέλεσον, σὺ δ' αὔτα
σύμμαχος ἔσσο.

24 fort. κωῦ κε θέλοισα (Lobel) vel κωὔκι θέλοισα (Bergk)   fort. θέλοισαν (Schaefer, Knox)

192 (4-5 B., Suppl. p. 30 D.)

δεῦρύ μ' ἐκ Κρήτας ἐπ[ὶ τόνδ]ε ναῦον   [2]
ἄγνον, ὄππ[αι τοι] χάριεν μὲν ἄλσος
μαλί[αν], βῶμοι δὲ τεθυμιάμε-
νοι [λι]βανώτωι,

ἐν δ' ὔδωρ ψῦχρον κελάδει δι' ὔσδων
μαλίνων, βρόδοισι δὲ παῖς ὀ χῶρος
ἐσκίαστ', αἰθυσσομένων δὲ φύλλων
κῶμα κατέρρει,

Ostracon ed. Norsa *Ann. R. Scuola di Pisa* vi (1937) 8; Hermog. π. ἰδ. β 4, 5 ἀμφὶ δὲ ὔδωρ—8 κατάρρεῖ; Athen. xi 463 E +

1 versu superiore scriptum est].ρανοθενκατιου[1-2 δευρυμμε-κρητασ.π[|.ναυγοναγνον O, corr. et suppl. Galiano, Lobel   3 δὲ τεθυ- Norsa: δεμιθυ- O   5 δ' Hermog.: τ' O   5-7 κελατιδιδυσχων-μαλιαν|βροτοισοτεπεσοχωροσκισκι|ασταιθ- O, ex Hermog. aliisque corr. edd.   8 κατέρρει Sitzler: καταγριον O, κατάρρει Hermog.

99

SAPPHO 192, 193

ἐν δὲ λείμων ἰππόβοτος τέθαλεν
ἠρίνοισιν ἄνθεσιν, αἰ δ' ἄηται
μέλλιχα πνέοισιν [   ]

12   [   ]

ἔνθα δὴ σὺ στέμ⟨ματ'⟩ ἔλοισα Κύπρι
χρυσίαισιν ἐν κυλίκεσσιν ἄβρως
ὀμ⟨με⟩μείχμενον θαλίαισι νέκταρ

16   οἰνοχόαισον

†τούτοισι τοῖς ἐταίροις ἐμοῖς γε καὶ σοῖς†

9–10 τεθαλετωτιτργρινvοισανθ- O: ἠρίνοισιν Vogliano, etiam λωτίνοισι vel ⟨ ⟩ ἐράννοισ' possis   10 αἰ δ' ἄηται Page: αιααιηται O   11 μέλλιχαι coni. Lobel   11–12 lacunae indicium nullum in O   13 seqq. ἐλθὲ Κύπρι χρυσ. κτλ. Athen.   inter στεμ et ελοισα nihil scriptum in O   χρυσίαισιν Neue: -έαις O, -είαισιν Athen.   ἄβρως Bergk: ἀβροῖς Athen., ἄκρως O   15 ὀμμεμείχμενον: . . μειχμενον O, συνμεμυγμένον Athen. 16–17 (νέκταρ) οἰνοχοοῦσα τούτοισι τοῖς ἐταίροις ἐμοῖς γε καὶ σοῖς Athen.

193 (25 D.)

[5]

Κύπρι καὶ] Νηρήιδες ἀβλάβη[ν μοι
τὸν κασί]γνητον δ[ό]τε τυίδ' ἴκεσθα[ι
κὤσσα ϝ]οι θύμωι κε θέληι γένεσθαι

4   πάντα τε]λέσθην,

ὄσσα δὲ πρ]όσθ' ἄμβροτε πάντα λῦσα[ι
καὶ φίλοισ]ι ϝοῖσι χάραν γένεσθαι
. . . . ἔ]χθροισι, γένοιτο δ' ἄμμι

8   . . . . . . μ]ηδ' εἶς·

τὰν κασιγ]νήταν δὲ θέλοι πόησθαι
          ] τίμας, [ὀν]ίαν δὲ λύγραν
          ]οτοισι π[ά]ροιθ' ἀχεύων

12   ].να

(sequuntur stropharum ii fragmenta minora)

P.Oxy. 7

10 ἔμμορον] suppl. Wilamowitz   11 i.e.]ο τοῖσι ut vid.

194 (26 D.)

Κύ]πρι κα[ί σ]ε πι[κροτέρ]αν ἐπεύρ[οι, [15 9–12]
μη]δὲ καυχάσ[α]ιτο τόδ' ἐννέ[ποισα
Δ]ωρίχα τὸ δεύ[τ]ερον ὡς πόθε[ννον
4   εἰς] ἔρον ἦλθε.

P.Oxy. 1231 fr. 1 i 9–12

---

195 (27 D.)

ο]ἰ μὲν ἰππήων στρότον, οἰ δὲ πέσδων, [16 1–20]
οἰ δὲ νάων φαῖσ' ἐπ[ὶ] γᾶν μέλαι[ν]αν
ἔ]μμεναι κάλλιστον, ἔγω δὲ κῆν' ὄτ-
4   τω τις ἔραται·

πά]γχυ δ' εὔμαρες σύνετον πόησαι
π]άντι τ[ο]ῦτ', ἀ γὰρ πόλυ περσκέθοισα
κάλλος [ἀνθ]ρώπων Ἐλένα [τὸ]ν ἄνδρα
8   τὸν [πανάρ]ιστον

καλλ[ίποι]σ' ἔβα 's Τροΐαν πλέοι[σα
κωὐδ[ὲ πα]ῖδος οὐδὲ φίλων το[κ]ήων
πά[μπαν] ἐμνάσθη, ἀλλὰ παράγαγ' αὔταν
12 [   ]σαν
    [   ]αμπτον γὰρ [
    [   ]... κούφως τ[   ]οη.[.]ν
    ..]με νῦν Ἀνακτορί[ας ὀ]νέμναι-
16 σ' οὐ] παρεοίσας,

P.Oxy. 1231 fr. 1 i 13–32 + 2166 (a) 2; Ap. Dysc. *synt.* γ̄ 291, 3–4 ἔγω ... ἔραται

---

15 fort. κά]με

SAPPHO 195, 196

τᾶ]ς κε βολλοίμαν ἔρατόν τε βᾶμα
κἀμάρυχμα λάμπρον ἴδην προσώπω
ἢ τὰ Λύδων ἄρματα καὶ πανόπλοις
20   πεσδομ]άχεντας.

(sequuntur stropharum iii fragmenta minora, quarum tertia carminis est ultima)

---

17 κε Hunt: τε P.Oxy.   19 καὶ πανόπλοις Page: κανοπλοισι P.Oxy.

196 (28 D.)

[17 1-12]

πλάσιον δή μ' [εὐχομέναι φανείη,
πότνι' Ἥρα, σὰ χ[αρίεσσα μόρφα,
τὰν ἀράταν Ἀτ[ρεΐδαι
4   τοι βασίληες·
ἐκτελέσσαντες μ[άλα πόλλ' ἄεθλα,
πρῶτα μὲν πὲρ Ἴ[λιον, ἔν τε πόντωι,
τυίδ' ἀπορμάθεν[τες ὄδον περαίνην
8   οὐκ ἐδύναντο,
πρὶν σὲ καὶ Δί' ἀντ[ίαον κάλεσσαι
καὶ Θυώνας ἰμε[ρόεντα παῖδα·
νῦν δὲ κ[ἄμοι πραϋμένης ἄρηξον
12   κὰτ τὸ πάλ[αιον.

(sequuntur stropharum ii—quarum secunda carminis est ultima—fragmenta minora)

P.S.I. ii 123. 3–12 + P.Oxy. 1231 fr. 1 ii 2–21 + 2166 (a) 3 + 2289 fr. 9

197 (35 D.)

ὠς γὰρ ἄν]τιον εἰσίδω σ[ε,   [23 3–6]
φαίνεταί μ' οὐδ'] Ἑρμιόνα τεαύ[τα
ἔμμεναι,] ξάνθαι δ' Ἑλέναι σ' ἐΐσ[κ]ην
6   οὐδ' ἒν ἄει]κες.

(sequuntur stropharum ii frr. minora)

P.Oxy. 1231 fr. 14

198 (39 D.)

νυκτ[...].[ ]   [30]
πάρθενοι δ[
παννυχισδο.[.]α.[
σὰν ἀείδοιεν φ[ιλότατα καὶ νύμ-
5   φας ἰοκόλπω.
ἀλλ' ἐγέρθεις, ἠϊθ[ε-
στεῖχε σοὶς ὑμάλικ[ας, ὡς ἐλάσσω
ἤπερ ὅσσον ἀ λιγύφω[νος ὄρνις
9   ὕπνον [ἴ]δωμεν.

P.Oxy. 1231 fr. 56+2166 (a) 6 A

3 fort. παννυχίσδοισαι   4 etiam ἀείδοισιν possis   6 e.g. ἠϊθέοις καλέσσαις   subscriptum est Μελῶν ᾱ ΧΗΗΗΔΔ

SAPPHO 199. 1–14

199 (2 B. et D.)

[31]
φαίνεταί μοι κῆνος ἴσος θέοισιν
ἔμμεν' ὤνηρ, ὄττις ἐνάντιός τοι
ἰσδάνει καὶ πλάσιον ἆδυ φωνεί-
4   σας ὐπακούει

καὶ γελαίσας ἰμέροεν, τό μ' ἦ μὰν
καρδίαν ἐν στήθεσιν ἐπτόαισεν·
ὠς γὰρ ἔς σ' ἴδω βρόχε', ὤς με φώναι-
8   σ' οὐδ' ἒν ἔτ' εἴκει,

ἀλλ' ἄκαν μὲν γλῶσσα †ἔαγε†, λέπτον
δ' αὔτικα χρῶι πῦρ ὐπαδεδρόμηκεν,
ὀππάτεσσι δ' οὐδ' ἒν ὄρημμ', ἐπιρρόμ-
12   βεισι δ' ἄκουαι,

†ἔκαδε μ' ἴδρως ψῦχρος κακχέεται†, τρόμος δὲ
παῖσαν ἄγρει, χλωροτέρα δὲ ποίας

Auctor περὶ ὕψους 10 (cod. P) ἡ Σαπφὼ τὰ συμβαίνοντα ταῖς ἐρωτικαῖς μανίαις παθήματα ἐκ τῶν παρεπομένων καὶ ἐκ τῆς ἀληθείας αὐτῆς ἑκάστοτε λαμβάνει. ποῦ δὲ τὴν ἀρετὴν ἀποδείκνυται; ὅτε τὰ ἄκρα αὐτῶν καὶ ὑπερτεταμένα δεινὴ καὶ ἐκλέξαι καὶ εἰς ἄλληλα συνδῆσαι· φαίνεται κτλ.; Ap. Dysc. pron. 75 φαίνεται—ὤνηρ, 106 a marg. φαίν.—κῆνος; Plut. prof. virt. 10 κατὰ μὲν γλῶσσά γε λεπτὸν αὐτίκα χρῶι πῦρ ὑποδέδρομε; An. Par. Cramer i 399. 27 κατὰ μὲν γλῶσσαν γελοπ.... αὐτίκα χρῶι πῦρ ὑποδέδρομεν; An. Ox. Cramer i 208. 13 ἀδεμ' ἰδρὼς κακὸς χέεται; accedit Π = papyrus ed. Bartoletti Dai papiri della Società Italiana: omaggio ad xi congresso internaz. di papirologia, Milano (1965) no. 2

---

vitia codicum non nulla iamdudum correcta praetereo   7 ὠς γὰρ ἔς σ' ἴδω βρόχε', ὤς Lobel, Toup: ὠς γὰρ σίδω βροχέως codd.   7–8 φώναισ' Danielsson: φωνὰς cod.   8 εἴκει cod.: ἴκει coni. Toup 9 ita π. ὕψ. cod.; Plut. et An. Par. ut supra dedimus   ἀλλ' ἄκαν an ἀλλὰ κἀμ incertum   μ' ἔαγε coni. Sitzler, πέπαγε Barnes   13 ἔκαδε μ' ἴδρως ψῦχρος κακχέεται π. ὕψ. cod.; An. Ox. ut supra dedimus; κὰδ δέ μ' ἴδρως κακχέεται coni. Ahrens, κὰδ δέ μ' ἴδρως ψῦχρος ἔχει Page

104

199, 200, 201   SAPPHO

ἔμμι, τεθνάκην δ' ὀλίγω 'πιδεύης
16 φαίνομ' ἔμ' αὔται·
    ἀλλὰ πὰν τόλματον ἐπεὶ †καὶ πένητα†

---

15 'πιδεύης Hermann: πιδεύσην cod.   16 φαίνομ' ἔμ' αὔται: φα]ινομ' εμαυτ[*Π*; φαίνομαι ἀλλὰ παντόλματον π. ὕψ. cod.

200 (3 B., 4 D.)

ἄστερες μὲν ἀμφὶ κάλαν σελάνναν   [34]
ἂψ ἀπυκρύπτοισι φάεννον εἶδος
ὄπποτα πλήθοισα μάλιστα λάμπηι
4   γᾶν [   ]

Eust. *Il.* 729. 21 Σαπφώ πού φησιν· ἄστερες κτλ.; An. Par. iii 233. 29; cf. Iulian. *or.* 3. 109 C, *ep.* 19. 387 A Σαπφώ... τὴν σελήνην ἀργυρέαν φησὶ καὶ διὰ τοῦτο τῶν ἄλλων ἀστέρων ἀποκρύπτειν τὴν ὄψιν +

---

1 σελάναν codd.   2 αἴψ' coni. Bergk   ἀποκρύπτουσι(ν) φαεινὸν codd.   εἶδος Eust.: ἦθος An. Par.   3 ὁπότ' ἂν Eust., ὁπόταν An. Par.

201 (19 B., 17 D.)

                    πόδας δὲ   [39]
ποίκιλος μάσλης ἐκάλυπτε, Λύδι-
ον κάλον ἔργον.

Schol. Ar. *Pax* 1174 Σαπφώ· πόδας κτλ.; Pollux vii 93 ποικίλος—ἔργον, om. ἐκάλυπτε

---

1 πόδας Seidler: πόδα schol.   2 μάσθλης codd.

SAPPHO   202, 203

202 (16 B., 13 D.)

[42] ταῖσι ⟨δὲ⟩ ψῦχρος μὲν ἔγεντ' ὀ θῦμος,
      πὰρ δ' ἴεισι τὰ πτέρα.

Schol. Pind. Pyth. i 10 Σαπφὼ ... ἐπὶ τῶν περιστερῶν· ταῖσι κτλ.

---

1 ἔγεντ' ὀ Lobel: ἐγένετο codd.

Μελῶν β̅

203 (55 D.)

[44] Κυπρο.[·   ]ας·
      κάρυξ ἦλθε θε[   ]ελε[...].θεις
      Ἴδαος ταδεκα...φ[..].ις τάχυς ἄγγελος
3a   ⟨   ⟩
      τάς τ' ἄλλας Ἀσίας .[.]δε.αν κλέος ἄφθιτον·
5   Ἕκτωρ καὶ συνέταιρ[ο]ι ἄγοισ' ἐλικώπιδα
      Θήβας ἐξ ἱέρας Πλακίας τ' ἀ.[..]νάω
      ἄβραν Ἀνδρομάχαν ἐνὶ ναῦσιν ἐπ' ἄλμυρον
      πόντον· πόλλα δ' [ἐλί]γματα χρύσια κάμματα
      πορφύρ[α] †καταυτ[..]να†, ποίκιλ' ἀθύρματα,
10   ἀργύρα τ' ἀνάριθμα ποτήρια κἀλέφαις.
      ὣς εἶπ'· ὀτραλέως δ' ἀνόρουσε πάτ[η]ρ φίλος,
      φάμα δ' ἦλθε κατὰ πτόλιν εὐρύχορον φίλοις·

P.Oxy. 1232 fr. 1 ii, iii, fr. 2+2076 ii; Athen. xi 460 D Σαπφὼ δ' ἐν τῶι β' ἔφη· πολλὰ δ' ἀνήριθμα ποτήρια †καλαιφις (8 seqq.); An. Bekker i 108. 22 μύρραν· τὴν σμύρναν Σαπφὼ δευτέρωι (30)

2 θε[ων veri sim.   fin. δ' ἔλεγε στάθεις suppl. Jurenka   3 post h.v. omissum esse aliquid et in marg. sup. quaerendum linea / ad init., voc. ἄνω ad fin. positis notatur   4 τάδε γᾶν veri sim.   6 ἀπ' ἀ[ἰ]ν⟨ν⟩άω Hunt; fort. ἀπ' ἐννάω   8 fort. ἐλί]χμ- scribendum   9 καταυτ[..]να non intellegitur   10 ex Athen. l.c. suppl.   11 fort. ὀνόρ- scribendum

203. 13-34 SAPPHO

αὔτικ' Ἰλίαδαι σατίναι[ς] ὐπ' ἐυτρόχοις
ἆγον αἰμιόνοις, ἐπ[έ]βαινε δὲ παῖς ὄχλος
15 γυναίκων τ' ἄμα παρθενίκα[ν] τ..[..].σφύρων·
χῶρις δ'· αὖ Περάμοιο θύγ[α]τρες [
ἴππ[οις] δ' ἄνδρες ὔπαγον ὐπ' ἀρ[μα-
π[   ]ες ἠίθεοι, μεγάλω[σ]τι δ[
δ[   ]. ἀνίοχοι φ[.....].[
20 π[']ξα.ο[

(desunt aliquot versus)

                                   ἴ]κελοι θέοι[ς
                                   ] ἄγνον ἀολ[λε-
ὄρμαται [   ]νον ἐς Ἴλιο[ν
αὖλος δ' ἀδυ[μ]έλης [   ]τ' ὀνεμίγνυ[το
25 καὶ ψ[ό]φο[ς κ]ροτάλ[ων   ]ως δ' ἄρα πάρ[θενοι
ἄειδον μέλος ἄγν[ον, ἴκα]νε δ' ἐς αἴθ[ερα
ἄχω θεσπεσία γελ[
πάνται δ' ἦς κὰτ ὄδο[
κράτηρες φίαλαί τ' ὀ[...]υεδε[..]..εακ[.].[
30 μύρρα καὶ κασία λίβανός τ' ὀνεμείχνυτο,
γύναικες δ' ἐλέλυσδον ὄσαι προγενέστερα[ι,
πάντες δ' ἄνδρες ἐπήρατον ἴαχον ὄρθιον
Πάον' ὀνκαλέοντες ἐκάβολον εὐλύραν,
ὔμνην δ' Ἔκτορα κἈνδρομάχαν θεοεικέλο[ις.

---

15 post τ ut vid. α vel ο, tum τ vel π, fin.]οσφυρων; non erat τανυ-
σφύρων; τ' ἀπαλοσφύρων (Pfeiffer) spatium ut vid. excedit 24
[κίθαρίς] τ' veri sim.   fort. -μείχν- scribendum   25 λιγέ]ως veri
sim.   28 ὄδον vel ὄδοις   31 ἐλέλυσδον P.Oxy. 1232, ὀλολ- 2076
sub col. Σαπφο[υς μελων] β P.Oxy. 2076, Σαφ[ο]υς μελω[ν β] 1232

204 (42 B., 50 D.)

[47]
"Ερος δ' ἐτίναξέ μοι
φρένας, ὡς ἄνεμος κὰτ ὄρος δρύσιν ἐμπέτων.

Max. Tyr. xviii 9 τὸν Ἔρωτα Σωκράτης σοφιστὴν λέγει, Σαπφὼ μυθοπλόκον. ἐκβακχεύεται ἐπὶ Φαίδρωι ὑπὸ τοῦ Ἔρωτος, τῆι δὲ ὁ Ἔρως ἐτίναξεν τὰς φρένας ὡς ἄνεμος κτλ.

1 ita Lobel   2 ἐμπεσών codd.

205 (48 D.)

[48]
ἦλθες, ἔγω δέ σ' ἐμαιόμαν,
ὂν δ' ἔψυξας ἔμαν φρένα καιομέναν πόθωι.

Iulian. ep. 60 init.
ita Iulianus: ἦλθες (καὶ ἐποίησας· ἦλθες γὰρ δὴ καὶ ἀπὼν οἷς γράφεις), ἐγὼ δέ σε μὰ ἔμαν ἂν δὲ φύλαξας ἐμὰν φρένα καιομέναν πόθωι.   verba καὶ ἐποίησας—γράφεις manifesto Iuliani sunt.   reliqua corr. Wilam. (ἐμαόμαν), Thomas (ἔψυξας; minus veri sim. ἔφλεξας, ἔφλυξας, coni. Wesseling, Wilam.)

206 (33–34 B., 40–41 D.)

[49] 1   ἠράμαν μὲν ἔγω σέθεν, Ἄτθι, πάλαι ποτά·
     2   σμίκρα μοι πάϊς ἔμμεν' ἐφαίνεο κἄχαρις.

1 Heph. Ench. vii 7 τεσσερεσκαιδεκασύλλαβον, ὧι τὸ δεύτερον ὅλον Σαπφοῦς γέγραπται, cum scholl. A et B; Mar. Plot. Sacerd. vi 512. 1 Keil
2 Plut. amator. 5 τὴν οὔπω γάμων ἔχουσαν ὥραν ἡ Σαπφὼ προσαγορεύουσά φησιν ὅτι σμικρὰ κτλ.; Pind. Pyth. ii 78; Max. Tyr. xviii 9 e; Hesych. s.v. κάχαρις
1–2 Ter. Maur. metr. 2154–5 cordi quando fuisse sibi canit Atthida | parvam, florea virginitas sua cum foret

1 Ἄτθι Bentley: Atthida Ter. Maur., ἄτοι vel ἄτε Heph., ατοι vel ατει Mar. Plot.   ποτά: ποκά codd.   2 ἔμμεν' Blomfield: ἔμμεναι Plut., schol. Pind., ἔτι Max.   ἐφαίνεο Blomfield: φαίνεαι Plut., corrupta in schol. Pind., φαίνεο Max.   κἄχαρις Plut.: corrupta in schol. Pind., καὶ χαρίεσσα Max.

207 (101 B., 49 D.)

ὀ μὲν γὰρ κάλος ὄσσον ἴδην πέλεται ⟨κάλος,⟩ [50]
ὀ δὲ κἄγαθος αὔτικα καὶ κάλος ἔσσεται.

Galen. vii 16 ἄμεινον οὖν ἐστιν ἐγνωκότας τὴν μὲν τῶν μειρακίων ὥραν τοῖς ἠρινοῖς ἄνθεσιν ἐοικυῖαν ὀλιγοχρόνιόν τε τὴν τέρψιν ἔχουσαν ἐπαινεῖν τὴν Λεσβίαν λέγουσαν· ὀ μὲν κτλ.

1 ὄσον ἰδεῖν codd.   ⟨κάλος⟩ suppl. Hermann   2 ἔσται codd.

208 (36 B., 46 D.)

οὐκ οἶδ' ὄττι θέω· δύο μοι τὰ νοήμματα. [51]

Chrysipp. π. ἀποφ. 23 Σαπφὼ οὕτως ἀποφαινομένη· οὐκ κτλ.   δύο: δίχα coni. Lobel   νοήματα Chrys.

209 (37 B., 47 D.)

ψαύην δ' οὐ δοκίμωμ' ὀράνω †δυσπαχέα† [52]

Hdn. π.μ.λ. ā 7 Σαπφώ· ψαύειν κτλ.

ψαύειν Hdn.   οὐ δοκίμωμ' Hermann, Ahrens: οὐ δοκεῖ μοι Hdn. ὠρανῶ Hdn.   δυσεπαύχεα coni. Ahrens, δύσι πάχεσιν Bergk (sed δυσεπαύχην, πάχεσσι postulat dialectus)

Μελῶν γ̄

210 (64 B., 56 D.)

ἐλθόντ' ἐξ ὀράνω πορφυρίαν περθέμενον χλάμυν [54]

Pollux x 124 πρώτην δέ φασι χλαμύδα ὀνομάσαι Σαπφὼ ἐπὶ τοῦ Ἔρωτος εἰποῦσαν· ἐλθ. κτλ.; Ammon. de diff. p. 140 Valck. Σαπφὼ πρώτη γὰρ μέμνηται τῆς χλαμύδος

πορφυρίαν ἔχοντα προιέμενον codd.: ἔχοντα del. Bentley, περθέμενον restituit Seidler

SAPPHO 211, 212

211 (68 B., 58 D.)

[55]   κατθάνοισα δὲ κείσηι οὐδέ ποτα μναμοσύνα σέθεν
ἔσσετ' οὐδέ †ποκ'† ὕστερον· οὐ γὰρ πεδέχηις βρόδων
τῶν ἐκ Πιερίας· ἀλλ' ἀφάνης κἀν Ἀίδα δόμωι
φοιτάσηις πεδ' ἀμαύρων νεκύων ἐκπεποταμένα.

Stob. ecl. iii 4. 12 Σαπφοῦς πρὸς ἀπαίδευτον γυναῖκα· κατθ. κτλ.; Plut. praec. coniug. 48 Σαπφὼ . . . πρός τινα πλουσίαν· κατθ.—Πιερίας; quaest. conv. iii 1. 2 Σαπφοῦς λεγούσης πρός τινα τῶν ἀμούσων καὶ ἀμαθῶν γυναικῶν· κατθ.—Πιερίας, om. οὐδὲ—ὕστερον +

---

1 κείσεαι codd.   οὐδέποτε Stob.: οὐδέ τις praec., unde οὐδ' ἔτι τις coni. Schneidewin, Ahrens   2 fort. οὐδέ ποτ' εἰς ὕστερον (tum οὐδ' ἔτι τις v. 1) vel οὐδ' ἴα τοῖς ὕστερον   βρόδων: ῥόδων codd.   3-4 δόμωι φοιτάσηις Fick: δόμοις φοιτάσεις, δομοφοίτασις, δόμοις φοίτασις codd. πεδ' Salmasius: παῖδ' codd.

---

212 (70 B., 61 D.)

[57]   †τίς δ' ἀγροΐωτις θέλγει νόον . . .
ἀγροΐωτιν ἐπεμμένα σπόλαν† . . .
οὐκ ἐπισταμένα τὰ βράκε' ἔλκην ἐπὶ τῶν σφύρων;

Athen. i. 21 B-C Σαπφὼ περὶ Ἀνδρομέδας σκώπτει· τίς κτλ., om. v. 2; Max. Tyr. xviii 9 τίς δὲ ἀγροιῶτιν ἐπεμμένα στολήν; Eust. Od. 1916. 49 τίς—σφύρων, om. v. 2

---

2 σπόλαν: στολήν Max.   3 ἐπισταμένη et ἔλκειν codd.

213, 214, 215   SAPPHO

Μελῶν δ
213 (78 B., 80 D.)

σὺ δὲ στεφάνοις, ὦ Δίκα, πέρθεσθ' ἐράτοις φόβαισιν   [81 (b)]
ὄρπακας ἀνήτω συναέρραισ' ἀπάλαισι χέρσιν·
εὐάνθεα †γάρ† πέλεται καὶ Χάριτες μάκαιραι
μᾶλλον †προτέρην†, ἀστεφανώτοισι δ' ἀπυστρέφονται.

Athen. xv 674 E Σαπφὼ δ' ἁπλούστερον τὴν αἰτίαν ἀποδίδωσιν τοῦ στεφανοῦσθαι ἡμᾶς, λέγουσα τάδε· σὺ κτλ.; cf. P.Oxy. 1787 fr. 33. 4-5 π]ερθεσ[θ super].[..]αισ[

1 πέρθεσθ' Bentley (cf. P.Oxy.): παρθ- Athen.   ἐράτοις Fick: -ταις Athen.   2 ανητω Athen.   συναέρραισ' Hunt: συνερραις Athen.   ἀπάλαισι Casaubon: απαλλαγιση Athen.   3 μάκαιρα Athen.

214 (76 B., 63 D.)

εὐμορφοτέρα Μνασιδίκα τὰς ἀπάλας Γυρίννως.   [82]

Heph. *Ench.* xi 5 Σαπφὼ πολλῶι αὐτῶι ἐχρήσατο, οἷον εὐμ. κτλ.; cf. P.Oxy. 1787 fr. 34. 5 ubi incipit versus εὐ]μορφο[+

Μνασιδίκα: Μνᾶσι, Δίκα coni. Lobel coll. cod. Voss. gr. 20 ap. Reitzenstein *Gesch. Etym.* p. 367 ἔστιν ἡ Μναῖς αὕτη καὶ ἡ Πυριννὼ (sic) ὀνόματα κύρια

215 (77 B., 64 D.)

ἀσαροτέρας οὐδάμα πΩἴρανα σέθεν τύχοισαν.   [91]

Heph. *Ench.* xi 5 Σαπφὼ πολλῶι αὐτῶι ἐχρήσατο, . . . οἷον· ἀσαρ. κτλ.; Choerob. ad loc. ἀσαρ. κτλ., ὃ δὲ θέλει εἰπεῖν τοιοῦτόν ἐστι· βλαβερωτέρας οὐδαμῶς πού ποτε, Εἰρήνη, σοῦ ἐπιτυχοῦσαν

SAPPHO   216. 1-20

Μελῶν ε̄

216 (96 D.)

[94]
τεθνάκην δ' ἀδόλως θέλω·
2   ἄ με ψισδομένα κατελίμπανεν
πόλλα καὶ τόδ' ἔειπ.[
ὤιμ' ὡς δεῖνα πεπ[όνθ]αμεν·
5   Ψάπφ', ἦ μάν σ' ἀέκοισ' ἀπυλιμπάνω.
τὰν δ' ἔγω τάδ' ἀμειβόμαν·
χαίροισ' ἔρχεο κἄμεθεν
8   μέμναισ'· οἶσθα γὰρ ὥς σε πεδήπομεν.
αἰ δὲ μή, ἀλλά σ' ἔγω θέλω
ὄμναισαι[...(.)] [..(.)]..αι
11   ..[   ] καὶ κάλ' ἐπάσχομεν·
πό[λλοις γὰρ στεφάν]οις ἴων
καὶ βρ[όδων   ]κίων τ' ὔμοι
14 κα..[   ] πὰρ ἔμοι περεθήκαο,
καὶ πόλλαις ὐπαθύμιδας
πλέκταις ἀμφ' ἀπάλαι δέραι
17 ἀνθέων .[   ] πεποημμέναις,
καὶ π.....[   ]. μύρωι
βρενθείωι .[   ]ρυ[..]ν
20 ἐξαλείψαο καὶ βασιληίωι,

P. Berol. 9722+Σαπφοῦς μέλη (Lobel) p. 79; Athen. xv 674 D Σαπφώ·
καὶ πόλλαις—δέραι (15–16), 690 E Σαπφὼ ... λέγουσα οὕτως· βρενθείω
βασιληίω (19–20)

---

2 -λιππανεν cod.   3 ἔειπέ [μοι suppl. Blass   6 fort. ἀμείβομαι
scribendum   8 ὥς σε Schubart : ωσε cod.   10 vel ὄμναισ' αἰ[
14 και .[, καρ[possis   περεθήκαο Jurenka : παρεθηκας cod.   15–16 ex
Athen. suppl.   17 πεποημμέναις : -νοις ut vid. cod.   18 post π
omnia incerta; παγτᾳ.[Schubart, πολλω.[Lobel   20 -λιψαο cod.

112

	216, 217	SAPPHO

καὶ στρώμν[αν ἔ]πὶ μολθάκαν
ἀπάλαν πα.[   ]...ων
23   ἐξίης πόθο[ν   ].νιδων,
κωὖτε τις [   ]..τι
ἶρον οὐδυ[   ]
26   ἔπλετ' ὄππ[οθεν ἄμ]μες ἀπέσκομεν,
οὐκ ἄλσος .[   ].ρος
]ψοφος
29   ]...οιδιαι

27 fort. χ]όρος

217 (97 D.)

4   Γογγυλα.[[95 4–13]
ἢ τι σᾶμ' ἐθε.[
παισι μάλιστα.[
7   μας γ' εἴσηλθ' ἐπ.[
εἶπον· ὦ δέσποτ' ἐπ.[
ο]ὐ μὰ γὰρ μάκαιραν [
10   ο]ὐδὲν ἄδομ' ἔπαρθ' ἀγα[
κατθάνην δ' ἵμερός τις [ἔχει με καὶ
λωτίνοις δροσόεντας [ὄ-
13   χ[θ]οις ἴδην Ἀχερ[

(sequuntur strophae unius frr. minora)

P. Berol. 9722

6–7 [Ἑρ-]μας Blass   9 fin. [ἔγω veri sim.   13 Ἀχέρ[οντος veri sim.

SAPPHO 218. 1–23

218 (98 D.)

[96 1–23]

]σαρδ.[ ]
2   πόλ]λακι τυίδε [ν]ῶν ἔχοισα
    ὡς π.[...].ώομεν, .[...]..χ[..]-
    σε θέαι σ' ἰκέλαν ἀρι-
5   γνώται, σᾶι δὲ μάλιστ' ἔχαιρε μόλπαι·
    νῦν δὲ Λύδαισιν ἐμπρέπεται γυναί-
    κεσσιν ὥς ποτ' ἀελίω
8   δύντος ἀ βροδοδάκτυλος †μήνα†
    πάντα περρέχοισ' ἄστρα· φάος δ' ἐπί-
    σχει θάλασσαν ἐπ' ἀλμύραν
11 ἴσως καὶ πολυανθέμοις ἀρούραις·
    ἀ δ' ἐέρσα κάλα κέχυται, τεθά-
    λαισι δὲ βρόδα κἄπαλ' ἄν-
14 θρυσκα καὶ μελίλωτος ἀνθεμώδης.
    πόλλα δὲ ζαφοίταισ' ἀγάνας ἐπι-
    μνάσθεισ' Ἄτθιδος ἰμέρωι
17 λέπταν ποι φρένα κ[.]ρ... βόρηται·
    κῆθι δ' ἔλθην ἀμμ.[..]..ισα τρδ' οὐ
    νῶντ' ἀ[..]υστονυμ[..(.)] πόλυς
20 γαρύει [..(.)]αλογ[.....(.)].ρ μέσσον·
    ε]ὔμαρ[ες μ]ὲν οὐκ ἄμμι θέαισι μόρ-
    φαν ἐπή[ρατ]ον ἐξίσω-
23 σθαι, σὺ [..]ρρς ἔχηισθ' ἀ[..(.)].νίδηον

(sequuntur stropharum v fragmenta minora)

P. Berol. 9722+Σαπφοῦς μέλη (Lobel) p. 80

1 Σαρδί[- veri sim.   3–4 e.g. [ἔτι-]σε veri sim.   4–5 θεασι-κελαναρι|γνωτασεδεμαλ- cod.   8 μήνα: σελάννα coni. Schubart
9 περεχ- cod.   12 αδερσα cod.   17 fort. κ[ᾶ]ρι σᾶι   18 κηθυ cod.   18–19 utrum τοδ' et]υστον an ταδ' et]υσταν ambigitur
20 ὄν] τὸ μέσσον suppl. Lobel   23 vel σθ' αι συ[

219 (Suppl. pp. 39, 70 D.)

(a)

_ _].θος· ἀ γάρ με γέννα[τ(ο)
_].ας ἐπ' ἀλικίας μέγ[αν
κ]όσμον αἴ τις ἔχηι φόβα.[
πορφύρωι κατελιξαμε[ν-
ἔμμεναι μάλα τοῦτο .[
ἀλλ' ἀ ξανθοτέραις ἔχη[ι
ταῖς κόμαις δάιδος προ[
σ]τεφάνοισιν ἐπαρτια[
ἀνθέων ἐριθαλέων·
μ]ιτράναν δ' ἀρτίως κλ[
ποικίλαν ἀπὺ Σαρδίω[ν
].αονιασπολεις

(b)

. . . . . .
σοὶ δ' ἔγω Κλέι ποικίλαν
οὐκ ἔχω πόθεν ἔσσεται
μιτράν⟨αν⟩· ἀλλὰ τὼι Μυτιληνάωι

. . . . . .
][
παι.α.ειον ἔχην πο.[
αἴκε.η ποικιλασκ...(.)[

P.Haun. 301+P.Mediolan. ed. Vogliano *Philol.* 93 (1939) 277

(a) 1 seqq. e.g. ἀ γάρ με γέννα[τ', ἔφα ποτὰ | σ]φᾶς ἐπ' ἀλικίας μέγ[αν | κόσμον, αἴ τις ἔχηι φόβα⟨ι⟩ς | πορφύρωι κατελιξαμέ[να πλόκωι, | ἔμμεναι μάλα τοῦτο δή· | ἀλλὰ ξανθοτέραις ἔχην | ταῖς κόμαις δάϊδος προ[φέρει πόλυ | στεφάνοισιν ἐπαρτίω⟨ι⟩[ς | ἀνθέων ἐριθ.   6 -ρας, 7 τας κομας Π   12 -ια σπολεις dividendum credideris

(b) 5 post παι, fort. σ, etiam τ, γ, possis   inter α et ειον, π vel γγ possis fin. fort. πολ[6 inter ε et η, ν, λ, χ, possis

SAPPHO 219 (b), 220, 221

ταῦτα τὰς Κλεανακτίδα[
φύγας †..ισαπολισεχει†
9 μνάματ'· ἴδε γὰρ αἶνα διέρρυε[ν

---

8 inter γας et ισα omnia incerta; versus utique corruptus 9 οἴδε
vel fort. αἴδε

220

[99 4–5]
χόρδαισι διακρέκην
5 ὀλισβρδόκοισ περκαθ...ενος

(sequuntur vv. xx frr. minora)

P.Oxy. 2291 i 4–5

---

5 scriptum est ολισβ-, sequitur ut vid. α, non ο inter -οις et περ-
spatiolum vacuum litt. ι aptum

Μελῶν ζ

221 (90 B., 114 D.)

[102]
γλύκηα μᾶτερ, οὔτοι δύναμαι κρέκην τὸν ἴστον
πόθωι δάμεισα παῖδος βραδίναν δι' Ἀφροδίταν.

Heph. Ench. x 5 ᾧι μέτρωι ἔγραψεν ᾄσματα καὶ Σαπφὼ ἐπὶ †τῆς τοῦ
ἑβδόμου· γλύκ. κτλ.; Et. Mag. 506. 1 (1) +

---

2 βραδίνω coni. Bergk

SAPPHO

Μελῶν η?

222

```
              ]. ω[
           ]σαν ἐν τῶι .[
    ]. δὲ ῑ κ(αὶ) ἑκάστης ὁ ᾱ [
  ].εν τὸ γὰρ ἐννεπε[.]η προβ[
5  ].ατε τὰν εὔποδα νύμφαν [
   ]τα παῖδα Κρονίδα τὰν ἰόκ[ολπ]ον [
  ].s ὄργαν θεμένα τὰν ἰόκ[ολ]πος α[
  ].. ἄγναι Χάριτες Πιέριδέ[s τε] Μοῖ[σαι
     ].[. ὅ]ππoτ' ἀοιδαι φρέν[...]αν.[
10        ]σαιοισα λιγύραν [ἀοί]δαν
     γά]μβρον, ἄσαροι γὰρ ὑμαλικ[
     ]σε φόβαισι θεμένα λύρα.[
     ]..η χρυσοπέδιλ⟨λ⟩[ο]s Αὔως
         ].    στίχ(οι) ρλ[ ]
15      ] μετὰ τὴν πρώτην [
        ]φέρονται ἐπιγεγρα[
        ἐπιθα]λάμῐᾱ
        ] βυβλίου καὶ βέλτιφ[ν
        ]
20      ]ροπ....[..].ε.[
```

[103]

P.Oxy. 2294

4]μεν ut vid.   5 ἀεί]σατε possis   7]os ut vid.   8 ν]υν possis   10 fort. in εἰ]σαίοισα⟨ι⟩ vel]s ἀίοισα⟨ι⟩ corrigendum   11 ὑμαλίκ[εσσι veri sim.   12 λύραν[veri sim.   13 init. fort. litt. tres; ante η, ut vid. δ vel λ   14 η̄ vel ῑ; illud me iudice praeferendum

Ἐπιθαλάμια

223 (95 B., 120 D.)

[104 (a)]

Ἔσπερε πάντα φέρων ὅσα φαίνολις ἐσκέδασ' αὔως
†φέρεις ὄιν, φέρεις αἶγα, φέρεις† μάτερι παῖδα.

Et. Gen. B p. 129 Σαπφώ· Ἔσπερε κτλ.; Demetr. *eloc.* 141 Ἔσπερε πάντα φέρεις, φησί (Σαπφώ), φέρεις οἶνον φέρεις αἶγα φέρεις ματέρι παῖδα; Et. Gen. A, *Gesch. Etym.* Reitz. p. 159 Ἔσπερε—αὔως; schol. Eur. *Or.* 1260 +

1 φέρων Et. Gen. A, B, schol. Eur., al.: φέρεις Demetr.   2 φέρεις οἶον φέρεις οἶνον φέρεις αἶγα φέρεις ἄποιον μ. π. Et. Gen. B; ut supra Demetr.   ὄιν coni. Manuzio, οἶν Bentivoglio, mox pro ἄποιον ἀπὺ coni. Bergk

224 (93 B., 116 D.)

[105 (a)]

οἶον τὸ γλυκύμαλον ἐρεύθεται ἄκρωι ἐπ' ὔσδωι,
ἄκρον ἐπ' ἀκροτάτωι, λελάθοντο δὲ μαλοδρόπηες,
οὐ μὰν ἐκλελάθοντ', ἀλλ' οὐκ ἐδύναντ' ἐπίκεσθαι.

Syrian. *in Hermog.* i 15 Σαπφώ· οἶον κτλ.; schol. Theocr. xi 38 seq. γλυκ.—ὔσδωι

1 ὔσδωι: ὄσδωι codd.   3 ἐφίκεσθαι codd.

225 (94 B., 117 D.)

[105 (c)]

οἴαν τὰν ὑάκινθον ἐν ὤρεσι ποίμενες ἄνδρες
πόσσι καταστείβοισι, χάμαι δέ τε πόρφυρον ἄνθος

Demetr. *eloc.* 106 sine auctoris nomine οἴαν—καταστ., ἐπικοσμεῖ δὲ τὸ ἐπιφερόμενον, τὸ χάμαι—ἄνθος

1 οὔρεσιν cod., ποιμένες sup. versum scr.   2 ποσὶ et -βουσιν cod.   δέ τε cod.: πέτε coni. Lobel

226 (92 B., 115 D.)

πέρροχος ὡς ὅτ' ἄοιδος ὁ Λέσβιος ἀλλοδάποισιν. [106]

Demetr. *eloc.* 146 ἐπὶ τοῦ ἐξέχοντος ἀνδρὸς ἡ Σαπφώ φησι· πέρρ. κτλ.

227 (102 B., 53 D.)

ἦρ' ἔτι παρθενίας ἐπιβάλλομαι; [107]

Ap. Dysc. *coni.* 490 ἦρ' κτλ.; Σαπφώ; schol. Vat. in Dion. Thrac. 20 ἦρ' κτλ.

παρθενίας: π⟨αρ⟩θενίης Ap. Dysc., παρθενικὰς schol. Dion.

228 (98 B., 124 D.)

θυρώρωι πόδες ἐπτορόγυιοι, [110 (a)]
τὰ δὲ σάμβαλα πεμπέβοηα,
πίσσυγγοι δὲ δέκ' ἐξεπόναισαν.

Heph. *Ench.* vii 6 sine auctoris nomine θυρ. κτλ.; Demetr. *eloc.* 167 σκώπτει (Σαπφώ) τὸν ἄγροικον νυμφίον καὶ τὸν θυρωρὸν τὸν ἐν τοῖς γάμοις εὐτελέστατα καὶ ἐν πεζοῖς ὀνόμασιν +

1 θυρώρωι: fort. -ρω scribendum sim., codd. 2 πεντε- codd. ἐπτορόγυιοι Hotchkis: ἐπταρόγυιοι, 3 -επόνασαν et -επόνησαν codd.

229 (91 B., 123 D.)

ἴψοι δὴ τὸ μέλαθρον,
ὑμήναον, [111]
ἀέρρετε τέκτονες ἄνδρες·

Heph. *poem.* vii 1 μεσύμνιον καλεῖται οἷόν ἐστι τὸ παρὰ Σαπφοῖ· ἴψοι κτλ.; Demetr. *eloc.* 148 ἴψω δή, φησί (Σαπφώ), τὸ μέλ. κτλ. +

1 ὔψοι Heph., ἴψω Demetr. 2 om. Demetr. 3 ἀέρρετε: ἀείρετε, ἀείρεται, ἀείρατε Heph., ἀέρατε Demetr.

ὑμήναον.
5 γάμβρος †εἰσέρχεται ἴσος† Ἄρευι,
ἄνδρος μεγάλω πόλυ μέζων.

4 om. Demetr.   5 εἰσέρχεται Demetr., ἔρχεται Heph.   γάμβρος εἴσ' ἴσ' Ἄρευι coni. Lobel; cf. Demetr. l.c. ὅτι οὐδεὶς τῶι Ἄρει ἴσος ἐστίν post h.v. ὑμήναον inseruit Bergk   6 om. Heph.: restit. Bentley, Casaubon e Demetr. ἀνδρὸς μεγάλου πολλῶι μείζων

230 (109 B., 131 D.)

[114] 1 παρθενία, παρθενία, ποῖ με λίποισ' ἀποίχηι;
       2 †οὐκέτι ἤξω πρὸς σέ, οὐκέτι ἤξω.†

Demetr. *eloc.* 140 παρὰ Σαπφοῖ ... ὅπου νύμφη πρὸς τὴν παρθενίαν φησί· παρθ.—ἀποίχηι, ἡ δὲ ἀποκρίνεται πρὸς αὐτὴν ... οὐκέτι κτλ.

1 λιποῦσ' ἀποίχηι Blomfield: λιποῦσα οἴχηι cod.

231 (104 B., 127 D.)

[115] τίωι σ' ὦ φίλε γάμβρε κάλως ἐικάσδω;
       ὄρπακι βραδίνωι σε μάλιστ' ἐικάσδω.

Heph. *Ench.* vii 6 sine auctoris nomine τίωι κτλ. +

INCERTI LOCI

232 (72 B., 108 D.)

[120] ἀλλά τις οὐκ ἔμμι παλιγκότων
       ὄργαν, ἀλλ' ἀβάκην τὰν φρέν' ἔχω.

Et. Mag. 2. 45 ἀβακής· ... Σαπφώ, οἷον· ἀλλά κτλ. +

1 ἔμμι Ursinus: ἔμμιν codd.   2 ὄργαν Ursinus: ὀργάνων codd. τὰν φρέν' Ursinus: πάμφρενα vel παμφρένα codd.

233 (75 B., 100 D.)

ἀλλ' ἔων φίλος †ἄμμι [121]
λέχος ἄρνυσο† νεωτέραν,
οὐ γὰρ τλάσομ' ἔγω συνοί-
κην ἔοισα γεραιτέρα

Stob. *ecl.* iv 22. 112 Σαπφοῦς· ἀλλ' κτλ. +

1 ἄμμι : ἀμῖν codd.   1–2 fort. ἄμμι λέκτρ' ἀρνύοιο   νεωτέραν Page : -ρον codd.   3–4 ξυνοικεῖν codd.   ἔοισα : ἔσσα codd.   νέοισι coni. Lobel

234 (121 B., 111 D.)

ἄνθε' ἀμέργοισαν παῖδ' ἄγαν† ἀπάλαν. [122]

Athen. xii 554 B Σαπφώ φησιν ἰδεῖν· ἄνθε' κτλ.   ἀμέργουσαν Athen. παῖδα τὰν ἀπ. coni. Lobel

235 (18 B., 15 D.)

ἀρτίως μ' ἀ χρυσοπέδιλλος Αὔως [123]

Ammon. *de diff.* pp. 25 seq. Valck. ἁμαρτάνει Σαπφὼ λέγουσα· ἀρτ. κτλ., ἀντὶ χρονικοῦ ἐπιρρήματος

μ' ἀ Seidler : μὲν ἀ codd.   -πέδιλος codd.   αὔως Scaliger : αὖ ὤς codd.

236 (83 B., 134 D.)

δαύοις ἀπάλας ἑταίρας [126]
ἐν στήθεσιν.

Et. Gen. B p. 82+Et. Mag. 250. 10, Et. Sym. ibid. Σαπφώ· δαύοις κτλ.

1 δαύοισα παλλὰς Et. Sym.   fort. δαύοισ' (Bergk)   1–2 ἑταίρας ἐν Bergk, Wilam. : ἑτάρας ἐν Et. Mag., ἑτάρασσεν Et. Gen., Et. Sym.

SAPPHO

237 (21–22 B., 146+18 D.)

[129]   (a)   ἔμεθεν δ' ἔχηισθα λάθαν.

(b)   ἦ τίνα μᾶλλον ἀνθρώ-
πων ἔμεθεν φίληισθα;

Ap. Dysc. *pron.* 343 D–C sine auctoris nomine ἐμέθεν . . . παρὰ Αἰολεῦσι· (a), (b)

(a) ἔχεισθα cod.   (b) τίνα vel τινα μᾶλλον Page: τινα αλλον cod.; ἤ τιν' ἄλλον ⟨μᾶλλον⟩ ἀνθρ. coni. Bergk

238 (40–41 B., 137 D.)

[130, 131]   (a)   Ἔρος δηὖτέ μ' ὁ λυσιμέλης δόνει,
γλυκύπικρον ἀμάχανον ὄρπετον.

(b)   Ἄτθι, σοὶ δ' ἔμεθεν μὲν ἀπήχθετο
φροντίσδην, ἐπὶ δ' Ἀνδρομέδαν πόται.

Heph. *Ench.* vii 7 post fragm. Sapphicum τὸ δὲ τετράμετρον ἀκατάληκτόν ἐστι τοιοῦτον· (a), (b) +

(a) 1 δαῦτε codd.   (b) 2 φροντίσδην Bentley: φροντὶς δ' ἦν Heph.; φρόντις δὰν coni. Dorville   πόται Lobel: πότη et πότε Heph. codd.; fort. ἐπὶ δ' Ἀνδρομέδαι πτόηι (Lobel)

239 (85 B., 152 D.)

[132]   ἔστι μοι κάλα πάϊς χρυσίοισιν ἀνθέμοισιν
ἐμφέρην ἔχοισα μόρφαν Κλέϊς ἀγαπάτα,
ἀντὶ τᾶς ἔγωὐδὲ Λυδίαν† παῖσαν οὐδ' ἐράνναν

Heph. *Ench.* xv 18 sine auctoris nomine ἔστι κτλ. +schol.

1 χρυσέοισιν codd.   2 ἐμφερῆ codd.   3 πᾶσαν codd.

240, 241, 242, 243 (a)   SAPPHO

240 (58 B., 144ᴬ D.)

ἔχει μὲν Ἀνδρομέδα κάλαν ἀμοίβαν. [133]

Heph. *Ench.* xiv 7 παρὰ Σαπφοῖ· ἔχει κτλ.

Ἀνδρομέδα κάλαν cod. H: -μέδαν κάλα codd. AI; -μέδαν κάλαν ἀμοίβα coni. Bergk

241 (87 B. et D.)

ζὰ ... ἐλεξάμαν ὄναρ Κυπρογενηα.   [134]

Heph. *Ench.* xii 4 ζαελεξάμαν κτλ., παρὰ τῆι Σαπφοῖ +schol.

ζαελεξάμαν cod. A, προσελεξ- codd. HI, schol.; ζά τ' (= τοι) ἐλεξ. coni. Maas, ζὰ δ' ἐλεξ. Ahrens Κυπρογένηα voc. an -γενήαι dat. incertum; -γεννα, -γένεια codd.

242 (88 B., 86 D.)

τί με Πανδίονις, Ὤιρανα, χελίδω ...; [135]

Heph. *Ench.* xii 2 (ὅλα ᾄσματα γέγραπται ἰωνικά,) Σαπφοῖ δέ· τί κτλ.

χελίδω Lobel: -δών codd.

243 (Alc. 55. 2+Sa. 28 B., Sa. 149 D.)

(a)   θέλω τί τ' εἴπην, ἀλλά με κωλύει   [137]
      αἴδως.

Aristot. *Rhet.* 1367 a 7 τὰ γὰρ αἰσχρὰ αἰσχύνονται καὶ λέγοντες καὶ ποιοῦντες καὶ μέλλοντες, ὥσπερ καὶ Σαπφὼ πεποίηκεν εἰπόντος τοῦ Ἀλκαίου (a), (b); schol. anon. ad loc. *Comment. in Ar. graec.* xxi 2 p. 51; Stephanus ibid. p. 280; transl. de Moerbeka p. 211 Spengel +
(a) ut vid. Alcaeo, (b) Sapphoni tribuendum

(b) αἰ δ' ἦχες ἔσλων ἵμερον ἢ κάλων
    καὶ μή τί τ' εἴπην γλῶσσ' ἐκύκα κάκον,
    αἴδως †κέν σε† οὐκ ἦχεν ὄππα-
    τ' ἀλλ' ἔλεγες περὶ τὠδικαίως.

(b) 3 αἰδώς κέν σε οὐκ εἶχεν ὄμματα Ar. cod. A^c, schol. anon., αἰδώς κέν σε οὐ κἂν χεν ὄμματα Ar. cod. Dresd., *verecundia quae* (*quod* cod. m) *non habet oculos* de Moerb.   fort. αἴδως κέ τ' (= τοι) οὐ κάτηχεν (Mehlhorn, κέ σ' οὐ κατεῖχεν)   4 τὠδικαίως Lobel (τῶ 'δικαίως iam Weir Smyth): τω δικαίω et ὦ δικαίω Ar. codd., *sed hoc dicit* (*dicis* cod. m) *clamando de proprio iusto* de Moerb.

244 (62 B., 107 D.)

[140 (a)]   κατθνάισκει, Κυθέρη', ἄβρος Ἄδωνις· τί κε θεῖμεν;
    καττύπτεσθε, κόραι, καὶ κατερείκεσθε κίθωνας.

Heph. *Ench.* x 4 sine auctoris nomine κατθν. κτλ.

1 καταθν- codd.   2 κατερείκεσθε Pauw: κατερύκ- codd.   χιτῶνας codd.

245 (51 B., 135–6 D.)

[141]   (a)   κῆ δ' ἀμβροσίας μὲν
            κράτηρ ἐκέκρατ',
            Ἕρμαις δ' ἔλων ὄλπιν θέοισ' ὠινοχόαισε.

    (b)   κῆνοι δ' ἄρα πάντες
            καρχάσι' ἦχον
            κἄλειβον, ἀράσαντο δὲ πάμπαν ἔσλα
        γάμβρωι.

Athen.[1] x 425 D Ἀλκαῖος δὲ καὶ τὸν Ἑρμῆν εἰσάγει αὐτῶν οἰνοχόον, ὡς καὶ Σαπφὼ λέγουσα· (a); id.[2] xi 475 A μνημονεύει δὲ τῶν καρχησίων καὶ Σαπφὼ ἐν τούτοις· (b); id.[3] ii 39 A (a) ἀμβρ.—ὠνοχόησεν; Eust. *Od.* 1633. 1 eadem, addito ἔστι δὲ ἔρπις Αἰγυπτιστὶ ὁ οἶνος; Macrob. *Sat.* v 21. 6 Sappho ... *ait* (b) κῆνοι—κἄλειβον

(a) 3 ὄλπιν Athen.[1]: ἔρπιν Athen.[3], Eust.   ὠνοχόησεν vel οἰνοχοῆσαι Athen., Eust.   (b) 2 ἦχον: ἔχον Athen., ἔσχον Macrob.   3 ἐσθλὰ Athen.   4 τῶι γάμβρωι Athen., τῶι del. Ahrens
(a) cum (b) coniunxit Ahrens

246, 247, 248, 249   SAPPHO

246 (30 B., 118 D.)

χρύσειοι ⟨δ'⟩ ἐρέβινθοι ἐπ' ἀιόνων ἐφύοντο.   [143]

Athen. ii 54 F Σαπφώ· χρύσ. κτλ.; Eust. Il. 948. 44   δ' suppl. Hermann

247 (48 B., 143 D.)

μάλα δὴ κεκορημένοις   [144]
Γόργως

Aldi Thes. Corn. Cop. 268 b (Reitz. Gesch. Etym. p. 367) παρ' αὐτῆι τῆι Σαπφοῖ· μάλα κτλ.

κεκορημένοις Γόργως Toup, Lobel: κεκορημένου στόργος cod.

248 (32 B., 59 D.)

μνάσασθαί τινά φαιμ' ἔτι κἄτερον ἀμμέων.   [147]

Dio Chrys. xxxvii 47 μνάσ. κτλ., πάνυ γὰρ καλῶς εἶπεν ἡ Σαπφώ

1 μνάσεσθαι coni. Casaubon   φαιμ' ἔτι κἄτερον Page: φαμι καὶ ἕτερον codd.

249 (80 B., 92 D.)

ὁ πλοῦτος ἄνευ† ἀρέτας οὐκ ἀσίνης πάροικος·   [148]
ἁ δ' ἀμφοτέρων κρᾶσις †εὐδαιμονίας ἔχει τὸ ἄκρον.†

Schol.[1] Pind. Ol. ii 96 Σαπφώ· ὁ πλοῦτος κτλ.; schol.[2] Pind. Pyth. v 1 ὁ πλ.—πάροικος; Plut. de nobil. 5 ὁ πλ.—ἄκρον

1 ἄνευ τᾶς coni. Neue, ἄνευθ' Hermann   2 ἀμφοτέρων Hermann: ἐξ ἀμφ. codd.   ἔχει τὸ ἄκρον schol.[1], ἔχει ἄκρον Plut.

250 (136 B., 109 D.)

[150]
οὐ γὰρ θέμις ἐν μοισοπόλων †οἰκίαι†
θρῆνον ἔμμεν'· οὔ κ' ἄμμι τάδε πρέποι.

Max. Tyr. xviii 9 k ἀναίθεται (Σωκράτης) τῆι Ξανθίππηι ὀδυρομένηι ὅτι ἀπέθνησκεν, ἡ δὲ (Σαπφώ) τῆι θυγατρί· οὐ κτλ.

1 μουσο- codd.   οἰκίαι: δόμωι coni. Hartung   2 ἔμμεν' Neue: εἶναι codd.; θέμεν coni. Edmonds   οὔ κ' ἄμμι τάδε πρέποι Lobel: οὐκ ἄμμι πρέποι τάδε codd.

251 (57 B., 106 D.)

[151]
ὀφθάλμοις δὲ μέλαις νύκτος ἄωρος

Et. Mag. 117. 14 Σαπφώ· ὀφθ. κτλ.

252 (53 B., 88 D.)

[154]
πλήρης μὲν ἐφαίνετ' ἀ σελάννα,
αἰ δ' ὠς περὶ βῶμον ἐστάθησαν.

Heph. Ench. xi 3 Σαπφοῦς· πλήρης κτλ.; P.Oxy. 220 ix (Heph. p. 405 Consbr.) μὲν ἐφαίνεθ' ἀ σελάνα

1 σελάνα codd.

253 (86 B., 150 D.)

[155]
πόλλα μοι τὰν Πωλυανάκτιδα παῖδα χαίρην.

Max. Tyr. xviii 9 d νῦν μὲν ἐπιτιμᾶι (Σαπφὼ) ταύταις (Γοργοῖ καὶ Ἀνδρομέδαι), νῦν δὲ ἐλέγχει καὶ εἰρωνεύεται ... πολλά κτλ., Σαπφὼ λέγει

τὰν Knebel: τὸν codd.   Πολυ- codd.   χαίρειν codd.

254, 255, 256, 257   SAPPHO

254 (47 B., 104 D.)

Γέλλως παιδοφιλωτέρα   [178]

Zenob. *cent.* iii 3 ἐπὶ τῶν ἀώρως τελευτησάντων, ἤτοι ἐπὶ τῶν φιλοτέκνων μέν, τρυφῆι δὲ διαφθειρόντων αὐτά. Γελλὼ γάρ τις ἦν παρθένος, καὶ ἐπειδὴ ἀώρως ἐτελεύτησε, φασὶν οἱ Λέσβιοι αὐτῆς τὸ φάντασμα ἐπιφοιτᾶν ἐπὶ τὰ παιδία, καὶ τοὺς τῶν ἀώρων θανάτους αὐτῆι ἀνατιθέασι. μέμνηται ταύτης Σαπφώ +

Γελλὼ et Γελλοῦς codd.

255 (10 adnot. B.)

οἶμαι δέ σε καὶ Σαπφοῦς ἀκηκοέναι πρός τινας τῶν εὐδαιμόνων   [193]
δοκουσῶν εἶναι γυναικῶν μεγαλαυχουμένης καὶ λεγούσης ὡς
αὐτὴν αἱ Μοῦσαι τῶι ὄντι ὀλβίαν τε καὶ ζηλωτὴν ἐποίησαν καὶ
ὡς οὐδ' ἀποθανούσης ἔσται λήθη.

Aristeid. *or.* xxviii 51

256 (130 B.)

εἰ οὖν Σαπφὼ τὴν Λεσβίαν οὐδὲν ἐκώλυσεν εὔξασθαι νύκτα   [197]
αὐτῆι γενέσθαι διπλασίαν, ἐξέστω κἀμοὶ κτλ.

Liban. *or.* xii 99

257 (134 B.)

λέγεται δὲ κατέρχεσθαι εἰς τοῦτο τὸ ἄντρον (τὸ Λάτμιον) τὴν   [199]
Σελήνην πρὸς Ἐνδυμίωνα. περὶ δὲ τοῦ τῆς Σελήνης ἔρωτος
ἱστοροῦσι Σαπφὼ καὶ Νίκανδρος ἐν β̄ Εὐρώπης.

Schol. Ap. Rhod. iv 57

SAPPHO

258 (138 B.)

[202] Ῥοδῶπις δὲ ἐς Αἴγυπτον ἀπίκετο Ξάνθεω τοῦ Σαμίου κομίσαντος, ἀπικομένη δὲ κατ' ἐργασίαν ἐλύθη χρημάτων μεγάλων ὑπὸ ἀνδρὸς Μυτιληναίου Χαράξου τοῦ Σκαμανδρωνύμου παιδός, ἀδελφεοῦ δὲ Σαπφοῦς τῆς μουσοποιοῦ . . . Χάραξος δὲ ὡς λυσάμενος Ῥοδῶπιν ἀπενόστησε ἐς Μυτιλήνην, ἐν μέλει Σαπφὼ πολλὰ κατεκερτόμησέ μιν.

Herodotus ii 135

λέγεται δὲ τῆς ἑταίρας τάφος γεγονὼς ὑπὸ τῶν ἐραστῶν, ἣν Σαπφὼ μὲν ἡ τῶν μελῶν ποιήτρια καλεῖ Δωρίχαν, ἐρωμένην τοῦ ἀδελφοῦ αὐτῆς Χαράξου γεγονυῖαν, οἶνον κατάγοντος εἰς Ναύκρατιν Λέσβιον κατ' ἐμπορίαν, ἄλλοι δ' ὀνομάζουσι Ῥοδῶπιν.

Strabo x vii i. 33

ἐνδόξους δὲ ἑταίρας . . . ἤνεγκεν καὶ ἡ Ναύκρατις· Δωρίχαν τε, ἣν ἡ καλὴ Σαπφὼ ἐρωμένην γενομένην Χαράξου τοῦ ἀδελφοῦ αὐτῆς κατ' ἐμπορίαν εἰς τὴν Ναύκρατιν ἀπαίροντος διὰ τῆς ποιήσεως διαβάλλει, ὡς πολλὰ τοῦ Χαράξου νοσφισαμένην.

Athen. xiii 596 B, C

ἦν δὲ Θρᾶισσα τὸ γένος, ἐδούλευσε δὲ σὺν Αἰσώπωι Ἰάδμονι Μυτιληναίωι, ἐλυτρώσατο δ' αὐτὴν Χαράξας ὁ Σαπφοῦς ἀδελφός· ἡ δὲ Σαπφὼ Δωρίχαν αὐτὴν καλεῖ.

Phot. et Suda in Ῥοδώπιδος ἀνάθημα.

ἡ Ῥοδῶπις ἑταίρα ἦν περὶ Ναύκρατιν τῆς Αἰγύπτου, ἧς καὶ Σαπφὼ μνημονεύει καὶ Ἡρόδοτος.

App. Prov. iv 51

ἀδελφοὺς δ'] ἔσχε τρεῖς, . . . πρεσβύ[τατον δὲ Χάρ]αξον, ὃς πλεύσας ε[ἰς Αἴγυπτον] Δωρίχαι τινὶ προσε[νεχθε]ὶς κατεδαπάνησεν εἰς ταύτην πλεῖστα.

P.Oxy. 1800 i 7-13

259 (139 B.)

Σαπφώ τε ἡ καλὴ πολλαχοῦ Λάριχον τὸν ἀδελφὸν ἐπαινεῖ ὡς [203] οἰνοχοοῦντα ἐν τῶι πρυτανείωι τοῖς Μυτιληναίοις.

Athen. x 425 A

ἔθος γὰρ ἦν, ὡς καὶ Σαπφώ φησι, νέους εὐγενεῖς εὐπρεπεῖς οἰνοχοεῖν.

Schol. Hom. Il. 20. 234

τὸν δὲ Λάριχον νέον ⟨ὄντα⟩ μᾶλλον ἠγάπησεν.

P.Oxy. 1800 i 13-14

LESBIA INCERTI AUCTORIS

260 (Alc. 27 B., 52 D.)

[Inc.
Auct. 10]

ἔπταζον ὡς ὄρνιθες ὦκυν
αἴετον ἐξαπίνας φάνεντα.

Hdn. π.μ.λ. ā 23

1 ἔπταζον· ὡς τὸ ὄρνιθες ὠκὺν αἰετὸν ἐξαπήνας φανέντα Hdn.: corr.
Bergk (ὡς pro ὦστ' Lobel)
Alcaeo adscripsit Bergk

261 (Sa. 54 B., 93 D.)

[Inc.
Auct. 16]

(a) Κρῆσσαί νυ ποτ' ὧδ' ἐμμελέως πόδεσσιν
ὤρχηντ' ἀπάλοισ' ἀμφ' ἐρόεντα βῶμον.

(b) πόας τέρεν ἄνθος μάλακον μάτεισαι

Heph. Ench. xi 3–5 τὰ δὲ τρίμετρα (ἰωνικὰ) ἀκατάληκτα διχῶς συνέθεσαν
οἱ Αἰολεῖς· τὰ μὲν ἐκ δύο ἰωνικῶν καὶ τροχαϊκῆς ἐποίησαν, οἷον (a), . . .
παρατηρεῖν δὲ χρὴ ὅτι τὴν πρώτην συζυγίαν καὶ ἀπὸ βραχείας ἀρχομένην
ποιοῦσιν, ὥσπερ καὶ ἐν τοῖς τριμέτροις· (b)

(a) 1 ποθ' codd.   2 ὠρχεῦντ' et ὠρχεῦνθ' codd.; fort. ὤρχεντ'
scribendum
(a) et (b) in unum coniunxit Santen, Sapphoni adscripsit Bergk

262 (Sa. 38 B., 51 D.)

[Inc.
Auct. 25]

ὡς δὲ πάις πεδὰ μάτερα πεπτερύγωμαι.

Schol. Theocr. i 55 Αἰολεῖς εἰώθασι προστιθέναι σύμφωνον, ὥσπερ τὸ
ἐπτέρυγμαι ⟨πεπτέρυγμαι⟩, οἷον· ὡς κτλ. †

'πτερύσσεσθαι huic loco minime aptum. πεπτέρωμαι sensui satis-
faciat', Lobel

IBYCUS

263 (3 D.)

[282]   οἳ κ]αὶ Δαρδανίδα Πριάμοιο μέ-   ἀντ.
         γ' ἄσ]τυ περικλεὲς ὄλβιον ἠνάρον
         Ἄργ]οθεν ὀρνυμένοι
4   Ζη]νὸς μεγάλοιο βουλαῖς
     ξα]νθᾶς Ἑλένας περὶ εἴδει   ἐπωιδ.
     δῆ]ριν πολύυμνον ἔχ[ο]ντες
     πό]λεμον κατὰ δακρ[υό]εντα,
     Πέρ]γαμον δ' ἀνέ[β]α ταλαπείριο[ν ἄ]τα
9   χρυ]σοέθειραν δ[ι]ὰ Κύπριδα.
     νῦ]ν δέ μοι οὔτε ξειναπάταν Π[άρι]ν   στρ.
     ..] ἐπιθύμιον οὔτε τανί[σφ]υρ[ον
     ὑμ]νῆν Κασσάνδραν
13   Πρι]άμοιό τε παῖδας ἄλλου[ς
     Τρο]ίας θ' ὑψιπύλοιο ἁλώσι[μο]ν   ἀντ.
     ἄμ]αρ ἀνώνυμον· οὐδεπ[
     ἡρ]ώων ἀρετὰν
17   ὑπ]εράφανον οὕς τε κοῖλα[ι
     νᾶες] πολυγόμφοι ἐλεύσα[ν   ἐπωιδ.
     Τροί]αι κακόν, ἥρωας ἐσθ[λούς·
     τῶν] μὲν κρείων Ἀγαμέ[μνων
     ἆ]ρχε Πλεισθ[ενί]δας βασιλ[εὺ]ς ἀγὸς ἀνδρῶν
22   Ἀτρέος ἐσ[θλοῦ] πάις ἔκγ[ο]νος·
     καὶ τὰ μὲ[ν ἂν] Μοίσαι σεσοφ[ισμ]έναι   στρ.
     εὖ Ἑλικωνίδ[ες] ἐμβαίεν λογ[·

P.Oxy. 1790+2081 (f)

11 ἦν] suppl. e.p., ἧς] Wilamowitz, ἔστ'] Maas   15 ἐπ[ανέρχομαι suppl. e.p., ἐπ[ελεύσομαι Wilamowitz   23 ἔκγ[ο]νος· Barron

θνατὸς δ' οὔ κ[ε]ν ἀνὴρ
26 διερὸ[ς] τὰ ἕκαστα εἴποι
ναῶν ὅ[σσος ἀρι]θμὸς ἀπ' Αὐλίδος   ἀντ.
Αἰγαῖον δ[ιὰ πό]ντον ἀπ' Ἄργεος
ἠλύθο[ν .....]ν
30 ἱπποτρόφο[ν ...]ε φῶτες
χ]αλκάσπ[ιδες υἷ]ες Ἀχα[ι]ῶν·   ἐπωιδ.
τ]ῶν μὲν πρ[οφ]ερέστατος α[ἰ]χμᾶι
...]. πόδ[ας ὠ]κὺς Ἀχιλλεὺς
καὶ μέ]γας Τ[ελαμ]ώνιος ἄλκι[μος Αἴας
35 .....]. ατ[......]γυρος.
.... κάλλι]στος ἀπ' Ἄργεος   στρ.
.... Κυάνι]ππ[ο]ς ἐς Ἴλιον
...............]
39 ....].[.].
...............]α χρυσεόστροφ[ος   ἀντ.
Ὕλλις ἐγήνατο, τῶι δ' [ἄ]ρα Τρωίλον
ὡσεὶ χρυσὸν ὀρει-
43 χάλκωι τρὶς ἄπεφθο[ν] ἤδη
Τρῶες Δ[α]ναοί τ' ἐρό[ε]σσαν   ἐπωιδ.
μορφὰν μάλ' ἐίσκον ὅμοιον.
τοῖς μὲν πέδα κάλλεος αἰὲν
καὶ σύ, Πολύκρατες, κλέος ἄφθιτον ἐξεῖς
48 ὡς κατ' ἀοιδὰν καὶ ἐμὸν κλέος.

25 vel οὐκ [ἄ]ν   26 διερο[......]ταεκαστα P.Oxy   29 ἐς Τροία]ν suppl. e.p.   30 ὡς δ]ὲ suppl. e.p., οἴ τ]ε Wilamowitz   36 Τυδέος υἱ]ὸς suppl. Lobel   40 Zeuxippi nomen in lacuna supplendum esse vidit Barron CR 1961. 185 seqq.   47 Πουλυ- coni. e.p.
48 carminis finem notat coronis
(27, 35–6 leg. et suppl. Barron)

IBYCUS 264, 265, 266

264 (44 B., 1 adnot. D.)

[284] *Ἴβυκος δὲ ἐν α' Ἤλιδος αὐτὸν* (scil. *τὸν Ἐνδυμίωνα*) *βασιλεῦσαί φησι*.

Schol. Ap. Rhod. iv 57

Μελῶν ε̄

265 (16 B., 2 D.)

[285]
τούς τε λευκίππους κόρους
τέκνα Μολιόνας κτάνον,
ἅλικας ἰσοκεφάλους ἐνιγυίους
ἀμφοτέρους γεγαῶτας ἐν ὠέωι
5   ἀργυρέωι.

Athen. ii 57 F seq. *Ἴβυκος δὲ ἐν πέμπτωι μελῶν περὶ Μολιονιδῶν φησι·* τούς κτλ.; Eust. *Od*. 1686. 45 ἅλικας—ἀργυρέωι

1 κόρους Dindorf: κούρ- codd.   2 κτάνεν coni. Hartung

266 (1 B., 6 D.)

INCERTI LOCI

[286]
ἦρι μὲν αἵ τε Κυδώνιαι
μηλίδες ἀρδόμεναι ῥοᾶν
ἐκ ποταμῶν, ἵνα Παρθένων
κῆπος ἀκήρατος, αἵ τ' οἰνανθίδες
5   αὐξόμεναι σκιεροῖσιν ὑφ' ἔρνεσιν

Athen. xiii 601 B *ὁ Ῥηγῖνος δὲ Ἴβυκος βοᾶι καὶ κέκραγεν·* ἦρι κτλ. incertum quatenus dialectus sit pessum data (2 μαλ-, 4 κᾱπ-, 9 Θρα-, 13 ἀμ-; Κυδωνίαι, ἀρδομέναι, αὐξομέναι, ὑπ' ἐρν-)

2 ῥοὰν, 4 -ίδος, 7 -κητος Athen., corr. Musurus

266, 267 IBYCUS

οἰναρέοις θαλέθοισιν· ἐμοὶ δ' ἔρος
οὐδεμίαν κατάκοιτος ὥραν.
†τε† ὑπὸ στεροπᾶς φλέγων
Θρηίκιος Βορέας
10   ἀίσσων παρὰ Κύπριδος ἀζαλέ-
αις μανίαισιν ἐρεμνὸς ἀθαμβὴς
ἐγκρατέως πεδόθεν †φυλάσσει†
ἡμετέρας φρένας

---

8 ἄθ' ὑπὸ coni. Hermann, ἀλλ' ἄθ' ὑπὸ Mehlhorn, alii alia (ἠύθ', οἷά θ')
9 Θρηίκοις Athen., corr. Ursinus   9 seqq. versuum divisio incerta;
de stropharum responsione (1–7 = 8 seqq.) frustra deliberavi   11 ἀθάμ-
βησεν κραταιῶς Athen., corr. Schweighaeuser, Hermann   12 παιδ'
ὅθεν Athen., corr. Naeke   φυλάσσει Athen., sententiae contrarium:
φλάσεν coni. Hermann (frustra σαλάσσει Mueller, τινάσσει Naeke)

267 (2 B., 7 D.)

Ἔρος αὖτέ με κυανέοισιν ὑπὸ   [287]
βλεφάροις τακέρ' ὄμμασι δερκόμενος
κηλήμασι παντοδαποῖς ἐς ἄπει-
ρα δίκτυα Κύπριδος ἐσβάλλει·
5 ἦ μὰν τρομέω νιν ἐπερχόμενον,
ὥστε φερέζυγος ἵππος ἀεθλοφόρος ποτὶ γήραι
ἀέκων σὺν ὄχεσφι θοοῖς ἐς ἅμιλλαν ἔβα.

Plato *Parm.* 137 A καίτοι δοκῶ μοι τὸ τοῦ Ἰβυκείου ἵππου πεπονθέναι ὧι ἐκεῖνος ἀθλητῆι ὄντι καὶ πρεσβυτέρωι ὑφ' ἅρματι μέλλοντι ἀγωνιεῖσθαι καὶ δι' ἐμπειρίαν τρέμοντι τὸ μέλλον ἑαυτὸν ἀπεικάζων ἄκων ἔφη καὶ αὐτὸς οὕτω πρεσβυτὴς ὢν εἰς ἔρωτα ἀναγκάζεσθαι ἰέναι. ad haec schol. τὸ τοῦ μελοποιοῦ Ἰβύκου ῥητόν· Ἔρος κτλ.; Procl. in Plat. *Parm.* v 316 Ἔρος κτλ.

1 Ἔρως codd.   2 βλεφάρων coni. Page   3 εἰς codd.   3–4 ἀπείρονα coni. Schneidewin   ἐσβάλλει Clemm: βάλλει codd.   5 τρομέω νιν Koen: τρομέων ἵν' schol., τρομέω om. νιν Procl.   -όμενος Procl.   7 ἀέκων Siebenkees: ἀσκῶν codd.   εἰς codd.   ἔβαν schol. cod. W, Procl. cod. B

137

268 (5 B., 8 D.)

[288]   Εὐρύαλε γλαυκέων Χαρίτων θάλος ⟨   ⟩
καλλικόμων μελέδημα, σὲ μὲν Κύπρις
ἅ τ' ἀγανοβλέφαρος Πει-
θὼ ῥοδέοισιν ἐν ἄνθεσι θρέψαν.

Athen. xiii 564 F τυφλὸς ὁ ἔπαινος καὶ κατ' οὐδὲν ὅμοιος τῶι Ἰβυκείωι ἐκείνωι· Εὐρ. κτλ.; Eust. Od. 1558. 17 γλαυκ.—θρέψαν

1 γλυκέων coni. Jacobs, γλυκεᾶν Schneidewin   θάλος ⟨Ὡρᾶν⟩ post Bergkium suppl. Page

269 (30 B.)

[289]   διὰ τούτων τῶν στίχων παραγράφει τὰ εἰρημένα ὑπὸ Ἰβύκου ἐν οἷς περὶ τῆς Γανυμήδους ἁρπαγῆς εἶπεν ἐν τῆι εἰς Γοργίαν ὠιδῆι· καὶ ἐπιφέρει περὶ τῆς Ἠοῦς ὡς ἥρπασε Τιθωνόν.

Schol. Ap. Rhod. iii 114-17

270 (37 B.)

[291]   ὅτι δὲ Ἀχιλλεὺς εἰς τὸ Ἠλύσιον πεδίον παραγενόμενος ἔγημε Μήδειαν πρῶτος Ἴβυκος εἴρηκε, μεθ' ὃν Σιμωνίδης (fr. 382.)

Schol. Ap. Rhod. iv 814-15

271 (38 B.)

[294]   Διομήδεα δ' ἄμβροτον ξανθά ποτε γλαυκῶπις ἔθηκε θεόν· καὶ οὗτος Ἀργεῖος, ὃς δι' ἀρετὴν ἀπηθανατίσθη· καὶ ἔστι περὶ τὸν Ἀδρίαν Διομήδεια νῆσος ἱερά, ἐν ἧι τιμᾶται ὡς θεός. καὶ Ἴβυκος

271, 272, 273, 274   IBYCUS

οὕτω. τὴν Ἑρμιόνην γήμας ὁ Διομήδης ἀπηθανατίσθη σὺν τοῖς Διοσκούροις· καὶ γὰρ συνδιαιτᾶται αὐτοῖς. καὶ Πολέμων ἱστορεῖ. ἐν μὲν γὰρ Ἀργυρίπποις ἅγιόν ἐστιν αὐτοῦ ἱερόν. καὶ ἐν Μεταποντίωι δὲ διὰ πολλῆς αὐτὸν αἵρεσθαι τιμῆς ὡς θεόν, καὶ ἐν Θουρίοις εἰκόνας αὐτοῦ καθιδρύσθαι ὡς θεοῦ.

Schol. Pind. Nem. x 12

272 (34ᴬ B.)

Πορφύριος ἐν τοῖς παραλελειμμένοις φησὶν ὅτι τὸν Ἕκτορα [295] Ἀπόλλωνος υἱὸν παραδίδωσιν Ἴβυκος Ἀλέξανδρος Εὐφορίων Λυκόφρων.

Schol. A Hom. Il. 3. 314

273 (35 B.)

προδότιν αἰκάλλων κύνα· ἡττηθεὶς τοῖς ἀφροδισίοις. ἄμεινον [296] ὠικονόμηται τοῖς περὶ Ἴβυκον· εἰς γὰρ Ἀφροδίτης ναὸν καταφεύγει ἡ Ἑλένη κἀκεῖθεν διαλέγεται τῶι Μενελάωι, ὁ δ' ὑπ' ἔρωτος ἀφίησι τὸ ξίφος. τὰ παραπλήσια ⟨τούτοις καὶ Ἴβυκος ὁ suppl. Schwartz⟩ Ῥηγῖνος ἐν διθυράμβωι φησίν.

Schol. Eur. Andr. 631; cf. scholl. Ar. Vesp. 714, Lys. 155

274 (34ᴮ B.)

ἀκόντισε Δηΐφοβος· ὡς ἀντεραστὴς Ἑλένης, ὡς μαρτυρεῖ [297] Ἴβυκος καὶ Σιμωνίδης. ἀλλ' οὔτε ἦρα μεσαιπόλιος (13. 361) οὔτε τὸ παρὰ Ἰβύκωι ἀληθές· ἀλλὰ διὰ τοὺς πεσόντας.

Schol. T Hom. Il. 13. 516; Eust. Il. 944. 43

IBYCUS 275, 276, 277

275

[298] τὸν γὰρ ʽΗρακλ[έ]α π[ρ]όμαχον γενέσθαι
φ[ασὶ τ]οῦ Δ[ιὸς σ]ὺν ἀριστ[οπάτραι
κρατ]ερόφρ[ονι Πα]λ[λ]άδι· [τὰ]ν γὰρ ἔτικτε⟨ν⟩ αὐτός,
κορυφᾶς δέ οἱ ἐξανέπαλτο [

P.Oxy. 2260 ii 23 seqq. καὶ ὁμοίως κατὰ τὸν ʼΊβυκον· τὸν κτλ.

276 (9+7 B., 16+11 D.)

[303] (a) γλαυκώπιδα Κασσάνδραν
ἐρασιπλόκαμον Πριάμοιο κόραν
φᾶμις ἔχησι βροτῶν.

(b) ἆμος ἄυπνος κλυτὸς ὄρθρος ἐγείρησιν ἀηδόνας

Ps.-Hdn. π. σχημ. viii 605 seq. Walz γίνεται δὲ ἐν τοῖς ὑποτακτικοῖς τρίτοις προσώποις τῶν ῥημάτων κατὰ πρόσθεσιν τῆς σι συλλαβῆς ... καλεῖται δὲ ʼΊβύκειον, οὐχ ὅτι πρῶτος ʼΊβυκος αὐτῶι ἐχρήσατο, ... ἀλλ' ἐπεὶ πολὺ καὶ κατακορὲς παρ' αὐτῶι. καὶ γάρ· (a), καὶ δι' ἑτέρων· (b), ἀντὶ τοῦ ἐγείρηι +

(a) 2 Πριάμοιο κόραν Page : κόραν Πριάμοιο codd. Parr., κόρην Πριάμου cod. Haun., unde κούραν Πριάμου coni. Schneidewin
(b) ἆμος Bergk : τᾶμος codd. ἀύπνους coni. Schneidewin, ἄυπνος (accus.) Mucke ἔγρησιν coni. Page

277 (36 B.)

[307] ὑπὸ Νεοπτολέμου φασὶν αὐτὴν (scil. Πολυξένην) σφαγιασθῆναι Εὐριπίδης καὶ ʼΊβυκος.

Schol. Eur. Hec. 41

278 (24 B., 22 D.)

δέδοικα μή τι πὰρ θεοῖς [310]
ἀμβλακὼν τιμὰν πρὸς ἀνθρώπων ἀμείψω.

Plut. *quaest. conv.* ix 15. 2 πέπονθεν ὃ φοβηθεὶς Ἴβυκος ἐποίησε· δέδ. κτλ.; Plato *Phaedr.* 242 C seq. μή—ἀμείψω +

1 πὰρ Mehlhorn : παρὰ codd.   2 πρός : fort. ποτ(ὶ)

279 (27 B., 23 D.)

οὐκ ἔστιν ἀποφθιμένοις ζωᾶς ἔτι φάρμακον εὑρεῖν. [313]

Chrysipp. π. ἀποφ. 14 οὐκ ἔστιν κτλ.· οὐκ Ἴβυκος ὁ ποιητὴς οὕτως ἀπεφαίνετο, οὐκ ἔστιν κτλ.

280 (3 B., 12 D.)

φλεγέθων ἅπερ διὰ νύκτα μακρὰν [314]
σείρια παμφανόωντα

Theon Smyrn. p. 146 Hiller πάντας τοὺς ἀστέρας οἱ ποιηταὶ σειρίους καλοῦσιν, ὡς Ἴβυκος· φλεγ. κτλ. +

281 (6 B., 13 D.)

μύρτα τε καὶ ἴα καὶ ἑλίχρυσος [315]
μᾶλά τε καὶ ῥόδα καὶ τέρεινα δάφνα

Athen. xv 681 A Ἴβυκος· μύρτα κτλ.

2 τέρεινα δάφνα Canter : τερινα δάφηα Athen.

IBYCUS 282, 283, 284

282 (8+4 B., 9—10 D.)

[317] (a) τοῦ μὲν πετάλοισιν ἐπ' ἀκροτάτοις
ἰζάνοισι ποικίλαι αἰολόδειροι
πανέλοπες λαθιπορφυρίδες ⟨τε⟩ καὶ
ἀλκυόνες τανυσίπτεροι.

(b), αἰεί μ' ὦ φίλε θυμὲ τανύπτερος ὡς ὅκα πορφυρίς

Athen. ix 388 E *Ἴβυκος δέ τινας λαθιπορφυρίδας ὀνομάζει διὰ τούτων·* (a), *ἐν ἄλλοις δέ φησιν·* (b); cf. schol. Ar. *Av.* 1302

(a) 1 ἀκροτάτοις ἰζάνοισι Wilamowitz: ἀκροτάτοισι ξανθοῖσι Athen. 2–3 αἰολ. παν. Hermann: παν. αἰολ. Athen.   λαθιπορφ- Schweighaeuser: αδοιπορφ- Athen.   τε suppl. Bergk   (b) θυμὲ Valckenaer: οὐμε Athen.

283 (20 B., 18 D.)

[320] οὐδὲ Κυάρας ὁ Μηδείων στρατηγός

Et. Gen. B p. 197+Et. Mag. 542. 51 *Κυάρης· Ἴβυκος· οὐδὲ κτλ. τινὲς λέγουσιν, ἀπὸ τοῦ Κυαξάρης γέγονε κατὰ συγκοπήν, ἄλλοι δὲ ἀπὸ τοῦ Κυάραν.*

στραταγός Bergk

284 (22 B., 21 D.)

[321] †παρὰ χέρσον λίθινον
τῶν† παλάμαις βροτῶν·
πρόσθεν νιν πεδ' ἀναριτᾶν
ἰχθύες ὠμοφάγοι νέμοντο.

Schol. Pind. *Nem.* i 1 *'Ορτυγία πρότερον μὲν οὖσα νῆσος εἶτα προσχωσθεῖσα χερρόνησος γέγονεν, ὡς καὶ Ἴβυκος ἱστορεῖ· παρὰ κτλ.*; Strabo i 3. 18 *πρότερον δὲ χῶμα, ὥς φησιν Ἴβυκος, λογαίου λίθου, ὃν καλεῖ ἐκλεκτόν*; cf. Athen. iii 86 B

1–2 πὰρ coni. Boeckh   λίθινον ⟨πετρῶν | ἐκλεκ⟩τῶν παλάμ. veri sim. coll. Strab. l.c.   3 νιν cod. B: μιν codd. TU, μὴν cod. P, μὴ cod. D   πεδ' ἀναριτᾶν Schneidewin: παῖδα νήριτον codd.   πεδὰ νηριτᾶν coni. Boeckh

142

285 (47 B.)

Ἀλφειὸν δὲ Ζωίλος ὁ ῥήτωρ ἐν τῶι Τενεδίων ἐγκωμίωι φησὶν [322]
ἐκ Τενέδου ῥεῖν, ὁ τὸν Ὅμηρον ψέγων ὡς μυθογράφον. Ἴβυκος
δὲ τὸν ἐν Σικυῶνι Ἀσωπὸν ἐκ Φρυγίας ῥεῖν φησι.

Strabo vi 2. 4

286 (23 B.)

Ἀρέθοισα· κρήνη ἐν Συρακούσαις. φασὶ διὰ πελάγους Ἀλφειὸν [323]
ἥκειν ⟨   ⟩, ὥς φησιν Ἴβυκος παριστορῶν περὶ τῆς Ὀλυμ-
πιακῆς φιάλης.

Schol. Theocr. i 117 +

287 (33 B.)

ὁ δ' Ὅμηρος θεῶν πόμα τὸ νέκταρ οἶδεν. Ἴβυκος δέ φησι τὴν [325]
ἀμβροσίαν τοῦ μέλιτος κατ' ἐπίτασιν ἐννεαπλασίαν ἔχειν γλυκύ-
τητα, τὸ μέλι λέγων ἔνατον εἶναι μέρος τῆς ἀμβροσίας κατὰ τὴν
ἡδονήν.

Athen. ii 39 B; Eust. Od. 1633. 11

288 (42–43 B.)

ὁ δὲ αὐτὸς ἑωσφόρος καὶ ἕσπερος. καίτοι γε τὸ παλαιὸν ἄλλος [331]
ἐδόκει εἶναι ὁ ἑωσφόρος καὶ ἄλλος ὁ ἕσπερος. πρῶτος δὲ Ἴβυκος
ὁ Ῥηγῖνος συνήγαγε τὰς προσηγορίας.

An. Ox. Cramer iii 413. 15 +

289 (55 B.)

[332]

ἤλσατο βοῦς

Et. Mag. 428. 28 ἤλσ. κτλ.· *Ἴβυκος, παρὰ τὸ ἠλάσατο

290 (61 B.)

[339] ἔτι δὲ μᾶλλον ἡ περὶ τὰς παρθένους φυλακὴ κατέσταλται τῶι Νομᾶι πρὸς τὸ θῆλυ καὶ κόσμιον. ἡ δὲ τοῦ Λυκούργου παντάπασιν ἀναπεπταμένη καὶ ἄθηλυς οὖσα τοῖς ποιηταῖς λόγον παρέσχηκε. φαινομηρίδας τε γὰρ αὐτὰς ἀποκαλοῦσιν ὡς *Ἴβυκος καὶ ἀνδρομανεῖς λοιδοροῦσιν ὡς Εὐριπίδης.

Plut. *comp. Lyc. et Num.* 3 +

291 (25 B.)

[342] τὸν Προμηθέα κλέψαι τὸ πῦρ ἡ φήμη φησί, καὶ τὸν Δία ἀγανακτῆσαι ὁ μῦθος λέγει καὶ τοῖς καταμηνύσασι τὴν κλοπὴν δοῦναι φάρμακον γήρως ἀμυντήριον. τοῦτο οὖν ἐπὶ ὄνωι θεῖναι τοὺς λαβόντας πέπυσμαι. καὶ τὸν μὲν προιέναι τὸ ἄχθος φέροντα. εἶναι δὲ ὥραν θέρειον, καὶ διψῶντα τὸν ὄνον ἐπί τινα κρήνην κατὰ τὴν τοῦ ποτοῦ χρείαν ἐλθεῖν. τὸν οὖν ὄφιν τὸν φυλάττοντα ἀναστέλλειν αὐτὸν καὶ ἀπελαύνειν, καὶ ἐκεῖνον στρεβλούμενον μισθόν οἱ τῆς φιλοτησίας δοῦναι ὅπερ οὖν ἔτυχε φέρων φάρμακον. οὐκοῦν ἀντίδοσις γίνεται, καὶ ὁ μὲν πίνει, ὁ δὲ τὸ γῆρας ἀποδύεται, προσεπιλαβὼν ὡς λόγος τὸ τοῦ ὄνου δίψος. τί οὖν; ἐγὼ τοῦ μύθου ποιητής; ἀλλ' οὐκ ἂν εἴποιμι, ἐπεὶ καὶ πρὸ ἐμοῦ Σοφοκλῆς ὁ τῆς τραγωιδίας ποιητὴς καὶ Δεινόλοχος ὁ ἀνταγωνιστὴς Ἐπιχάρμου καὶ *Ἴβυκος ὁ Ῥηγῖνος καὶ Ἀριστίας καὶ Ἀπολλοφάνης ποιηταὶ κωμωιδίας ᾄδουσιν αὐτόν.

Aelian. *n.a.* vi 51

292

Ἴβυκον δὲ κατέχει λόγος ἀπολισθεῖν μὲν ἐξ ἅρματος ἐς [343] Ἱμέραν (ἐξ ἡμέρας cod.: corr. edd. recc.) ἀπὸ Κατάνης ὀχούμενον· συντριβείσης δὲ αὐτῶι τῆς χειρὸς συχνόν τινα χρόνον ἀπωιδὸν γενέσθαι, τὴν λύραν δὲ ἀναθεῖναι Ἀπόλλωνι.

Himer. *or*. lxix 38

ANACREON

293

[346]
```
        οὐδ...[.]σ.φ..α..[...]..[
        φοβερὰς δ' ἔχεις πρὸς ἄλλωι
    3   φρένας, ὦ καλλιπρό[σ]ωπε παίδ[ων·
        καί σε δοκεῖ μενε[...'].....[
        πυκινῶς ἔχουσα[
    6   ἀτιτάλλειν· σ[.].[....]...[
        τὰς ὑακιν[θίνας ἀρ]ούρας
        ἵ]να Κύπρις ἐκ λεπάδνων
    9   ....]'[.]α[ς κ]ατέδησεν ἵππους·
        ......]δ' ἐν μέσωι κατῆξας
        ......]ωι δι' ἄσσα πολλοὶ
   12   πολ]ιητέων φρένας ἐπτοέαται.
        λεωφ]όρε λεωφόρ' Ἡρο[τ]ίμη
```

P.Oxy. 2321 fr. 1

1 inter σ et φ fort. interpunctio   4 δοκέει Π   ]νοισι[, similia possis 8 εκ : sup. ε ut vid. ι scr.   13 Suda s.v. μυσάχνη, ἡ πόρνη παρὰ Ἀρχιλόχωι ... Ἀνακρέων δὲ πανδοσίαν καὶ λεωφόρον καὶ μανιόκηπον novi carminis init. ut vid.

294

[347]
```
        καὶ κ[όμη]ς, ἥ τοι κατ' ἁβρὸν
    2   ἐσκία[ζ]εν αὐχένα·
        νῦν δὲ δὴ σὺ μὲν στολοκρός,
        ἡ δ' ἐς αὐχμηρὰς πεσοῦσα
```

ANACREON

```
          χεῖρας ἀθρόη μέλαιναν
  6       ἐς κόνιν κατερρύη
          τλημον[.]ς τομῆι σιδήρου
          περιπεσο[ῦ]σ'· ἐγὼ δ' ἄσηισι
          τείρομαι· τί γάρ τις ἔρξηι
 10       μηδ' ὑπὲρ Θρήικης τυχών;
          οἰκτρὰ δὴ φρονεῖν ἀκού[
          τὴν ἀρίγνωτον γυναῖ[κα
          πολλάκις δὲ δὴ τόδ' εἰπ[εῖν
 14       δαίμον' αἰτιωμέ[ν]ην·
          ὤ]ς ἂν εὖ πάθοιμι, μῆτερ,
          εἴ] μ' ἀμείλιχον φέρουσα
          π]όντον ἐσβάλοις θυίοντα
 18       π]ορφ[υρ]έοισι κύμασι[
                ].[  ]..[]..[
```

P.Oxy. 2322 fr. 1

5 θροα[[ι]], nisi [[ν]] fuit   7 potius ν[ω]ς quam ν[ο]ς   10 .ρη[[ι]]-κης, ς ex ι corr.; fort. etiam ρ deletum   11 sunt qui opinentur carmen novum incipere   ἀκού[ω veri sim.   15 μητηρ, sscr. ε et fort. deleto altero η

Μελῶν ᾱ

295 (1 B. et D.)

γουνοῦμαί σ' ἐλαφηβόλε   [348]
ξανθὴ παῖ Διὸς ἀγρίων

ANACREON 295, 296, 297

δέσποιν' Ἄρτεμι θηρῶν·
ἧ κου νῦν ἐπὶ Ληθαίου
δίνηισι θρασυκαρδίων
ἀνδρῶν ἐσκατορᾶις πόλιν
χαίρουσ', οὐ γὰρ ἀνημέρους
ποιμαίνεις πολιήτας.

Heph. *Poem.* iv 8 κοινὸν δέ ἐστι κατὰ σχέσιν τὸ δύο ὑποπεπτωκός, καθάπερ τὸ πρῶτον Ἀνακρέοντος ἄισμα· γοῦν.—θηρῶν, καὶ τὰ ἐξῆς. κατὰ μὲν γὰρ τὴν νῦν ἔκδοσιν ὀκτάκωλός ἐστιν ἡ στροφὴ καὶ τὸ ἄισμά ἐστι μονοστροφικόν, δύναται δὲ καὶ ἑτέρως διαιρεῖσθαι εἴς τε τριάδα καὶ πεντάδα ἡ στροφή. ad haec schol. A p. 172 Consbr. γοῦν.—πολιήτας; Joh. Sicel. ap. *Rhet. Gr.* vi 128. 25 Walz γοῦν.—θρασυκ.; Anal. Gramm. Keil 10. 26 γοῦν.—θηρῶν; schol. Heph. p. 172 δεσπ.—θηρῶν +

4 ἧ κου: ἴκου codd. non nulli

296 (13ᵃ B., 15 D.)

[349]   οὗτος δηῦτ' Ἰηλυσίους
τίλλει τοὺς κυανάσπιδας.

Et. Gen. B p. 266 (Et. Mag. 713. 7) τίλλειν δὲ τὸ σκώπτειν, ὥς λέγει Ἀνακρέων ἐν τῶι πρώτωι· οὗτος διί τ' ἀλυσίοις τίλλει τοὺς κυνάσπιδας (οὗτος—'Ιηλ. om. Et. Mag.); Et. Gen. B p. 162 (Et. Mag. 463. 9) 'Ιηλυσίους τίλλει κάσπιδας

δηῦτ' et κυανάσπιδας Bergk

Μελῶν β

297 (41 B., 21 D.)

[352]   ⟨ὁ⟩ Μεγιστῆς δ' ὁ φιλόφρων δέκα δὴ μῆνες ἐπεί τε
στεφανοῦταί τε λύγωι καὶ τρύγα πίνει μελιηδέα.

Athen.[1] xv 671 E seq. διὰ τί παρὰ τῶι αὐτῶι ποιητῆι (sc. Ἀνακρέοντι) λύγωι τινὲς στεφανοῦνται; φησὶν γὰρ ἐν τῶι δευτέρωι τῶν μελῶν· Μεγιστῆς κτλ.; id.[2] 673 D Ἀνακρέων φησίν· Μεγιστῆς κτλ. +

1 ὁ suppl. Gaisford   ἐπεί τε Athen.[1]: ἐπειδὴ Athen.[2]

150

298 (16 B., 25 D.)

μυθιῆται [353]
δ' ἀνὰ νῆσον ὦ Μεγιστῆ
διέπουσιν ἱρὸν ἄστυ.

Schol. Hom. *Od.* 21. 71 Ἀνακρέων τοὺς ἐν τῆι Σάμωι ἁλιεῖς ὄντας στασιαστάς φησι· μυθ. κτλ., ἀντὶ τοῦ στασιασταί; Apoll. Soph. *lex.* p. 558; Eust. *Od.* 1901. 45 μυθ. κτλ.; Et. Gen. A p. 15 Reitz.; cf. Antig. Caryst. *mir.* cxx (132) ὁ τοὺς Σαμιακοὺς ὥρους συγγεγραφὼς ἐπὶ τῶν πρώτων κληθέντων μυθιητῶν τῶν περὶ 'Ηρόστρατον, ubi μαθητῶν cod., corr. Lobel +

2 ἀνὰ νῆσον Buttmann: ἀννήσω schol. Hom., ἐν νήσωι Eust.

299 (60 B., 23 D.)

καί μ' ἐπίβωτον [354]
κατὰ γείτονας ποήσεις.

Ammon. *de diff.* p. 43 Valck. Ἀνακρέων ἐν δευτέρωι· καί κτλ.; Et. Gud. 355. 30; Eust. *Od.* 1856. 12 +

1 ἐπίβωτον Eust.: -βόητον rell.

300 (63 B., 43 D.)

(a) ἄγε δὴ φέρ' ἡμὶν ὦ παῖ [356]
κελέβην, ὅκως ἄμυστιν
προπίω, τὰ μὲν δέκ' ἐγχέας
ὕδατος, τὰ πέντε δ' οἴνου
5 κυάθους ὡς ἂν †ὑβριστιῶς†
ἀνὰ δηῦτε βασσαρήσω.

Athen.[1] x 427 A seq. παρὰ δὲ Ἀνακρέοντι εἰς οἴνου πρὸς δύο ὕδατος· (a), καὶ προελθὼν τὴν ἀκρατοποσίαν Σκυθικὴν καλεῖ πόσιν· (b); id.[2] 475 C ἄγε—κυάθους, Eust. *Od.* 1476. 31, eadem

(a) 5–6 ὡς ἂν ὑβριστιῶσανα Athen.: ὡς ἀνυβρίστως ἀνά coni. Pauw, ὡς ἀνυβριστὶ ἀνά Baxter 6 δηῦτε Mehlhorn: δευτε Athen.

151

ANACREON

(b) ἄγε δηὖτε μηκέτ' οὕτω
πατάγωι τε κἀλαλητῶι
Σκυθικὴν πόσιν παρ' οἴνωι
μελετῶμεν, ἀλλὰ καλοῖς
ὑποπίνοντες ἐν ὕμνοις.

INCERTI LIBRI

301 (2 B. et D.)

[357]   ὦναξ, ὧι δαμάλης Ἔρως
καὶ Νύμφαι κυανώπιδες
πορφυρῆ τ' Ἀφροδίτη
συμπαίζουσιν, ἐπιστρέφεαι
δ' ὑψηλὰς ὀρέων κορυφάς·
γουνοῦμαί σε, σὺ δ' εὐμενὴς
ἔλθ' ἡμίν, κεχαρισμένης
δ' εὐχωλῆς ἐπακούειν·
Κλεοβούλωι δ' ἀγαθὸς γένεο
σύμβουλος, τὸν ἐμόν γ' ἔρω-
τ', ὦ Δεόνυσε, δέχεσθαι.

Dio Chrys. or. ii 62 ὁ Ἰώνων ποιητὴς Ἀνακρέων· ὦναξ κτλ. +

1 ὧι: ὦ codd.   3 πορφυρέη codd.   5 κορυφὰς ὀρέων coni. Barnes   7 κεχαρισμένος coni. Hecker   9 Κλευβ- codd.   γενεῦ codd.   10 γ' Kan: δ' codd.   11 Δεύν- codd.

302, 303, 304   ANACREON

302 (14 B., 5 D.)

σφαίρηι δηὖτέ με πορφυρῆι   [358]
βάλλων χρυσοκόμης Ἔρως
νήνι ποικιλοσαμβάλωι
συμπαίζειν προκαλεῖται·
5   ἡ δ', ἐστὶν γὰρ ἀπ' εὐκτίτου
Λέσβου, τὴν μὲν ἐμὴν κόμην,
λευκὴ γάρ, καταμέμφεται,
πρὸς δ' ἄλλην τινὰ χάσκει.

Athen. xiii 599 c Ἀνακρέοντος τάδε· σφαίρηι κτλ.; Et. Sorb. ap. Et. Mag. 448. 29 Gaisf. νήνι ποικιλόὕς ἀμβάλω

1 δηὖτέ Seidler: δεῦτέ Athen.   πορφυρῆι Barnes (-έηι): πορφυρενι Athen.   3 ποικιλοσαμβάλωι Seidler: ποικίλος λαμβάνω Athen.; Et. Sorb. ut supra   5 ἀπ' εὐκτίτου Barnes: ἀπευκτικοῦ Athen.

303 (3 B. et D.)

Κλεοβούλου μὲν ἔγωγ' ἐρέω,   [359]
Κλεοβούλωι δ' ἐπιμαίνομαι,
Κλεόβουλον δὲ διοσκέω.

Ps.-Hdn. π. σχημ. viii 599 seq. Walz, de polyptoto, παρὰ δὲ Ἀνακρέοντι ἐπὶ τριῶν· Κλ. κτλ.

1-3 Κλευβ- codd.   ἐρῶ codd.   3 διοσκέω Bergk: διοσκνέω codd. Parr., διὸς κνέων cod. Haun.

304 (4 B. et D.)

ὦ παῖ παρθένιον βλέπων   [360]
δίζημαί σε, σὺ δ' οὐ κλύεις,
οὐκ εἰδὼς ὅτι τῆς ἐμῆς
ψυχῆς ἡνιοχεύεις.

Athen. xiii 564 D ὁ δ' Ἀνακρέων τί φησίν; ὦ κτλ.

2 οὐ κλύεις Erfurdt: ου καιεις Athen., οὐκ άιεις cod. E; οὐ κοεῖς coni. Bergk

ANACREON

305 (8 B. et D.)

[361]
ἐγὼ δ' οὔτ' ἂν Ἀμαλθίης
βουλοίμην κέρας οὔτ' ἔτεα
πεντήκοντά τε κἀκατὸν
Ταρτησσοῦ βασιλεῦσαι.

Strabo iii 2. 14 Ἀνακρέοντα μὲν οὕτως εἰπεῖν· ἐγὼ κτλ.; cf. Plin. *n.h.* vii 154 Anacreon poeta Arganthonio Tartesiorum regi CL tribuit annos

1 δ' οὔτ' ἂν Casaubon: τ' ἂν οὔτ' codd.   2 οὔτ' ἔτεα Tyrwhitt: οὔτε τὰ codd.

306 (6 B. et D.)

[362]
μεὶς μὲν δὴ Ποσιδηίων
ἕστηκεν †νεφέλη δ' ὕδωρ
⟨   ⟩ βαρὺ δ' ἄγριοι
χειμῶνες κατάγουσι.†

Schol. T Hom. *Il.* 15. 192 Ἀττικοὶ τὸν περὶ χειμερίους τροπὰς μῆνα Ποσειδεῶνα καλοῦσιν. Ἀνακρέων· μεὶς κτλ.; Eust. *Il.* 1012. 1, eadem

1 Ποσειδ- codd.   2–4 schol. Hom. ut in textu, Eust. μεὶς ... ἕστηκε, νεφέλαι δ' ὕδατι βαρύνονται, ἄγριοι δὲ χειμῶνες πατάγουσι   νεφέλας δ' ὕδωρ | βαρύνει, Δία τ' ἄγριοι | χειμῶνες κατάγουσι coni. Bergk coll. Hor. *epod.* 13 init.

307 (9 B., 11 D.)

[363]
τί μὲν πέτεαι
συρίγγων κοϊλώτερα
στήθεα χρισάμενος μύρωι;

Athen. xv 687 E Ἀνακρέων λέγει που· τί κτλ., τὰ στήθη παρακελευόμενος μυροῦν

1 μὲν Page: μὴν Athen.   2 κοϊλώτερα Bergk: κοιλότερα Athen.

308 (5 B., 9 D.)

ἀλλ' ὦ τρὶς κεκορημένε [366]
Σμερδίη

Eust. *Od.* 1542. 47 ἀλλ' κτλ., παρὰ Ἀνακρέοντι, ἤγουν πολλάκις ἐκσεσαρωμένε; id. *Il.* 725. 35 +

2 Σμερδίηι Eust.

309 (21 B., 16 D.)

ξανθῆι δ' Εὐρυπύληι μέλει [372]
ὁ περιφόρητος Ἀρτέμων.

Athen. xii 533 E Χαμαιλέων . . . ἐν τῶι περὶ Ἀνακρέοντος προθεὶς τὸ ξανθῆι κτλ., τὴν προσηγορίαν ταύτην λαβεῖν τὸν Ἀρτέμωνα διὰ τὸ τρυφερῶς βιοῦντα περιφέρεσθαι ἐπὶ κλίνης +

310 (17 B., 69 D.)

ἠρίστησα μὲν ἰτρίου λεπτοῦ μικρὸν ἀποκλάς, [373]
οἴνου δ' ἐξέπιον κάδον· νῦν δ' ἁβρῶς ἐρόεσσαν
ψάλλω πηκτίδα τῆι φίληι κωμάζων †παιδὶ ἁβρῆι†.

Heph. *Ench.* x 4 sine auctoris nomine, ἠρίστ. κτλ.; Athen.[1] xi 472 E
Ἀνακρέοντος· ἠρίστ.—κάδον; id.[2] xiv 646 D, eadem; Pollux 10. 70 οἴνου—
κάδον, Apoll. Soph. *lex.* p. 846 οἴνου—κάδον +

1 λεπτοῦ μικρὸν Heph.: λεπτὸν Athen.[1, 2]   3 παιδὶ ἁβρῆι Heph.
codd. AI, ποδὶ ἁβρῆ cod. H; nomen proprium latere censent edd.

311 (20 B., 18 D.)

[375]
      τίς ἐρασμίην
τρέψας θυμὸν ἐς ἥβην τερένων ἡμιόπων ὑπ' αὐλῶν
ὀρχεῖται;

Athen. iv 177 A seq. τοὺς ἡμιόπους καλουμένους, περὶ ὧν φησιν Ἀνακρέων· τίς κτλ.

2 τρέψας codd. recc.: θρέψ- Athen. ἐς ἥβην Mehlhorn: ἐσέβην Athen. τερένων ἡμιόπων Casaubon: τέρεν ὡς ἡμίοπον Athen.

312 (19 B., 17 D.)

[376]
  ἀρθεὶς δηὖτ' ἀπὸ Λευκάδος
πέτρης ἐς πολιὸν κῦμα κολυμβῶ μεθύων ἔρωτι.

Heph. *Poem.* vii 2 παρὰ Ἀνακρέοντι· ἀρθ. κτλ.; Philostr. *imag.* i 15 μεθύων ἔρωτι φησὶ... ὁ Τήιος +

313 (24 B., 52 D.)

[378]
  ἀναπέτομαι δὴ πρὸς Ὄλυμπον πτερύγεσσι κούφηις
διὰ τὸν Ἔρωτ'· οὐ γὰρ ἐμοὶ ⟨– ∪⟩ θέλει συνηβᾶν.

Schol. Ar. *Av.* 1372 παρὰ τὰ Ἀνακρέοντος· ἀναπ. κτλ.; Heph. *Ench.* ix 3 ἀναπ.—κούφ. +

1 κούφαις codd. 2 ⟨παῖς ἐ⟩θέλει Porson

314 (33 B., 59 D.)

[384]
    οὐδ' ἀργυρῆ κω τότ' ἔλαμπε Πειθώ.

Schol. Pind. *Isthm.* ii 13 Ἀνακρέων εἴρηκε...· οὐδ' κτλ.

ἀργυρῆ: -ρέα et -ρέους codd. κω τότ' Bergk: κ῀ κότε cod. B, πώποτε cod. D Πειθώ Barnes: πυθώ codd.

315, 316, 317, 318   ANACREON

315 (23 B., 73 D.)

ἐκ ποταμοῦ 'πανέρχομαι πάντα φέρουσα λαμπρά.   [385]

Heph. *Ench.* ix 3 παρὰ μὲν Ἀνακρέοντι· ἐκ κτλ. +

316 (22 B., 72 D.)

Σίμαλον εἶδον ἐν χορῶι πηκτίδ' ἔχοντα καλήν.   [386]

Heph. *Ench.* xv 22 ὅμοιον Ἀνακρεοντείωι τῶιδε· Σίμ. κτλ.

317 (30 B., 71 D.)

τὸν μυροποιὸν ἠρόμην Στράττιν εἰ κομήσει.   [387]

Heph. *Ench.* xv 20 Ἀνακρέων...· τὸν κτλ.; Pollux vii 177 μυροποιός· οὕτω δὲ Ἀνακρέων

μυρο- Pollux: λυρο- Heph.

318 (21 B., 54 D.)

πρὶν μὲν ἔχων βερβέριον, καλύμματ' ἐσφηκωμένα,   [388]
καὶ ξυλίνους ἀστραγάλους ἐν ὠσὶ καὶ ψιλὸν περὶ
3 πλευρῆισι ⟨–⏑–⟩ βοός,
νήπλυτον εἴλυμα κακῆς ἀσπίδος, ἀρτοπώλισιν
κἀθελοπόρνοισιν ὁμιλέων ὁ πονηρὸς Ἀρτέμων,
6 κίβδηλον εὑρίσκων βίον,

Athen. xii 533 F καὶ γὰρ Ἀνακρέων αὐτὸν (sc. τὸν Ἀρτέμωνα) ἐκ πενίας εἰς τρυφὴν ὁρμῆσαί φησιν ἐν τούτοις· πρὶν κτλ.

2 ἀστραγάλας exspectasses   3 procul dubio δέρμ' et verbum, ἤιει vel sim., supplendum (Bergk)   4 νεόπλουτον Athen. A, νεόπλυτον E, corr. Schoemann   5 ὁ πονηρὸς ὁ Ἀρτ. A (om. E), corr. Musurus

157

ANACREON 318, 319, 320, 321

πολλὰ μὲν ἐν δουρὶ τιθεὶς αὐχένα, πολλὰ δ' ἐν τροχῶι,
πολλὰ δὲ νῶτον σκυτίνηι μάστιγι θωμιχθείς, κόμην
9   πώγωνά τ' ἐκτετιλμένος·
νῦν δ' ἐπιβαίνει σατινέων χρύσεα φορέων καθέρματα
†παῖς Κύκης† καὶ σκιαδίσκην ἐλεφαντίνην φορεῖ
12 γυναιξὶν αὔτως ⟨– ∪ –⟩.

---

7 δεθείς coni. Hemsterhuys et Cobet   8 δ' ἐν ὤτω σκυτίνω Athen. :
δὲ νῶτα σκυτίνηι Elmsley, mox νῶτον Bergk   10 φαρέων Athen.,
corr. nescio quis primus (φορ- iam Ursinus et Stephanus)   fort.
κατέρμ- scribendum   11 init. non intellegitur; παῖς ὁ Κ. coni.
Hermann   12 fin. ἐμφερής suppl. Schoemann

319 (72 B., 67 D.)

[391]   νῦν δ' ἀπὸ μὲν στέφανος πόλεως ὄλωλεν.

Schol. Pind. Ol. viii 42 στέφανος γὰρ ὥσπερ τῶν πόλεων τὰ τείχη. καὶ
Ἀνακρέων· νῦν κτλ.

στέφ. πόλ. Bergk : πολ. στέφ. codd.

320 (70 B., 74 D.)

[393]   ὀρσόλοπος μὲν Ἄρης φιλεῖ μεναίχμην.

Heph. Ench. xv 10 Ἀνακρέων (ἐγκωμιολογικῶι κέχρηται) ἐν πλείοσιν
ᾄσμασιν· ὀρσ. κτλ.

φιλέει codd.   μεναίχμην Dorville : μὲν αἰχμάν codd.

321 (67–68 B., 61–62 D.)

[394]   (a)   ἡδυμελὲς χαρίεσσα χελιδοῖ
         (b)   μνᾶται δηῦτε φαλακρὸς Ἄλεξις.

Heph. Ench. vii 2 Ἀνακρέων τούτωι τῶι μέτρωι καὶ ὅλα ᾄσματα συνέθη-
κεν· (a), καὶ (b) +

322 (43 B., 44 D.)

πολιοὶ μὲν ἡμὶν ἤδη [395]
κρόταφοι κάρη τε λευκόν,
χαρίεσσα δ' οὐκέτ' ἥβη
πάρα, γηραλέοι δ' ὀδόντες,
5 γλυκεροῦ δ' οὐκέτι πολλὸς
βιότου χρόνος λέλειπται·
διὰ ταῦτ' ἀνασταλύζω
θαμὰ Τάρταρον δεδοικώς·
Ἀίδεω γάρ ἐστι δεινὸς
10 μυχός, ἀργαλῆ δ' ἐς αὐτὸν
κάτοδος· καὶ γὰρ ἑτοῖμον
καταβάντι μὴ ἀναβῆναι.

Stob. ecl. iv 51. 12 Ἀνακρέοντος· πολ. κτλ.   2 τε Bergk: δὲ codd.

323 (62 B., 27 D.)

φέρ' ὕδωρ φέρ' οἶνον ὦ παῖ φέρε ⟨δ'⟩ ἀνθεμόεντας ἡμὶν [396]
στεφάνους ἔνεικον, ὡς δὴ πρὸς Ἔρωτα πυκταλίζω.

Athen. xi 782 A Ἀνακρέων· φέρ' ὕδωρ κτλ.; Et Gen. B p. 115, Eust. Il. 1322. 53 et Orion 62. 30 ὡς—πυκταλίζω +

1 δ' suppl. Casaubon   -εῦντας ἡμῖν codd.   2 ὡς δὴ Orion: ὡς ἤδη Et. Gen., ὡς μὴ Athen., Eust.; ὡς ἂν Dobree

324 (39 B., 33 D.)

πλεκτὰς [397]
δ' ὑποθυμίδας περὶ στήθεσι λωτίνας ἔθεντο.

Athen. xv 674 c Ἀνακρέων· πλεκτὰς κτλ. +

ὑποθυμίδας Dindorf: -μιάδας Athen.

ANACREON

325 (46 B., 34 D.)

[398]
ἀστραγάλαι δ' Ἔρωτός εἰσιν
μανίαι τε καὶ κυδοιμοί.

Schol. A Hom. *Il.* 23. 88 ἀστ. κτλ., Ἀνακρέων

εἰσὶ et κυδοίμοιο cod.

326 (59 B., 35 D.)

[399]
ἐκδῦσα κιθῶνα δωριάζειν

Schol. Eur. *Hec.* 934 δωριάζειν τὸ γυμνουμένας φαίνεσθαι τὰς γυναῖκας. Ἀνακρέων· ἐκδῦσα κτλ. +

χιτῶνα codd.

327 (51 B., 39 D.)

[408]
ἀγανῶς οἷά τε νεβρὸν νεοθηλέα
γαλαθηνὸν ὅς τ' ἐν ὕληι κεροέσσης
ἀπολειφθεὶς ἀπὸ μητρὸς ἐπτοήθη.

Aelian. *n.a.* vii 39 ὅσοι λέγουσι θῆλυν ἔλαφον κέρατα οὐ φύειν, οὐκ αἰδοῦνται τοὺς τοῦ ἐναντίου μάρτυρας· ... Ἀνακρέων ἐπὶ θηλείας φησίν· οἷά τε κτλ.; Athen. ix 396 D οἷά τε κτλ.; schol. Pind. *Ol.* iii 52 ἀγανῶς κτλ., Ζηνόδοτος δὲ μετεποίησεν ἐροέσσης διὰ τὸ ἱστορεῖσθαι τὰς θηλείας κέρατα μὴ ἔχειν; Eust. *Il.* 711. 34 οἷά τε—γαλαθ.; cf. Polluc. v 76

1 ἀγανῶς schol. Pind. tantum   2 ὕλαις schol. Pind.   ἐροέσσης Zenodotus   3 ἀπολειφθεὶς Athen.: ὑπολειφθεὶς vel ὑποληφθεὶς Aelian., schol. Pind.   ὑπὸ μητρὸς Aelian., schol. Pind.

328 (54 B., 37 D.)

ἐπὶ δ' ὀφρύσιν σελίνων στεφανίσκους [410]
θέμενοι θάλειαν ἑορτὴν ἀγάγωμεν
Διονύσωι.

Athen. xv 674 c Ἀνακρέων ἔφη· ἐπὶ κτλ.; schol. Pind. Ol. iii 19 ἐπὶ—θέμενοι; Eust. Od. 1908. 55 ἐπὶ—ἀγάγωμεν

2-3 inter ἀγάγ. et Διον. aliquid intercidisse coni. Kehrhahn

329 (50+55 B., 42+48 D.)

(a) ἀπό μοι θανεῖν γένοιτ'· οὐ γὰρ ἂν ἄλλη [411]
λύσις ἐκ πόνων γένοιτ' οὐδάμα τῶνδε.

(b) Διονύσου σαῦλαι Βασσαρίδες

Heph. Ench. xii 4 παρὰ δὲ Ἀνακρέοντι· (a) ... (b) +
(a) 1 ἄλληι coni. Maas

330 (56 B., 49 D.)

οὐ δηὖτέ μ' ἐάσεις μεθύοντ' οἴκαδ' ἀπελθεῖν. [412]

Schol. Aesch. PV 128 ὁ ῥυθμὸς Ἀνακρεόντειός ἐστι κεκλασμένος πρὸς τὸ θρηνητικόν· ... ἔστι δὲ ταῦτα ὅμοια τῶι· οὐ κτλ.

δηὖτε Page: δ' αὖ schol.

331 (47 B., 45 D.)

μεγάλωι δηὖτέ μ' Ἔρως ἔκοψεν ὥστε χαλκεὺς [413]
πελέκει, χειμερίηι δ' ἔλουσεν ἐν χαράδρηι.

Heph. Ench. xii 4 τῶι βραχυκαταλήκτωι δὲ Ἀνακρέων ὅλα ἄισματα συνέθηκεν

ANACREON

332 (48 B., 46 D.)

[414] ἀπέκειρας δ' ἀπαλῆς κόμης ἄμωμον ἄνθος.

Stob. *ecl.* iv 21. 24 γελοῖος ἂν φανείη ὁ Ἀνακρέων καὶ μικρολόγος τῶι παιδὶ μεμφόμενος ὅτι τῆς κόμης ἀπεκείρατο, λέγων ταῦτα· ἀπέκ. κτλ.; cf. Athen. xii 540 D, Aelian. *v.h.* ix 4

333 (53 B., 41 D.)

[415] Σικελὸν κότταβον ἀγκύληι †δαΐζων†

Athen. x 427 D Ἀνακρέων ὁ Τήιος πεποίηκε· Σικ. κτλ.

Σικελὸν anon.: Σικελικόν Athen.   fort. ἀγκύληισι (Page) παίζων (Ursinus)

334 (74 B., 65 D.)

[416]   ἐγὼ δὲ μισέω
πάντας ὅσοι χθονίους ἔχουσι ῥυσμοὺς
καὶ χαλεπούς· μεμάθηκά σ', ὦ Μεγιστῆ,
τῶν ἀβακιζομένων.

Et. Mag. 2. 48, Et. Sym. ibid. Gaisf. ἀβακίζω. φησὶν Ἀνακρέων· ἐγὼ κτλ. +

2 ὅσοι Bergk: οἱ codd.   ῥυθμοὺς codd.   3 μεμαθήκασιν ὡς μεγίστη codd., corr. ·Hemsterhuys, Bergk

335 (75 B., 88 D.)

πῶλε Θρηικίη, τί δή με [417]
λοξὸν ὄμμασι βλέπουσα
νηλέως φεύγεις, δοκεῖς δέ
μ' οὐδὲν εἰδέναι σοφόν;
ἴσθι τοι, καλῶς μὲν ἄν τοι
τὸν χαλινὸν ἐμβάλοιμι,
ἡνίας δ' ἔχων στρέφοιμί
σ' ἀμφὶ τέρματα δρόμου·
νῦν δὲ λειμῶνάς τε βόσκεαι
κοῦφά τε σκιρτῶσα παίζεις,
δεξιὸν γὰρ ἱπποπείρην
οὐκ ἔχεις ἐπεμβάτην.

Heracl. *quaest. Hom.* 5 Ἀνακρέων ἑταιρικὸν φρόνημα καὶ σοβαρᾶς γυναικὸς ὑπερηφανίαν ὀνειδίζων τὸν ἐν αὐτῆι σκιρτῶντα νοῦν ὡς ἵππον ἠλληγόρησεν οὕτω λέγων· πῶλε κτλ.

2 δοκέεις codd.   4 στρέφοιμί σ' Bergk: στρέφοιμ' codd.   6 ἔχεις Stephanus: ἕξεις codd.

336 (76 B., 91 D.)

κλῦθί μεο γέροντος εὐέθειρα χρυσόπεπλε κούρα. [418]

Heph. *Ench.* vi 4 Ἀνακρέοντος· +schol.

μευ codd.   εὐέθειρε coni. Bergk

337 (114 B., 90 D.)

ἀλκίμων σ' ὦ 'ριστοκλείδη πρῶτον οἰκτίρω φίλων· [419]
ὤλεσας δ' ἥβην ἀμύνων πατρίδος δουληίην.

Anth. Pal. xiii 4 Ἀνακρέοντος· ἀλκ. κτλ.

δουληίην Salmasius: -λείην cod.

338 (77 B., 89 D.)

[420]   εὑτέ μοι λευκαὶ μελαίνηισ' ἀναμεμείξονται τρίχες

Iulian. *misop.* 366 B εὑτέ κτλ., ὁ Τήιος ἔφη ποιητής

μελαίναις codd.

339 (90 B., 80 D.)

[427]   μηδ' ὥστε κῦμα πόντιον
          λάλαζε, τῆι πολυκρότηι
          σὺν Γαστροδώρωι καταχύδην
          πίνουσα τὴν ἐπίστιον.

Athen. x 446 F ἡ παρ' Ἀνακρέοντι καλουμένη ἐπίστιος· φησὶ γὰρ ὁ μελοποιός· μηδ' κτλ.

340 (89 B., 79 D.)

[428]   ἐρέω τε δηὖτε κοὐκ ἐρέω
          καὶ μαίνομαι κοὐ μαίνομαι.

Heph. *Ench.* v. 2 ἀκατάληκτα ... δίμετρα οἷον τὰ Ἀνακρεόντεια ὅλα ᾄσματα γέγραπται; schol. Ar. *Plut.* 253 (2) +

ἐρῶ utroque loco codd.

341 (88 B., 78 D.)

[431]   κοὐ μοκλὸν ἐν θύρηισι διξῆισιν βαλὼν
          ἥσυχος κατεύδει.

Zonar. *lex.* 1512 μοχλὸν ἐν τῶι χ̄ καὶ Ἀττικοὶ καὶ Δωριεῖς καὶ Ἴωνες πλὴν Ἀνακρέοντος, οὗτος δὲ μόνος σχεδὸν τὸ κ̄ ... κοὐ κτλ.

1 καὶ οὐ, οὔρηισι, δίζησι Zonar., corr. Bergk

342 (87 B., 77 D.)

κνυζή τις ἤδη καὶ πέπειρα γίνομαι [432]
σὴν διὰ μαργοσύνην.

Et. Gen. p. 190+Et. Mag. 523. 4 γίνεται κνύζα, ὡς παρὰ Ἀνακρέοντι ἐν ἰάμβωι· κνυζή κτλ.; Eust. *Od.* 1746. 13, eadem

1 κνύζη Et. Mag., Eust. (κνίζη): -ζει Et. Gen.   γίνομαι Et. Gen., Eust.: γενομένη Et. Mag.

343 (83 B., 76 D.)

στεφάνους δ' ἀνὴρ τρεῖς ἕκαστος εἶχεν, [434]
τοὺς μὲν ῥοδίνους, τὸν δὲ Ναυκρατίτην.

Athen. xv 671 D τίς ἐστιν ὁ παρὰ ... Ἀνακρέοντι Ναυκρατίτης στέφανος ...; φησὶν γὰρ οὕτως ὁ μελιχρὸς ποιητής· στεφ. κτλ.; cf. Polluc. vi 107, Hesych. s.v. Ναυκρ. στέφ.

1 στεφάνους Musurus: στεφάνου ὁ Athen.; fort. ἀνὴρ στεφάνους
2 'Ροδίους coni. Kalinka

344

ἦν Πολυκράτης ἔφηβος, ὁ δὲ Πολυκράτης οὗτος οὐ βασιλεὺς [491]
Σάμου μόνον, ἀλλὰ καὶ τῆς Ἑλληνικῆς ἁπάσης θαλάσσης, ἀφ' ἧς
γαῖα ὁρίζεται. ὁ δὴ γοῦν τῆς Ῥόδου Πολυκράτης ἤρα μουσικῆς
καὶ μελῶν, καὶ τὸν πατέρα ἔπειθε συμπρᾶξαι αὐτῶι πρὸς τὸν τῆς
μουσικῆς ἔρωτα. ὁ δὲ Ἀνακρέοντα τὸν μελοποιὸν μεταπεμψά-
μενος δίδωσι τῶι παιδὶ τοῦτον τῆς ἐπιθυμίας διδάσκαλον, ὑφ' ὧι
τὴν βασιλικὴν ἀρετὴν ὁ παῖς διὰ τῆς λύρας πονῶν τὴν Ὁμηρικὴν
ἔμελλε πληρώσειν εὐχὴν τῶι πατρὶ Πολυκράτης (cod. Neap.:
-κράτει cod. Rom.) πάντων (cod. Neap.: πάντα cod. Rom.)
κρείσσων ἐσόμενος.

Himer. *or.* xxix 22

345

[495] ἥ τε γὰρ πατρώια ὑμῖν οἰκία, ἡ Κριτίου τοῦ Δρωπίδου, καὶ ὑπὸ Ἀνακρέοντος καὶ ὑπὸ Σόλωνος καὶ ὑπ' ἄλλων πολλῶν ποιητῶν ἐγκεκωμιασμένη παραδέδοται ἡμῖν ὡς διαφέρουσα κάλλει τε καὶ ἀρετῆι κτλ.

Plato *Charm.* 157 E

SIMONIDES

ΕΠΙΝΙΚΟΙ ΔΡΟΜΕΣΙ

346 (10 B., 21 D.)

Ἀστύλωι Κροτωνιάτηι ἢ Συρακοσίωι

[506]
τίς δὴ τῶν νῦν τοσάδ' ἢ πετάλοισι μύρτων
ἢ στεφάνοισι ῥόδων ἀνεδήσατο,
νικ⟨άσ⟩αις ἐν ἀγῶνι περικτιόνων;

Phot. *lex.* s.v. περιαγειρόμενοι· Σιμωνίδης περὶ Ἀστύλου φησὶν οὕτως· τίς κτλ.; Suda iv 90 Adler, fere eadem; Didymus ap. Miller *Mélanges* 403 τίς—στεφάνοις περικτ. †

1 τοσάδ' ἢ Page: τοσάδε Phot., Suda, τόσας δὴ Didym.   3 νικάσαις Page: νίκας codd.

⟨ΕΠΙΝΙΚΟΙ ΠΑΛΗΙ⟩

347 (13 B., 22 D.)

[507]
ἐπέξαθ' ὁ Κριὸς οὐκ ἀεικέως
ἐλθὼν ἐς εὔδενδρον ἀγλαὸν Διὸς
τέμενος.

Ar. Nub. 1355 seq. cum scholl. RV ἀρχὴ ὠιδῆς εἰς Κριὸν τὸν Αἰγινήτην· ἐπέξ.—ἀεικ.; scholl. LB Har. 5 τοῦτο τὸ μέλος Σιμωνίδου ἐξ ἐπινίκου· ἐπέξ.—ἀεικ.· ἦν δὲ παλαιστὴς Αἰγινήτης. ἄλλως· ... ὁ ποιητὴς λέγων· ἐπέξ.—τέμενος

2 εὔδενδρον Dobree: εἰς δέν- codd.

ΕΠΙΝΙΚΟΙ ΠΕΝΤΑΘΛΟΙΣ

348 (12 B., 20 D.)

    ὡς ὁπόταν [508]
χειμέριον κατὰ μῆνα πινύσκηι
Ζεὺς ἤματα τέσσερα καὶ δέκα,
λαθάνεμον δέ μιν ὥραν
5 καλέουσιν ἐπιχθόνιοι
ἱερὰν παιδοτρόφον ποικίλας
ἀλκυόνος.

Aristot. h.a. 542^b 4 ἀλκυονίδες ἡμέραι ἑπτὰ μὲν πρὸ τροπῶν, ἑπτὰ δὲ μετὰ τροπάς, καθάπερ καὶ Σιμωνίδης ἐποίησεν· ὡς κτλ.; Phot. lex. p. 77 Reitz. Σιμωνίδης γὰρ ἐν Πεντάθλοις ιδ' φησὶν αὐτάς +

1-2 fort. ὅτε ... πινύσκει (hoc Ar. cod. A^a) 4 δέ Schneidewin : τέ codd.

⟨ΕΠΙΝΙΚΟΙ ΠΥΚΤΑΙΣ⟩

349 (8 B., 23 D.)

Γλαύκωι Καρυστίωι

ἀλλὰ πῶς ἐπήινεσε ποιητὴς εὐδόκιμος τὸν Γλαῦκον, οὐδὲ Πολυ- [509]
δεύκεος βίαν φήσας ἀνατείνασθαι ἂν αὐτῶι ἐναντίας τὰς χεῖρας
οὐδὲ σιδάρεον Ἀλκμάνας τέκος; ὁρᾶις, ὁποίοις αὐτὸν θεοῖς εἴκασε;
μᾶλλον δὲ καὶ αὐτῶν ἐκείνων ἀμείνω ἀπέφηνε. καὶ οὔτε αὐτὸς ὁ
Γλαῦκος ἠγανάκτησε τοῖς ἐφόροις τῶν ἀθλητῶν θεοῖς ἀντεπαι-
νούμενος οὔτε ἐκεῖνοι ἠμύναντο ἢ τὸν Γλαῦκον ἢ τὸν ποιητὴν ὡς
ἀσεβοῦντα περὶ τὸν ἔπαινον, ἀλλὰ εὐδοκίμουν ἄμφω καὶ ἐτιμῶντο
ὑπὸ τῶν Ἑλλήνων, ὁ μὲν ἐπὶ τῆι ἀλκῆι ὁ Γλαῦκος, ὁ δὲ ποιητὴς
ἐπί τε τοῖς ἄλλοις καὶ ἐπ' αὐτῶι τούτωι μάλιστα τῶι ἄισματι.

Lucian. imag. 19, unde poetae verba ita fere restituunt edd.:
    οὐδὲ Πολυδεύκεος βία
    χεῖρας ἀντείναιτό κ' ἐναντίον αὐτῶι,
    οὐδὲ σιδάρεον Ἀλκμάνας τέκος.

350 (p. 389 adnot. B.)

[510] gratiamque habeo Simonidi illi Ceo, quem primum ferunt artem memoriae protulisse. dicunt enim, cum cenaret Crannone in Thessalia Simonides apud Scopam fortunatum hominem et nobilem cecinissetque id carmen quod in eum scripsisset, in quo multa ornandi causa poetarum more in Castorem scripta et Pollucem fuissent, nimis illum sordide Simonidi dixisse se dimidium eius ei, quod pactus esset, pro illo carmine daturum; reliquum a suis Tyndaridis quos aeque laudasset peteret si ei videretur. paulo post esse ferunt nuntiatum Simonidi ut prodiret; iuvenes stare ad ianuam duo quosdam, qui eum magno opere evocarent; surrexisse illum, prodisse, vidisse neminem. hoc interim spatio conclave illud ubi epularetur Scopas concidisse; ea ruina ipsum cum cognatis oppressum suis interisse: quos cum humare vellent sui neque possent obtritos internoscere ullo modo, Simonides dicitur ex eo, quod meminisset quo eorum loco quisque cubuisset, demonstrator unius cuiusque sepeliendi fuisse; hac tum re admonitus invenisse fertur ordinem esse maxime qui memoriae lumen adferret.

Cic. *de orat.* ii 86; idem carmen ἐπίνικον πύκτηι fuisse testatur Quintil. *inst.* xi 2. 11, *cum pugili coronato carmen ... scripsisset* +

⟨ΕΠΙΝΙΚΟΙ ΙΠΠΟΙΣ:⟩ ΚΕΛΗΤΙ

351

Κέλητι [511]
τοῖς Αἰατίου παισίν.

(a)   ]α Κρόνοιο παῖς ἐρικυδ[ής
      ] Αἰατίου γενεάν
5   ]ται καὶ χρυσοφ[όρ]μι[γξ
      Ἀπόλλων ἑκαταβόλο[ς
      σαμαίνει λιπαρά τε Πυθ[ώ
      .θ' ἱπποδρ[..]..
      .].σε.[.]νν[......]..[

(b)   ].[
                 ]
              ].κολπο[
         ]στασ[.]αν
5   βασιλῆα [τ]ελεσφόρον
      ἀμφικ[..]νων ἔχρησαν
      .υριδαν.μαδεγεν..ο σὺν ὄλβω[ι
      Θεσσαλῶν καὶ παντὶ δάμωι

P.Oxy. 2431 fr. 1

(a) 3 οὐρανίδ]α vel εὐρυόπ]α e.p.   8 αἴ θ' ἱπποδρ[ο]μι- possis
(b) 3 pro κολπο, etiam κεληθ legere possis   6 ἀμφικ[τιό]νων veri sim.

352 (16 B. et D.)

κονία δὲ παρὰ τροχὸν μεταμώνιος ἠέρθη. [516]

Schol. Ar. Pac. 117 Σιμωνίδου οὕτως εἰπόντος· κονία κτλ.

---

fort. ἠέρθη μεταμώνιος

353 (17 B. et D.)

[517]   μὴ βάληι φοίνικας ἐκ χειρῶν ἱμάντας

Plut. virt. moral. 6 μὴ κτλ., κατὰ Σιμωνίδην

⟨ΘΡΗΝΟΙ?⟩

354 (39 B., 9 D.)

[520]   ἀνθρώπων ὀλίγον μὲν
κάρτος, ἄπρακτοι δὲ μεληδόνες,
αἰῶνι δ' ἐν παύρωι πόνος ἀμφὶ πόνωι·
ὁ δ' ἄφυκτος ὁμῶς ἐπικρέμαται θάνατος·
5   κείνου γὰρ ἴσον λάχον μέρος οἵ τ' ἀγαθοί
ὅστις τε κακός.

Plut. consol. Apoll. 11 Σιμωνίδης ἀνθρώπων, φησίν, ὀλίγον κτλ.

3 δ' ἐν Pflugk : δὲ codd.

355 (32 B., 6 D.)

[521]   ἄνθρωπος ἐὼν μή ποτε φάσηις ὅ τι γίνεται ⟦αὔριον⟧,
μηδ' ἄνδρα ἰδὼν ὄλβιον ὅσσον χρόνον ἔσσεται·
ὠκεῖα γὰρ οὐδὲ τανυπτερύγου μυίας
οὕτως ἁ μετάστασις.

Stob.[1] ecl. iv 41. 9 Σιμωνίδου Θρήνων· ἄνθρ. κτλ.; id.[2] iv 41. 62 ἄνθρ.—ἔσσεται; P.Oxy. 1087 i 30 Σιμωνίδης· ὠκεῖα—μυίας

1 φήσ- codd.   αὔριον om. Stob.[2]   4 fort. ὧδ' ἁ vel οὕτω μετανάστασις

356 (38 B., 8 D.)

πάντα γὰρ μίαν ἱκνεῖται δασπλῆτα Χάρυβδιν, [522]
αἱ μεγάλαι τ' ἀρεταὶ καὶ ὁ πλοῦτος.

Stob. *ecl.* iv 51. 5 Σιμωνίδου· πάντα κτλ.

1 fort. γὰρ ⟨ἐς⟩

357 (36 B., 7 D.)

†οὐδὲ γὰρ οἳ πρότερόν ποτ' ἐπέλοντο, [523]
θεῶν δ' ἐξ ἀνάκτων ἐγένονθ' υἷες ἡμίθεοι,
ἄπονον οὐδ' ἄφθιτον οὐδ' ἀκίνδυνον βίον
ἐς γῆρας ἐξίκοντο τελέσαντες.†

Stob. *ecl.* iv 34. 14 Σιμωνίδου Θρήνων· οὐδὲ κτλ.

358 (65 B., 12 D.)

ὁ δ' αὖ θάνατος κίχε καὶ τὸν φυγόμαχον. [524]

Stob. *ecl.* iv 51. 7 Σιμωνίδου· ὁ κτλ.

κίχε καὶ Bergk : ἔκιχε καὶ cod. S, ἔκιχε τε cod. A   καὶ φυγαίχμαν coni. Garrod

359 (34 B.)

ποῖος ταῦτα Σιμωνίδης θρηνήσει, τίς Πίνδαρος ποῖον μέλος ἢ [528]
λόγον τοιοῦτον ἐξευρών; τίς χορὸς (Στησίχορος coni. Taylor)
ἄξιον φθέγξεται τοιούτου πάθους; ποία δὲ Δύσηρις Θετταλὴ
τοσοῦτο πένθος ἐπένθησεν ἐπ' Ἀντιόχωι τελευτήσαντι;

Aristeid. *or.* xxxi 2

SIMONIDES 359, 360, 361

πολλοὶ ἐν Ἀντιόχοιο δόμοις· ἀντὶ τοῦ ἄγαν πλούσιοι, ὥστε πολλοῖς παρέχειν τὴν τροφήν. ἀλλ' οὐδὲν ἤνυσεν ὁ πλοῦτος αὐτῶν πρὸς τὴν νῦν δόξαν, εἰ μὴ ὑπὸ Σιμωνίδου ὑμνήθησαν. . . . ὁ δὲ Ἀντίοχος Ἐχεκρατίδου καὶ Δυσήριδος υἱὸς ἦν, ὥς φησι Σιμωνίδης.

Schol. Theocr. xvi 34-35

360 (33 B.)

[529] οἱ δὲ Σκοπάδαι Κραννώνιοι τὸ γένος. Κραννὼν δὲ πόλις Θεσσαλίας, ὅθεν Σκόπας ὁ Κραννώνιος Κρέοντος καὶ Ἐχεκρατείας υἱός. καὶ Σιμωνίδης ἐν Θρήνοις. Σκοπάδαι οὖν οἱ Θεσσαλοὶ κτλ. ibid. 44 ὁ Κήιος· τὸν Σιμωνίδην φησί, παρόσον αὐτὸς τοῖς προειρημένοις ἐνδόξοις ἀνδράσι τῶν Θεσσαλῶν ἐπινικίους ἔγραψε καὶ θρήνους.

Schol. Theocr. xvi 36-37

361 (35 B.)

[530] Ταμύναι· Αἰσχίνης κατὰ Κτησιφῶντος (§ 88). πόλις ἐστὶν ἐν Εὐβοίαι ἐν τῆι χώραι τῆι Ἐρετριέων αἱ Ταμύναι, ἔνθα καὶ ἱερὸν Ἀπόλλωνος, ὥς οἵ τε τὰ Εὐβοϊκὰ γράψαντες μαρτυροῦσι καὶ Σιμωνίδης ἐν τῶι εἰς Λυσίμαχον τὸν Ἐρετριέα θρήνωι.

Harpocrat. s.v.

362 (4 B., 5 D.)

τῶν ἐν Θερμοπύλαις θανόντων [531]
εὐκλεὴς μὲν ἁ τύχα, καλὸς δ' ὁ πότμος,
βωμὸς δ' ὁ τάφος, πρὸ γόων δὲ μνᾶστις, ὁ δ' οἶκτος ἔπαινος·
ἐντάφιον δὲ τοιοῦτον οὔτ' εὐρὼς
5 οὔθ' ὁ πανδαμάτωρ ἀμαυρώσει χρόνος.
ἀνδρῶν ἀγαθῶν ὅδε σηκὸς οἰκέταν εὐδοξίαν
Ἑλλάδος εἵλετο· μαρτυρεῖ δὲ καὶ Λεωνίδας,
Σπάρτας βασιλεύς, ἀρετᾶς μέγαν λελοιπὼς
κόσμον ἀέναόν τε κλέος.

Diod. Sic. xi 11. 6 ὧν γέγονε καὶ Σιμωνίδης ὁ μελοποιὸς ἄξιον τῆς
ἀρετῆς αὐτῶν ποιήσας ἐγκώμιον, ἐν ὧι λέγει· τῶν κτλ.; Arsen. p. 342
Walz, eadem

1 -πύλαισι codd. recc.   3 πρὸ γόων Ilgen, Eichstädt: προγόνων
codd.   οἶκτος Jacobs: οἶτος codd.   4–5 fort. οὔτ' ἂν εὐρὼς ...
ἀμαυρώσαι, et πανδμάτωρ (Wilamowitz)   7 εἵλατο codd.   καὶ
Arsen.: om. Diod.   8 Σπάρτας Bergk: ὁ Σπ. codd.

Η ΕΠ' ΑΡΤΕΜΙΣΙΩΙ ΝΑΥΜΑΧΙΑ

363

γέγραπται αὐτῶι Δωρίδι διαλέκτωι ἡ Καμβύσου καὶ Δαρείου [532]
βασιλεία καὶ Ξέρξου ναυμαχία καὶ ἡ ἐπ' Ἀρτεμισίωι ναυμαχία δι'
ἐλεγείας, ἡ δ' ἐν Σαλαμῖνι μελικῶς.

Suda s.v. Σιμωνίδης 439
melicum non elegiacum carmen fuisse fragmenta demonstrant. etiam
quaerendum est, quidnam fuerit *Xerxis naumachia*, siquidem Artem.
et Salam. separatim nominantur

SIMONIDES 364, 365

364 (1-2 B. et D.)

[533] (a) ἐβόμβησεν θαλάσσας

(b) ἀποτρέπουσι κῆρας

Priscian. *de metr. Terent.* 24 Simonides in *ἐπ' Ἀρτεμισίωι ναυμαχίαι* in dimetro catalectico (a) in secundo loco spondeum posuit, ἀντιστρέφει δὲ αὐτῶι (b)

(b) -ουσει RV, -οισει A : -ουσα Ursinus, -οισα Schneidewin, -οισι Bergk

365 (3 B.)

[534] τὴν δὲ 'Ωρείθυιαν Σιμωνίδης ἀπὸ Βριλησσοῦ (Naeke: βριλισσοῦ cod. L, 'Ιλισσοῦ (e sch. *d*) H, om. P) ἁρπαγεῖσαν ἐπὶ τὴν Σαρπηδονίαν πέτραν τῆς Θράικης ἐνεχθῆναι. ἔστι γὰρ καὶ τῆς Κιλικίας ὁμώνυμος, ὡς Καλλισθένης (124 F 39 Jac.). Στησίχορος δὲ ἐν τῆι Γηρυονίδι (fr. 53) καὶ νῆσόν τινα ἐν τῶι Ἀτλαντικῶι πελάγει Σαρπηδονίαν φησί. περὶ δὲ τῆς Θραικίας Σαρπηδονίας πέτρας, ὅτι πρὸς τῶι Αἵμωι ὄρει ἐστί, Φερεκύδης φησί (3 F 145 J., cf. Akusil. i p. 55 fr. 31 J.), περὶ τῆς ἁρπαγῆς ἱστορῶν τῆς 'Ωρειθυίας. Χοιρίλος (fr. 5 Kinkel) δὲ ἁρπασθῆναί φησιν αὐτὴν ἄνθη ἀμέργουσαν ὑπὸ τὰς τοῦ Κηφισοῦ πηγάς. Ἡραγόρας (*FHG* iv 427 fr. 4 M.) δὲ ἐν τοῖς Μεγαρικοῖς τὸν τὴν 'Ωρείθυιαν ἁρπάσαντα Βορέαν υἱὸν Στρυμόνος φησίν, οὐχὶ δὲ τὸν ἄνεμον. ἡ δὲ 'Ωρείθυια 'Ερεχθέως θυγάτηρ, ἣν ἐξ Ἀττικῆς ἁρπάσας ὁ Βορέας ἤγαγεν εἰς Θράικην κἀκεῖσε συνελθὼν ἔτεκε Ζήτην καὶ Κάλαϊν, ὡς Σιμωνίδης ἐν τῆι ναυμαχίαι.

Schol. Ap. Rhod. i 211 seqq.

366 (25 B.)

λύσει δὲ τῆς νεὼς ᾠδὴ τὰ πείσματα, ἣν ἱερὸς προσᾴδουσιν [535]
Ἀθηναῖοι χορός, καλοῦντες ἐπὶ τὸ σκάφος τὸν ἄνεμον (Wernsdorf: λαλοῦντες et τῶν ἀνέμων vel τῶι ἀνέμωι codd.) παρεῖναί
τε αὐτὸν καὶ τῆι θεωρίδι συμπέτεσθαι. ὁ δὲ ἐπιγνοὺς οἶμαι τὴν
Κείαν (ita cod. A: οἰκείαν R) ᾠιδὴν ἣν Σιμωνίδης αὐτῶι
προσῆισε μετὰ τὴν θάλατταν, ἀκολουθεῖ μὲν εὐθὺς τοῖς μέλεσι,
πολὺς δὲ πνεύσας κατὰ πρύμνης οὔριος ἐλαύνει τὴν ὁλκάδα τῶι
πνεύματι. id. xii 141, p. 98 C. νῦν γὰρ ποιητικῶς ἐθέλων καλέσαι
τὸν ἄνεμον, εἶτα οὐκ ἔχων ποιητικὴν ἀφεῖναι φωνήν, ἐκ τῆς Κείας
(Wernsdorf: οἰκείας codd.) μούσης προσειπεῖν ἐθέλω τὸν ἄνεμον.

Himer. or. xlvii 117

μετὰ τὴν θάλατταν obscurum (frustra 'nach dem Seesturm' Schmid
Gr. Lit. I i 509 n. 5; 'nach dem Meere, also nachdem er (Boreas) auf
dem Meere seine Gnade bewiesen hatte', Wilam.)   μετὰ τὴν κατὰ
θάλατταν μάχην coni. Edmonds

Η ΕΝ ΣΑΛΑΜΙΝΙ ΝΑΥΜΑΧΙΑ

367

ἡ δ' ἐν Σαλαμῖνι μελικῶς.   [536]

Suda s.v. Σιμωνίδης 439

cum in priore (fr. 363 supra) erraverit Suda, ambigitur utrum hoc
melicum an elegiacum carmen fuerit. narrationem Simonideam respicit
Plut. vit. Them. 15, οἱ δ' ἄλλοι τοῖς βαρβάροις ἐξισούμενοι τὸ πλῆθος ἐν
στενῶι κατὰ μέρος προσφερομένους καὶ περιπίπτοντας ἀλλήλοις ἐτρέψαντο
μέχρι δείλης ἀντισχόντας, ὥσπερ εἴρηκε Σιμωνίδης, τὴν καλὴν ἐκείνην καὶ
περιβόητον ἀράμενοι νίκην, ἧς οὔθ' Ἕλλησιν οὔτε βαρβάροις ἐνάλιον ἔργον
εἴργασται λαμπρότερον. alias tantum Vita Pindari ambros. i 2-3 Dr.
Σιμωνίδης τὴν ἐν Σαλαμῖνι ναυμαχίαν γέγραφε. vid. etiam P.Oxy. 2327
fr. 31, Lobel ibid. p. 67
  versus elegiacos a Plut. malign. Herod. 869 C laudatos huic carmini
adscripsit Wilam. SS 144 n. 2 (carmini εἰς τὴν ἐν Πλαταιαῖς μάχην
perperam dedit Diehl fr. 65); atqui est manifesto epigramma

SIMONIDES 368, 369

ΔΙΘΥΡΑΜΒΟΙ

368 (27 B.)

Μέμνων

[539] λέγεται γὰρ δή (scil. τὰ Σοῦσα) καὶ κτίσμα Τιθωνοῦ τοῦ Μέμνονος πατρός.... ἡ δ' ἀκρόπολις ἐκαλεῖτο Μεμνόνιον.... ταφῆναι δὲ λέγεται Μέμνων περὶ Πάλτον (Βανδᾶν codd. *morz*) τῆς Συρίας παρὰ Βαδᾶν ποταμόν, ὡς εἴρηκε Σιμωνίδης ἐν Μέμνονι διθυράμβωι τῶν Δηλιακῶν.

Strabo xv 3. 2

INCERTI LOCI

369

[541] τό τ]ε καλὸν κρίνει τό τ' αἰσχρόν· εἰ δέ
...(.)]..αγορεῖ τις ἄθυρον [σ]τόμα
....]φέρ[ω]ν, ὁ μὲν καπνὸς ἀτελής, ὁ δὲ
χρυ]σὸς οὐ μιαίνετ[α]ι
5 ..] ἀλάθε[ι]α παγκρατής
...] ὀλίγοις ἀρετὰν ἔδωκενε[
...]ελος, οὐ γὰρ ἐλαφρὸν ἐσθλ[ὸν ἔμμεναι·
ἢ γ]ὰρ ἀέκοντά νιν βιᾶται
κέρ]δος ἀμάχητον ἢ δολοπλ[όκου
10 με]γασθενὴς οἶστρος Ἀφροδίτ[ας
..].(.)θαλοί τε φιλονικίαι.
..δ]ὲ μὴ δι' αἰῶνος ὁσίαν
]θεῖν κέλευθον,

P.Oxy. 2432

3 περι]φέρων e.p.   5 ἁ δ'] e.p.   6 ἀλλ'] e.p.   -τὰν an -τᾶν incertum   ἔ[χειν θεός suppl. Bowra, ε[ὑρεῖν Lloyd-Jones   7 ἐς τ]έλος e.p.   12 fort. ὧι δ]ὲ   13 e.g. πάρεστι] θεῖν
Bacchylidi adscribunt Lloyd-Jones, Bowra

SIMONIDES

369, 370

```
            ]ος ἐς τὸ δυνατὸν.[
15          ]αγκυλαν[
             ] δίκαιος.[
            ε]ὐθὺς ἀπο[
            ]θέοντι· τρ[
              ].υτρο[
20               ]α.[
                 ].ο[
```

. .

370 (5 B., 4 D.)

ἄνδρ' ἀγαθὸν μὲν ἀλαθέως γενέσθαι   [542]
χαλεπὸν χερσίν τε καὶ ποσὶ καὶ νόωι
   τετράγωνον ἄνευ ψόγου τετυγμένον·

```
          [
5         [
          [
          [
          [
          [
10        [
```

οὐδέ μοι ἐμμελέως τὸ Πιττάκειον
νέμεται, καίτοι σοφοῦ παρὰ φωτὸς εἰ-
ρημένον· χαλεπὸν φάτ' ἐσθλὸν ἔμμεναι.
θεὸς ἂν μόνος τοῦτ' ἔχοι γέρας, ἄνδρα δ' οὐκ
15 ἔστι μὴ οὐ κακὸν ἔμμεναι,

Plato *Protag.* 339 A-346 D λέγει γάρ που Σιμωνίδης πρὸς Σκόπαν τοῦ Κρέοντος υἱὸν τοῦ Θετταλοῦ ὅτι ἀνδρ' κτλ.; Diog. Laert. i 76; Aristot. *Eth. Nic.* 1100^b20, *metaph.* 982^b29; Polyb. xxix 26; Plut. *tranqu. anim.* 10, *rat. am.* 14, *quaest. conv.* ix 14. 2; Stob. *ecl.* i 4. 2 c +

SIMONIDES 370. 16–40

ὃν ἀμήχανος συμφορὰ καθέληι·
πράξας γὰρ εὖ πᾶς ἀνὴρ ἀγαθός,
κακὸς δ' εἰ κακῶς [
[ἐπὶ πλεῖστον δὲ καὶ ἄριστοί εἰσιν
20   [οὓς ἂν οἱ θεοὶ φιλῶσιν.]
τοὔνεκεν οὔ ποτ' ἐγὼ τὸ μὴ γενέσθαι
δυνατὸν διζήμενος κενεὰν ἐς ἄ-
     πρακτον ἐλπίδα μοῖραν αἰῶνος βαλέω,
πανάμωμον ἄνθρωπον, εὐρυεδέος ὅσοι
25   καρπὸν αἰνύμεθα χθονός·
ἐπὶ δ' ὑμῖν εὑρὼν ἀπαγγελέω.
πάντας δ' ἐπαίνημι καὶ φιλέω,
ἑκὼν ὅστις ἔρδηι
μηδὲν αἰσχρόν· ἀνάγκαι
30   δ' οὐδὲ θεοὶ μάχονται.
[
[
[οὐκ εἰμὶ φιλόψογος, ἐπεὶ ἔμοιγε ἐξαρκεῖ
     ὃς ἂν μὴ κακὸς ἦι] μηδ' ἄγαν ἀπάλαμνος εἰ-
35   δώς γ' ὀνησίπολιν δίκαν,
ὑγιὴς ἀνήρ· οὐ †μὴν† ἐγὼ
μωμήσομαι· τῶν γὰρ ἠλιθίων
ἀπείρων γενέθλα.
πάντα τοι καλά, τοῖσίν
40   τ' αἰσχρὰ μὴ μέμεικται.

---

16 ὃν Bergk: ὂν ἂν codd.   17 γὰρ Hermann: μὲν γὰρ codd.
19–20 e.g. κἀπὶ πλεῖστον ἄριστοι | τούς κε θεοὶ φιλέωσι (Hermann)
24 εὐρυεδοῦς Plato, -οδοῦς Plut. codd. plerique   26 ἐπὶ δ' Bergk:
ἔπειθ' codd.   33–34 e.g. οὐκ εἴμ' ἐγὼ φιλόμωμος, ἐξαρκεῖ δ' ἔμοιγ'
ὃς ἂν ἦι κακὸς μηδ' ἄγαν κτλ.   35 ὀνησίπολιν Hermann (ὀνασ-):
ὀνήσει πόλιν codd.   36 οὔ μιν coni. Schleiermacher; οὐδὲ μή μιν
ἐγὼ Bergk, οὔ μιν ὦ φίλ' ἐγὼ Maas   37 fort. ἀλιθ-   39 τοῖσι
codd.

371. 1-16　　　SIMONIDES

371 (37 B., 13 D.)

ὅτε λάρνακι　　　　　　　　　　　　　　　　　[543]
ἐν δαιδαλέαι
ἄνεμός τε †μην† πνέων
κινηθεῖσά τε λίμνα δείματι
5　ἔρειπεν, οὐκ ἀδιάντοισι παρειαῖς
ἀμφί τε Περσέι βάλλε φίλαν χέρα
εἶπέν τ'· ὦ τέκος οἷον ἔχω πόνον·
σὺ δ' ἀωτεῖς, γαλαθηνῶι
δ' ἤθεϊ κνοώσσεις
10　ἐν ἀτερπέι δούρατι χαλκεογόμφωι
⟨τῶι⟩δε νυκτιλαμπεῖ,
κυανέωι δνόφωι ταθείς·
ἄχναν δ' ὕπερθε τεᾶν κομᾶν
βαθεῖαν παριόντος
15　κύματος οὐκ ἀλέγεις, οὐδ' ἀνέμου
φθόγγον, πορφυρέαι

Dion. Hal. *comp*. 26 ἐκ δὲ τῆς μελικῆς τὰ Σιμωνίδεια ταῦτα. γέγραπται δὲ κατὰ διαστολὰς οὐχ ὧν Ἀριστοφάνης ἢ ἄλλος τις κατεσκεύασε κώλων ἀλλ' ὧν ὁ πεζὸς λόγος ἀπαιτεῖ. πρόσεχε δὴ τῶι μέλει καὶ ἀναγίνωσκε κατὰ διαστολάς, καὶ εὖ ἴσθ' ὅτι λήσεταί σε ὁ ῥυθμὸς τῆς ὠιδῆς καὶ οὐχ ἕξεις συμβαλεῖν οὔτε στροφὴν οὔτε ἀντίστροφον οὔτ' ἐπωιδόν, ἀλλὰ φανήσεταί σοι λόγος εἷς εἰρόμενος. ἔστι δὲ ἡ διὰ πελάγους φερομένη Δανάη τὰς ἑαυτῆς ἀποδυρομένη τύχας· ὅτε κτλ.; Athen. ix 396 E ὦ τέκος—κνώσσεις

---

3 τε μὴν codd. PM, τ' ἐμῆι cod. V; τέ μιν coni. Schneidewin, τε μέμηνε Page　　4 τε Brunck: δὲ codd.　δείματι VP, δεῖμα M　　5 ἔρειπεν MV: ἔριπεν P　οὐκ Thiersch: οὔτ' codd.　7 τέκος Athen.: τέκνον Dion.　8 σὺ δ' Athen.: οὐδ' Dion.　8–9 αυταις ἐγαλαθηνωδει θει PV, αὐταῖς ἀγαλαθηνωδει+c. iv litt. spat. vac. M, αὖτε εἰς γαλαθηνῶι δ' ἤτορι Athen.: corr. Casaubon (ἀωτεῖς), Bergk (ἤθει)　9 κνοώσσεις PV: κνώσσ- M, Athen.　10 δούρατι Dion. cod. Guelf.: δούνατι PM, δούναντι V　11 ⟨τῶι⟩δε suppl. Page　νυκτιλαμπεῖ Ursinus: νυκτὶ λαμπεῖ codd.　12 ταθείς Schneidewin: ταδ' εἰς codd.　13 ἄχναν Page: αὐλέαν vel αὐλαίαν codd.　ὕπερθεν codd.

SIMONIDES 371, 372, 373

κείμενος ἐν χλανίδι, πρόσωπον καλόν.
εἰ δέ τοι δεινὸν τό γε δεινὸν ἦν,
καί κεν ἐμῶν ῥημάτων
20 λεπτὸν ὑπεῖχες οὖας.
κέλομαι δ', εὗδε βρέφος,
εὑδέτω δὲ πόντος, εὑδέτω δ' ἄμετρον κακόν·
μεταβουλία δέ τις φανείη,
Ζεῦ πάτερ, ἐκ σέο·
25 ὅττι δὲ θαρσαλέον ἔπος εὔχομαι
ἢ νόσφι δίκας,
σύγγνωθί μοι

---

18 ἦν Sylburg: ἦι P, ἦ M, ἦ V   20 λεπτὸν Stephanus: -τῶν codd.
23 μεταβουλία: μαιΤβουλία P, μαιτ βουλίου M, ματαιοβουλία V   25 ὅττι
δὲ Mehlhorn: ὅτι δὴ codd.   26 ἢ νόσφι δίκας Victorius: ηνοφι δίκας
P, ἦν οφειδίας MV, κνόφι δίκας cod. Guelf.

372 (21 adnot. B.)

[544]   νάκη· τὸ αἴγειον δέρμα. κωδία καὶ κώδιον· τὸ προβάτειον. οὐκ
ἄρα τὸ ἐν Κόλχοις νάκος ῥητέον. κακῶς οὖν Σιμωνίδης
                                    νάκος
φησί.

Et. Mag. 597. 14

373 (48 B., 31 D.)

[545]   †οὐδὲ κάτ' εἰς Κόρινθον οὐ Μαγνησίαν
ναίεν ἀλόχου δὲ Κολχίδι συνάστεος
θράνου† Λεχαίου τ' ἄνασσε

Schol. Eur. Med. 19 ὅτι δὲ καὶ ἐβασίλευσε (sc. Μήδεια) Κορίνθου
ἱστοροῦσιν Εὔμηλος καὶ Σιμωνίδης λέγων οὕτως· οὐδὲ κτλ.

1 ὁ δ' ἵκετ' ἐς Κόρ. Hermann, Elmsley   2 ναί' ἀλόχωι δὲ Κολχίδι
ξυνέστιος Schwartz, Elmsley

374 (22 B.)

συνορμάδας [546]

Schol. Eur. *Med.* 2 τὰς Συμπληγάδας ὁ Σιμωνίδης συν. φησίν

375 (205 B.)

καὶ γὰρ καὶ παρὰ Σιμωνίδηι ἐστὶν ἡ ἱστορία, ὅτι περὶ ἐσθῆτος [547] ἠγωνίσαντο (scil. οἱ Ἀργοναῦται).

Schol. Pind. *Pyth.* iv 451

376 (204 B.)

Φερεκύδης (*FGH* fr. 113[ab] J.) δὲ καὶ Σιμωνίδης φασὶν ὡς ἡ [548] Μήδεια ἀνεψήσασα τὸν Ἰάσονα νέον ποιήσειε.

Argum. Eur. *Med.* ii 137 Schw. +

377 (207 B.)

Ὅμηρος δὲ ἐν Μυκήναις φησὶ τὰ βασίλεια Ἀγαμέμνονος, [549] Στησίχορος δέ (fr. 86) καὶ Σιμωνίδης ἐν Λακεδαίμονι.

Schol. Eur. *Or.* 46

SIMONIDES 378, 379, 380

378 ((a) = 54 B., 33 D.; (b) = 56 B.)

[550]   (a)   φοινίκεον ἱστίον ὑγρῶι
             πεφυρμένον ἄνθεϊ πρίνου
             ἐριθαλέος

        (b)   Ἀμαρσυάδας Φέρεκλος

Plut. *vit. Thes.* 17. 4 τότε δὲ τοῦ Θησέως τὸν πατέρα θαρσύνοντος καὶ μεγαληγοροῦντος ὡς χειρώσεται τὸν Μινώταυρον ἔδωκεν ἕτερον ἱστίον λευκὸν τῶι κυβερνήτηι κελεύσας ὑποστρέφοντα σωιζομένου τοῦ Θησέως ἐπάρασθαι τὸ λευκόν, εἰ δὲ μή, τῶι μέλανι πλεῖν καὶ ἀποσημαίνειν τὸ πάθος· ὁ δὲ Σιμωνίδης οὐ λευκόν φησιν εἶναι τὸ δοθὲν ὑπὸ τοῦ Αἰγέως ἀλλὰ (a), καὶ τοῦτο τῆς σωτηρίας αὐτῶν ποιήσασθαι σημεῖον. ἐκυβέρνα δὲ τὴν ναῦν (b), ὥς φησι Σιμωνίδης

(a) 2 πρινὸς ἄνθει codd.: πρίνου Meziriac, ἄνθ. πρ. transpos. Schneidewin 3 ἐριθαλέος Bergk: -θάλλου codd.

379 (52 B., 29 D.)

[553]   ἰοστεφάνου γλυκεῖαν ἐδάκρυσαν
        ψυχὰν ἀποπνέοντα γαλαθηνὸν τέκος.

Athen. ix 396 E Σιμωνίδης δ᾽ ἐπὶ τοῦ Περσέως τὴν Δανάην ποιεῖ λέγουσαν (fr. 371. 7–9) καὶ ἐν ἄλλοις ἐπ᾽ Ἀρχεμόρου εἴρηκεν· ιοστ. κτλ.

380 (18 B., 30 D.)

[555]   δίδωτι δ᾽ εὖ παῖς Ἑρμᾶς ἐναγώνιος
        Μαιάδος οὐρείας ἑλικοβλεφάρου·
        ἔτικτε δ᾽ Ἄτλας ἑπτὰ ἰοπλοκάμων φιλᾶν θυγατρῶν
        τάνδ᾽ ἔξοχον εἶδος, ⟨ὅσ⟩αι καλέονται
5   Πελειάδες οὐράνιαι.

Athen. xi 490 E seq. καὶ Σιμωνίδης δὲ τὰς Πλειάδας Πελειάδας εἴρηκεν ἐν τούτοις· δίδωτι κτλ.; schol. Pind. *Nem.* ii 17ᶜ Μαι.—ἑλικ.; schol. Lyc. *Alex.* 219 eadem +

1 παῖς Page: τες Athen.   2 ita scholl. Pind. et Lyc.: Μαίας εὐπλοκάμοιο παῖς Athen.   3 τίκτε coni. Wilamowitz   ἑπτὰ Musurus: ἔπιτα Athen.   θυγατρῶν Schneidewin: -τέρων Athen.   4 τάνδ᾽ Page: τάν γ᾽ Athen.   ὅσαι Page: ἀγι Athen.

184

381 (209 B.)

ἄκρως δὲ καὶ ὁ Σοφοκλῆς ἐπὶ τοῦ θνήσκοντος Οἰδίπου καὶ [557]
ἑαυτὸν μετὰ διοσημείας τινὸς θάπτοντος πεφάνταστai, καὶ κατὰ
τὸν ἀπόπλουν τῶν Ἑλλήνων ἐπὶ τἈχιλλέως προφαινομένου τοῖς
ἀναγομένοις ὑπὲρ τοῦ τάφου, ἣν οὐκ οἶδ᾽ εἴ τις ὄψιν ἐναργέστερον
εἰδωλοποίησε Σιμωνίδου· πάντα δ᾽ ἀμήχανον παρατίθεσθαι.

Auctor de sublim. xv 7

382 (213 B.)

ὅτι δὲ Ἀχιλλεὺς εἰς τὸ Ἠλύσιον πεδίον παραγενόμενος ἔγημε [558]
Μήδειαν πρῶτος Ἴβυκος (fr. 270) εἴρηκε, μεθ᾽ ὃν Σιμωνίδης.

Schol. Ap. Rhod. iv 814-15

383 (53 B., 32 D.)

ὃς δουρὶ πάντας   [564]
νίκασε νέους, δινάεντα βαλὼν
Ἄναυρον ὕπερ πολυβότρυος ἐξ Ἰωλκοῦ·
οὕτω γὰρ Ὅμηρος ἠδὲ Στασίχορος ἄεισε λαοῖς.

Athen. iv 172 E ὅτι δὲ τὸ ποίημα τοῦτο (scil. Ἆθλα ἐπὶ Πελίαι) Στησιχόρου ἐστὶν ἱκανώτατος μάρτυς Σιμωνίδης ὁ ποιητής, ὃς περὶ τοῦ Μελεάγρου τὸν λόγον ποιούμενός φησιν· ὃς κτλ.

2 νικᾶις ενεους A, corr. Ursinus

SIMONIDES 384, 385, 386

384 (40 B., 27 D.)

[567]
τοῦ καὶ ἀπειρέσιοι
πωτῶντ' ὄρνιθες ὑπὲρ κεφαλᾶς,
ἀνὰ δ' ἰχθύες ὀρθοὶ
κυανέου 'ξ ὕδατος ἅλ-
λοντο καλᾶι σὺν ἀοιδᾶι.

Tzetz. *hist. var. chil.* i 309 seq. ὡς γράφει που περὶ αὐτοῦ (scil. Ὀρφέως) καὶ Σιμωνίδης οὕτω· τοῦ κτλ.

385 (51 B., 13 Aa D.)

[571] ἴσχει δέ με πορφυρέας ἁλὸς ἀμφιταρασσομένας ὀρυμαγδός.

Plut. *de exil.* 8 οὐκ ἀθυμῶν οὐδ' ὀδυρόμενος οὐδὲ λέγων ἐκεῖνα τὰ τῶν παρὰ Σιμωνίδηι γυναικῶν· ἴσχει κτλ.

386 (58 B., 37 D.)

[579]
ἔστι τις λόγος
τὰν Ἀρετὰν ναίειν δυσαμβάτοισ' ἐπὶ πέτραις,
†νῦν δέ μιν θοαν† χῶρον ἁγνὸν ἀμφέπειν·
οὐδὲ πάντων βλεφάροισι θνατῶν
5   ἔσοπτος, ὧι μὴ δακέθυμος ἱδρὼς
ἔνδοθεν μόληι,
ἵκηι τ' ἐς ἄκρον ἀνδρείας.

Clem. Alex. *strom.* iv 7. 48 Σιμωνίδης γράφει· ἔστι κτλ.; Theodoret. *gr. aff. cur.* xii 46 Σιμωνίδην τὰν Ἀρετὰν εἰρηκότα ναίειν δυσβάτοις ἐπὶ πέτραις

2 δυσβάτοις Theod.   3 e.g. ἐγγὺς δέ μιν θεῶν χῶρον ἁγν.   4 βλε-
φάροισι Ilgen : -οις Clem.   7 ἀνδρείαι coni. Wilamowitz

387 (57 B., 48 D.)

τίς κεν αἰνήσειε νόωι πίσυνος Λίνδου ναέταν Κλεόβουλον, [581]
ἀενάοις ποταμοῖσ' ἄνθεσί τ' εἰαρινοῖς
ἀελίου τε φλογὶ χρυσέας τε σελάνας
καὶ θαλασσαίαισι δίναισ' ἀντία θέντα μένος στάλας;
5 ἅπαντα γάρ ἐστι θεῶν ἥσσω· λίθον δὲ
καὶ βρότεοι παλάμαι θραύοντι· μωροῦ
φωτὸς ἅδε βούλα.

Diog. Laert. i 89 Σιμωνίδου ᾆσμα . . .· τίς κτλ.

---

3 χρυσᾶς codd., corr. Hermann 4 ἀντιθέντα codd., corr. Bergk; ἀντιτιθέντα coni. Schneidewin et Mehlhorn στή- codd. 6 βρότειοι codd., corr. Hermann

388 (71 B., 57 D.)

καὶ οἱ φρονιμώτατοι δέ, φησίν (scil. Ἡρακλείδης ὁ Ποντικός), [584]
καὶ μεγίστην δόξαν ἐπὶ σοφίαι ἔχοντες μέγιστον ἀγαθὸν τὴν
ἡδονὴν εἶναι νομίζουσιν, Σιμωνίδης μὲν οὑτωσὶ λέγων·

τίς γὰρ ἁδονᾶς ἄτερ θνα-
τῶν βίος ποθεινὸς ἢ ποί-
α τυραννίς;
τᾶσδ' ἄτερ οὐδὲ θεῶν ζηλωτὸς αἰών.

Athen. xii 512 c Σιμωνίδης . . . λέγων· τίς κτλ.

SIMONIDES 389, 390, 391

389 (72 B., 44 D.)

[585]

πορφυρέου ἀπὸ στόματος
ἱεῖσα φωνὰν παρθένος

Athen. (om. E) xiii 604 A-B (auctor est Io Chius) καὶ πρὸς τόδε ἡμείφθη ὁ Ἐρετριεύς· ... οὐκ εὖ εἴρηκε Φρύνιχος (*TGF* fr. 13 N.) πορφυρέας εἰπὼν τὰς γνάθους τοῦ καλοῦ· ... γελάσας ἐπὶ τῶι Ἐρετριεῖ Σοφοκλῆς· οὐδὲ τόδε σοι ἀρέσκει ἄρα, ὦ ξένε, τὸ Σιμωνίδειον, κάρτα δοκέον τοῖς Ἕλλησιν εὖ εἰρῆσθαι· πορφ. κτλ.

---

1 δ' ἀπὸ coni. Schneidewin, ἀπὸ del. Naeke

390 (73 B., 45 D.)

[586]

εὖτ' ἀηδόνες πολυκώτιλοι
χλωραύχενες εἰαριναί

Et. Mag. 813. 5 Σιμωνίδης· εὖτ' κτλ. †

---

1 δεῦτ' coni. Schneidewin

391 (41 B., 40 D.)

[595]

οὐδὲ γὰρ ἐννοσίφυλλος ἀήτα
τότ' ὦρτ' ἀνέμων, ἅτις κ' ἀπεκώλυε
κιδναμένα μελιαδέα γᾶρυν
ἀραρεῖν ἀκοαῖσι βροτῶν.

Plut. *quaest. conv.* viii 3. 4 Σιμωνίδης φησίν· οὐδὲ κτλ.

---

2 κ' ἀπεκώλυε Page: κατεκώλ- codd.   3 κιδναμένα Wyttenbach: σκιδ- codd.

392

```
        φησι κωκυτὸν [
        τούτωι ὁ Σιμω[νίδης
        νοιτο περὶ του[.]ρν[
    ÷   .ν εὐλόγως η παρ..[
5       τον ἐθρήνουν ἐπιο.[
        ἔοικεν δαιμονι.[
        [ ]. ἑτοῖμοι στενά[ζ]ε[ιν      γ]ὰρ τὸ
        ὅλον συνημμ[έν-             ἂν] γένοι-
        το ῥῆσις περὶ τρ[              ]...
10      την σφαζομεν[                 ].ν
        τὸν λαὸν αὔει.[               ]ν
        .ιτ' ἐπὶ τὸ ἐναν[τίο]ν [......]. ἐξ-
        αλλαγῆι. μητρὶ δὲ ὑπ' οὐδενὸς
        ἂν ἡττηθείη ἡ λύπη, ἀναιρου-
15      μένων δὲ τῶν παί[δων ἑ]τοῖ-
        μον στενάζειν. φέρεται [δὲ καὶ] ἄλ-
        λη γραφή· ἐμοὶ δὲ τίς ἀμφα...·
        πάνυ σαφὴς ἀπὸ τῆς προκειμ[έ-
        νης] ἐξηγήσεως. παρατηρεῖν δε[
20              ]ς πέπλασται ὁ λόγος αυ
                ] γὰρ ἐν Μυκάναισι δ' αυ
                ]τασευε κωκυτὸν ηκο
                ]πειν· οἱ δέ γε κωκύοντες
```

[608]

P.Oxy. 2434 frr. 1 (a)+2

---

omnia suppl. e.p.   4 init. fort. ων vel σον   7].: fort υ vel ν
12 pro .ι, fort. η   ]ι ἐξ- veri sim.   17 αμφατι, sequentia obscura;
post τι, hastae tres inclinatae, una brevior a linea dextrorsum asc. inter
duas longiores quarum prior in spatium inter lineas surgit, posterior
fort. (ἐστι) significat   19 seq. δε[ῖ ὅτι / ἠθικῶ]ς .e.p.   22]τασευε
non intellegitur

SIMONIDES

```
              1 (b)      ἔ]πρασσον ὅτι οὐχὶ ἀναιρε-
25      .   .    .    ]υλη ἀλλὰ ἐπὶ τιμῆι του
              δαιμ[     ]υτουτοδε αὐτὸ ἠθικῶς
              ἀπηγ[     ]εν τῆ[ι] ἀναφωνήσει χρη
              σα̣[       ].α[]το τίς ἄμφατις ἔσται
              ]Κ..[.].[       ].ε.οι βαρειαλα̣ι
30            ].α.[                ]vestigia[
              επει.[              .
              σθα̣.[
              ]ονι.[
      .    .    .
```

---

24 seqq. si fr. 1 (b) recto stat loco (vid. e.p.) fort. ὅτι οὐχὶ ἀναίρεσις φαύλη ἀλλὰ ἐπὶ τιμῆι τοῦ δαιμονίου· τοῦτο δὲ αὐτὸ ἠθικῶς ἀπήγγειλεν τῆι ἀναφωνήσει χρησάμενος (e.p.)   28 ἄμφατις non intellegitur 29 seq. βαρεῖα λαίλαψ possis (e.p.)

lemmata vel lemmatum paraphrasis notanda ut vid. 1 κωκυτόν (cf. 22 seq.); 7 ἑτοῖμοι στενάζειν (cf. 15 seq.); 11 τὸν λαὸν αὔει; 17 ἐμοὶ δέ τίς κτλ.; 21 seq. γὰρ ἐν Μυκ. κτλ.; 28 seqq.

CORINNA

393 (4+5 D.)
col. i

[654]

```
                    ]υστεφανον
                    ]γῶγ' επὶδῆ
                    ]επ' ἄκρū
                    ]χορδάς
5                   ].ρῶντ' οριων
                    ].νφουλονόρνι
                    ]
                    ]
                    ]ηί
10                  γ]ενεθλᾱ·
                    ]δα
                    ]ευ.[.....]Κώρει-
τες ἔκρου]ψαν δάθιῳ[ν θι]ᾶς
βρέφο]ς ἄντροι, λαθρά[δα]ν ἀγ-
15  κο]υλομείταο Κρόνω, τα-
νίκά νιν κλέψε μάκηρα ‘Ρεία
μεγ]άλαν τ' [ἀ]θανάτων ἔσ-
ς] ἕλε τιμάν· τάδ' ἔμελψεμ·
μάκαρας δ' αὐτίκα Μώση
20  φ]ερέμεν ψᾶφον ἔ[τ]αττον
κρ]ουφίαν κάλπιδας ἐν χρου-
σοφαῖς· τὺ δ' ἄμα πάντε[ς] ὦρθεν·
πλίονας δ' εἷλε Κιθηρών·
τάχα δ' Ἑρμᾶς ἀνέφαν[έν
25  νι]ν ἀούσας ἐρατὰν ὡς
ἔ]λε νίκαν στεφ[ά]νυσιν
...].(.)ατώ.ανεκόσμιον
μάκα]ρες· τῶ δὲ νόος γεγάθι·
```

CORINNA

393

ὁ δὲ λο]ύπησι κά[θ]εκτος
30   χαλεπ]ῆσιν Ϝελι[κ]ὼν ἐ-
     .....] λιττάδα [π]έτραν
     .....]κεν δ' ὄ[ρο]ς· ὐκτρῶς
     .....]ων οὐψ[ό]θεν εἴρι-
     σέ νιν ἔ]μ μου[ρι]άδεσσι λάυς·
     (—)
35   ....]εχ[...]νεγ..[..].[..]
                   ].ροσίασ[.]
                   ]τριχα.[.]ς
                   ]ϙϛμελ[.]ων
                   ]...[..]
40   ]σόρουσεν
                          ].
                   ]ν.ως
                   ]σων
                   ]ιωφεγ
45   ]καρωντῦ
                   ]νϊοντασάσᾳ[
                   ]δρεϙσινεῖϙ
                   ]ᾳδιϙσμνα[
                   ]κωρη.
50   ]νὴ.
                   ]ῦσκαλε[
                        ]πρϙ[

P.Berol. 284

col. ii

.[   ]νῖ
.[   ]
Ϝε[σῦ
ωδ..ρα[

193

CORINNA

```
5       δετ' ορο[
        ρωνκγ[
        κρου[
        .[
        τ'[
10      ερα[
        θ'α[
        γ[
        μω[              ]ων
        δω[              ]νεπω
15      δη[              ]μέλι
        νῐ.[             ].διον
        με[              ]ᾳ
        ῶ'τ[             ]ᾳελιος
        μω[              ]ουσιας
20      τ[               ]ο·φιλα
        εσδ[             ]...αν
        σουν[            ]ν
        ἰῶν[             ]φου
        γα[              ]να
25      πατ[             ]κισις
        ασωπ[            ]εννομον
        λων[             ].
        ἀν.[             ]πων
        λά[              ]ρας·
30      τειν[            ]αθρων
        μετ' ἄ[          ]ν
        εμπε[            ]'.s
        'ῶν.ἠ.[          γε]νέθλαν
        δευσ[            ἀ]γαθῶν
35      πατρο[           ]s
```

ii 32 ἀμ πε[μονάν schol. ad loc. (πημονάν)   33 ʿHγ[ιναν

CORINNA

```
        κορκού[ρ                    ]
        ν.' ἐιδ[                    ]
        ποτι[                    ]τείρ
        σιν[                     ]s
40      θεσ[                     ]στινεχων·
        τε[                      ]ες
        λό[                       ]
        τ[                       ]ον
        β[                        ]
45      τ[                       ]σαφες·
        θ[                        ]
        σ[
        τ[
        .[
50      π[
        ά[
```

col. iii

```
        εγ[
        τ[              ].α
        [              ]μαν
        [              ]ν
5       [              ]αραθιῶν
        [              ]
        [              ]ας
        [              ]ετίως
       ..]πόκ' αυτο[......]θων
10     ...]αγαρθιάσ[......]
       ε]ὐδήμων [.... εἴ]δει
```

36 Κορκοῦ[ρας   38 Ποτι[δάων κλέψε πα]τείρ   39 Σιν[ώπαν, 40 Θέσ[πιαν veri similia; etiam *Tanagrae* mentionem inter Asopi filias testatur Paus. ix 20. 2

CORINNA

τᾶν δὲ πήδω[ν τρῖς μ]ὲν ἔχι
Δεὺς πατεὶ[ρ πάντω]ν βασιλεύς,
τρῖς δὲ πόντ[ω γᾶμε] μέδων
15 Π[οτιδάων, τ]ᾶν δὲ δουῖν
Φῦβος λέκτ[ρα] κρατούνι,

τὰν δ' ἴαν Μή[ας] ἀγαθὸς
πῆς Ἑρμᾶς· οὕ[τ]ω γὰρ Ἔρως
κὴ Κούπρις πιθέταν, τιὼς
20 ἐν δόμως βάντας κρουφάδαν
κώρας ἐννί' ἑλέσθη·

τή ποκ' εἰρώων γενέθλαν
ἐσγεννάσονθ' εἰμ[ιθί]ων
κἄσσονθη π[ο]λου[σπ]ερίες
25 τ' ἀγείρω τ', ἐς [μ]α[ντοσ]ούνω
τρίποδος ὤιτ[......]

τόδε γέρας κ[..........]ν
ἐς πεντείκο[ντα] κρατερῶν
ὁμήμων πέρ[οχο]ς προφά-
30 τας σεμνῶν [ἀδο]ύτων λαχὼν
ἀψεύδιαν Ἀκ[ρη]φείν·

πράτοι [μὲν] γὰ[ρ Λατ]οΐδας
δῶκ' Εὐωνούμοι τριπόδων
ἐσς ἰῶν [χρε]ισμὼς ἐνέπειν,
35 τὸν δ' ἐς γᾶς βαλὼν Οὐριεὺς
τιμὰ[ν] δεύτερος ἴσχεν,

πῆς [Ποτ]ιδάωνος· ἔπι-
τ' Ὠα[ρί]ων ἁμὸς γενέτωρ
γῆα[ν ϝ]ὰν ἀππασάμενος·
40 χὼ μὲν ὠραν[ὸ]ν ἀμφέπι,
τιμὰν δ[......]ν οὕταν.

---

iii 31 ἀκρηφνείν adiect. coni. Lobel   41 [ἔλλαχο]ν veri sim.

CORINNA

393

τώνεκ[. . . . . . .]ν ἐνέπω
τ' ἀτ[ρ]έκ[ιαν χρει]σμολόγον·
τοὺ δέ [νου ϝῖκέ τ' ἀ]θανάτυς
45 κὴ λού[. . . . .] φρένας
δημόν[. . . ἐκου]ρεύων·
ὣς ἔφα [μάντις] π[ε]ράγείς·
τὸν δ' Ἀ[σωπὸς ἀσ]πασίως
δεξιᾶς ἐ[φαψάμ]ενος
50 δάκρού τ' [ὀκτάλ]λων προβαλ[ὼν
ὧδ' ἀμίψ[ατο φ]ωνῆ·

col. iv

[
φωρ[
ταδε[
βεβέμλ[
5 απιθα[
τεοῦσδ[
ϝᾱ̆δο[
πάυομ[
ενστρ[
10 τέκγ[
τεωγ[
πανθ[
ενθιᾳ[
διὰ, ν̄[
15 ταω[
εδν[
δώσῳ[
σθη·φ[

---

46 δημόν[εσσ' ἐκου]ρεύων, neglecto ϝ, veri sim.   iv 7 ϝᾱ́δο[μη
8 πάυομ[η

197

CORINNA

```
           σουνι[
20         τεινλαυσ.[
           τοσονεφασ.[
           πάρνεισαντ[
           ϝᾱδονήτεθ[
           .αδειᾶντρ[
25         κεινοτεουσ.[
           τοῦχ..ε[
           ........[
           εσερ.υσ·τ[
           στεργωτ'α[
30         .καμέιφ..[
         ?̄κιθηρ.[.].[
           ητίωσ.[.].[
           πλειά[
           μειδε[
35         σουντ[
           ημενθ[
           θουμο[
           ενπολ[
           κηγαρ[
40         δ'ἐῖσκ[
           κηκιθ[
           πλάτη[
           δ'αγετ'ῳ[
           κλαροσ·ι[
45         τῦσπλ[
           πάρνε[
           τωνδια[
           θανογτ[
           πάρνε[
```

montes Κιθηρών 31, 41, Πάρνεις 22, 46, 49, oppidum Πλάτη[α 42

50   φιλόυρ[
      οσποκε[
      μαντ[

ϝΕΡΟΙΩΝ?

394 (incl. 20 B. = 2 D., 13 B. = 19 D.)

(a)   ].[..]λλωνιος[[655]
(b)   ει Ἄρεις[

      ἐπί με Τερψιχόρα [
      καλὰ ϝεροῖ' ἀισομ[έναν
      Ταναγρίδεσσι λε[υκοπέπλυς
      μέγα δ' ἐμῆς γέγ[αθε πόλις
5   λιγουροκω[τί]λυ[ς ἐνοπῆς.
      ὅττι γὰρ μεγαλ.[
      ψευδ[.]σ.[.]αδομε[
      .[.]..ω γῆαν εὐρού[χορον
      λόγια δ' ἐπ πατέρω[ν
10   κοσμείσασα ϝιδιο[
      παρθ[έ]νυσι κατα[
      πο]λλὰ μὲν Κᾳφ[ισὸν ἰών-
      γ' ἀρχ]αγὸν κόσμ[εισα λόγυ]ς,

P.Oxy. 2370 fr. 1

(a), (b) ut vid. argumenti oratione pedestri scripti finis: (a) Ἀπολλώνιος, alia possis; (b)? = ἢ Ἄρης
fr. 1 1 ἐπί ... [ϝίδοι, sim.   2–5 = Heph. Ench. xvi 3 (= fr. 20 B., 2 D.) καλὰ—ἐνοπ., ubi καλὰ γέροια A, καλαγέρεια I; εἰσομένα, -πέπλοις, ἐμὴ codd.; γέγασε A; -λαις ἐνοπαῖς codd.   ϝεροῖ': non intellegitur
8 π[ό]ητω e.p.: mihi videtur potius fortasse τ[έ]ρτω legendum   fin. suppl. e.p.   9 εν sscr. π   10 ϝ·ιδιο[ut vid.: non intellegitur
11 κατά[ρχομη (e.p.) veri sim.   12 seq. post e.p. supplevi

CORINNA 394, 395, 396

πολλὰ δ' Ὠρί[ωνα] μέγαν
15 κὴ πεντεί[κοντ'] οὐψιβίας
πῆδα[ς οὓς νού]μφησι μιγ[ί]ς
] Λιβούαν κ[
.].[..]θησ[
ϝιρίω κόραν.[
20 καλὰ ϝιδεῖν αρ[
]ηαν ἰν τίκτ[
.].τέκετο τυ[
].[..]..[

. . .

14 suppl. e.p.   14 seqq. vv. divisio in Π pessum data   15 = Hephaest. l.c. p. 57 C. (= fr. 13 B., 19 D.), ubi καὶ πεντήκοντ' οὐψιβίας 16 suppl. e.p.   19 ϝιρίω, ex -ων corr., non intellegitur: an εἰρέω= dicam?   20 ·ι·δεῖν sscr. ϝ   21 γ]ῆαν veri sim.   ἂν desideramus, vix legere possumus

(ϜΕΡΟΙΩΝ?) ε̄

395 (9 B., 1 D.)

[657]   ἦ †διανεκῶς εὕδεις; οὐ μὰν πάρος ἦσθα, Κόριννα

Heph. Ench. ii 3 δύο βραχεῖαι εἰς μίαν βραχεῖαν ... ἐν ἔπει ὡς παρὰ Κορίννηι ἐν τῶι πέμπτωι· ἦ κτλ.

διᾱνεκέως, del. ἦ, coni. Bergk

ΒΟΙΩΤΟΣ

396 (1 B., 6 D.)

[658]   τοὺ δὲ μάκαρ Κρονίδη, τοὺ Ποτειδάωνι ϝάναξ Βοιωτέ

Hdn. π.μ.λ. ᾱ 11 παρὰ δὲ τῶι ποιητῆι (Ποσειδάων), ... παρὰ μέντοι Βοιωτοῖς Ποτειδάων τραπέντος τοῦ σ̄ εἰς τ̄. Κόριννα Βοιωτοῖ· τοὺ κτλ.

τοῦδε μάκαρ Κρονίδη· τοῦ Ποτειδάωνος ἄναξ Βοίωτε codd., corr. Wilam.

397, 398, 399   CORINNA

ΕΠΤΑ ΕΠΙ ΘΗΒΗΣ

397 (6 B., 7 D.)

οὐμὲς δὲ κομισθέντες   [659]

Ap. Dysc. *pron.* 119 b *Δωριεῖς ὑμές... Αἰολεῖς ὕμμες... Βοιωτοὶ μετὰ διφθόγγου τοῦ ου· οὐμὲς κτλ.· Κόριννα* Ἔπτ' ἐπὶ Θήβαις

ΕΥΩΝΟΥΜΙΗ

398 (19 B., 8 D.)

πῆδα ϝὸν θέλωσα φίλης   [660]
ἀγκάλησ' ἕλεσθη

Ap. Dysc. *pron.* 136 b *Αἰολεῖς μετὰ τοῦ* ϝ *κατὰ πᾶσαν πτῶσιν καὶ γένος (τὸ ἑός λέγουσιν)... ὁμοίως καὶ Βοιωτοί. Εὐωνυμίης* (= -ίαις; *Εὐωνουμ-* debuit) *Κόριννα· πῆδα κτλ.*

1 πηδεγον cod., corr. Boeckh   2 fort. ἀγκάλησιν scribendum
ελησθε cod.

ΚΑΤΑΠΛΟΥΣ

399 (2 B., 11 D.)

†νίκασ' ὁ μεγαλοσθενὴς†   [662]
Ὠαρίων χώραν τ' ἀπ' ἑοῦς
πᾶσαν ὠνούμηνεν.

Ap. Dysc. *pron.* 98 b *ἑοῦς· αὕτη ἀκόλουθος Δωρικῆι τῆι τεοῦς, ἧι συνεχῶς καὶ Κόριννα ἐχρήσατο. ἐν Κατάπλωι· νίκ. κτλ.*

1 νίκασεν μεγαλοσθενείς, ἐνίκασ' ὁ μεγασθενείς, νίκασ' ὃν μεγαλοσθ. (hoc Hermann), alia possis   2 ωαρειων cod.

INCERTI LOCI

400 (21+10 B., 15–16 D.)

[664] (a) μέμφομη δὲ κὴ λιγουρὰν
Μουρτίδ' ἰώνγ' ὅτι βανὰ φοῦ-
σ' ἔβα Πινδάροι πὸτ ἔριν.

(b) ἰώνει δ' εἰρώων ἀρετὰς
χειρωάδων

Ap. Dysc. *pron.* 64 b Βοιωτοὶ ἰών (= ἐγώ), ... ἰώνει (= ἐγώνη), ... ἰώνγα (= ἐγώνγα)· Κόριννα (a), καὶ ἔτι (b); Hdn. π.μ.λ. ā 18 παρὰ Κορίννηι βανά ... ἀντὶ τοῦ γυνή

(a) μέμφομαι, καὶ, Μυρτίδα, Πινδαρίοιο cod., (b) 1 ἰώνει ηδ' ἡρώων cod., corr. Bergk

POETAE MINORES

EUMELUS

401 (1 B. et D.)

Προσόδιον ἐς Δῆλον

[696]

τῶι γὰρ 'Ιθωμάται καταθύμιος ἔπλετο Μοῖσα
ἁ καθαρά† καὶ ἐλεύθερα σάμβαλ' ἔχοισα.

Paus. iv 33. 2 ἄγουσι δὲ καὶ ἑορτὴν ἐπέτειον 'Ιθωμαῖα, τὸ δὲ ἀρχαῖον καὶ ἀγῶνα ἐτίθεσαν μουσικῆς. τεκμαίρεσθαι δ' ἔστιν ἄλλοις τε καὶ Εὐμήλου τοῖς ἔπεσιν· ἐποίησε γοῦν καὶ τάδε ἐν τῶι προσοδίωι τῶι ἐς Δῆλον· τῶι κτλ. ; ibid. iv 4 init. ἐπὶ δὲ Φίντα τοῦ Συβότα πρῶτον Μεσσήνιοι τότε τῶι Ἀπόλλωνι ἐς Δῆλον θυσίαν καὶ ἀνδρῶν χορὸν ἀποστέλλουσι· τὸ δέ σφισιν ἆισμα προσόδιον ἐς τὸν θεὸν ἐδίδαξεν Εὔμηλος, εἶναί τε ὡς ἀληθῶς Εὐμήλου νομίζεται μόνα τὰ ἔπη ταῦτα; cf. v 19. 10

2 καθαρὰ⟨ν κίθαριν⟩ suppl. Bergk

TERPANDER

402 (2 B. et D.)

[697]

†ἀμφί μοι αὖτις ἄναχθ' ἑκατηβόλον ἀειδέτω φρήν.†

Suda s.vv. ἀμφιανακτίζειν et τὸ προοιμιάζειν; schol. Ar. *Nub.* 595 ἐκ τῶν Τερπάνδρου προοιμίων . . .· ἀμφί . . . ἄνακτα +

αὖτις schol. Ar., Suda (ἀμφιαν.): αὐτὸν vel αὖ τὸν Suda (προοιμ.); αὖτε ex Ar. Nub. l.c. edd.   ἀιδέτω, ἀοιδέτω Suda   ἀιδέτω ⟨ἁ⟩ φρήν coni. Hermann

403 (1 B. et D.)

[698]

Ζεῦ πάντων ἀρχά, πάντων ἁγήτωρ,
Ζεῦ σοὶ πέμπω ταύταν ὕμνων ἀρχάν.

Clem. Alex. *strom.* vi 11. 88 ἡ τοίνυν ἁρμονία τοῦ βαρβάρου ψαλτηρίου, τὸ σεμνὸν ἐμφαίνουσα τοῦ μέλους, ἀρχαιοτάτη τυγχάνουσα, ὑπόδειγμα Τερπάνδρωι μάλιστα γίνεται πρὸς ἁρμονίαν τὴν Δώριον ὑμνοῦντι τὸν Δία ὧδέ πως· Ζεῦ κτλ. +

XANTHUS

404 (2 B.)

τοῦτον οὖν (τὸν Ἡρακλέα), φησίν (ὁ Μεγακλείδης), οἱ νέοι [699] ποιηταὶ κατασκευάζουσιν ἐν λῃστοῦ σχήματι μόνον περιπορευόμενον, ξύλον ἔχοντα καὶ λεοντῆν καὶ τόξα. καὶ ταῦτα πλάσαι πρῶτον Στησίχορον τὸν Ἱμεραῖον. καὶ Ξάνθος δ' ὁ μελοποιός, πρεσβύτερος ὢν Στησιχόρου, ὡς καὶ αὐτὸς ὁ Στησίχορος μαρτυρεῖ ὥς φησιν ὁ Μεγακλείδης, οὐ ταύτην αὐτῶι περιτίθησι τὴν στολὴν ἀλλὰ τὴν Ὁμηρικήν. πολλὰ δὲ τῶν Ξάνθου παραπεποίηκεν ὁ Στησίχορος, ὥσπερ καὶ τὴν Ὀρέστειαν καλουμένην.

Athen. xii 512 F seq.

405 (1 B.)

Ξάνθος ὁ ποιητὴς τῶν μελῶν, ἐγένετο δὲ οὗτος πρεσβύτερος [700] Στησιχόρου τοῦ Ἱμεραίου, λέγει τὴν Ἠλέκτραν τοῦ Ἀγαμέμνονος οὐ τοῦτο ἔχειν τοὔνομα πρῶτον ἀλλὰ Λαοδίκην. ἐπεὶ δὲ Ἀγαμέμνων ἀνῃρέθη, τὴν δὲ Κλυταιμνήστραν ὁ Αἴγισθος ἔγημε καὶ ἐβασίλευσεν, ἄλεκτρον οὖσαν καὶ καταγηρῶσαν παρθένον Ἀργεῖοι Ἠλέκτραν ἐκάλεσαν διὰ τὸ ἀμοιρεῖν ἀνδρὸς καὶ μὴ πεπειρᾶσθαι λέκτρου.

Aelian. v.h. iv 26

LASUS

406 (1 adnot. B.)

Κένταυροι

ταῦτα (scil. Pind. fr. 70 b i seqq. Sn.) σημειώσαιτ' ἄν τις πρὸς [704] τοὺς νοθεύοντας Λάσου τοῦ Ἑρμιονέως τὴν ἄσιγμον ὠιδὴν ἥτις ἐπιγράφεται Κένταυροι.

Athen. x 455 c

PRATINAS

407 (1 B. et D.)

[708] τίς ὁ θόρυβος ὅδε; τί τάδε τὰ χορεύματα;
τίς ὕβρις ἔμολεν ἐπὶ Διονυσιάδα πολυπάταγα θυμέλαν;
ἐμὸς ἐμὸς ὁ Βρόμιος, ἐμὲ δεῖ κελαδεῖν, ἐμὲ δεῖ παταγεῖν
ἀν' ὄρεα σύμενον μετὰ Ναϊάδων
5 οἷά τε κύκνον ἄγοντα ποικιλόπτερον μέλος.
τὰν ἀοιδὰν κατέστασε Πιερὶς βασίλειαν· ὁ δ' αὐλὸς
ὕστερον χορευέτω· καὶ γάρ ἐσθ' ὑπηρέτας.
κώμωι μόνον θυραμάχοις τε πυγμαχίαισι νέων θέλοι παροίνων
ἔμμεναι στρατηλάτας.
10 παῖε τὸν φρυνεοῦ ποικίλου πνοὰν ἔχοντα,
φλέγε τὸν ὀλεσισιαλοκάλαμον
λαλοβαρύοπα παραμελορυθμοβάταν
ὑπαὶ τρυπάνωι δέμας πεπλασμένον.
ἢν ἰδού· ἅδε σοι δεξιᾶς καὶ ποδὸς διαρριφά·
15 θρίαμβε διθύραμβε κισσόχαιτ' ἄναξ,
⟨ἄκου'⟩ ἄκουε τὰν ἐμὰν Δώριον χορείαν.

Athen. xiv 617 B-F Πρατίνας δὲ ὁ Φλειάσιος αὐλητῶν καὶ χορευτῶν μισθοφόρων κατεχόντων τὰς ὀρχήστρας ἀγανακτεῖν† τινας ἐπὶ τῶι τοὺς αὐλητὰς μὴ συναυλεῖν τοῖς χοροῖς καθάπερ ἦν πάτριον ἀλλὰ τοὺς χοροὺς συνᾴδειν τοῖς αὐληταῖς· ὃν οὖν εἶχεν κατὰ τῶν ταῦτα ποιούντων θυμὸν ὁ Πρατίνας ἐμφανίζει διὰ τοῦδε τοῦ ὑπορχήματος· τίς κτλ.

6 κατεστα ἐπιερεις βασιλεια οὐδ' A, ὁ δ' pro οὐδ' (om. τὰν—βασίλ.) E, corr. Heringa (Πιερὶς βασίλεια), Bergk; vel κατέστασεν ἁ Πιερίς, Edmonds 8 κωμῶν μόνον A, κώμων μόνων E, corr. Bergk θηρομάχοις, a sup. pr. o scr., E, θ' ἤροα μάχοις C θέλοι Wilam.: θεαεί A, θέα E; θέλει iam Dobree πάροινον A (παροιν.—ἔχοντα om. E), corr. Bergk 10 φρυναιου A, corr. Girard ἔχοντα: χέοντα coni. Jacobs 11 ὀλοσιαλοκάλαμον A, ὀλεσια κάλαμον E sec. Peppink, corr. Bergk 12 λαλοβαρυοπαραμελο- A (-βαρυπαραμ. E), corr. Bergk, sed etiam παρμελο- possis 13 θυπα A (om. E): θ delevi; ὑπαὶ Emperius 14 δεξιὰ A, corr. Bamberger πόλος A, corr. anon. 16 supplevi

MYRTIS

408 (1 B.)

τίς Εὔνοστος ἥρως ἐν Τανάγραι καὶ διὰ τίνα αἰτίαν τὸ ἄλσος [716]
αὐτοῦ γυναιξὶν ἀνέμβατόν ἐστιν; Ἐλιέως τοῦ Κηφισοῦ καὶ
Σκιάδος Εὔνοστος ἦν υἱός, ὧι φασιν ὑπὸ νύμφης Εὐνόστας
ἐκτραφέντι τοῦτο γενέσθαι τοὔνομα. καλὸς δ᾽ ὢν καὶ δίκαιος οὐχ
ἧττον ἦν σώφρων καὶ αὐστηρός. ἐρασθῆναι δ᾽ αὐτοῦ λέγουσιν
Ὄχνην, μίαν τῶν Κολωνοῦ θυγατέρων ἀνεψιὰν οὖσαν. ἐπεὶ δὲ
πειρῶσαν ὁ Εὔνοστος ἀπετρέψατο καὶ λοιδορήσας ἀπῆλθεν εἰς
τοὺς ἀδελφοὺς κατηγορήσων, ἔφθασεν ἡ παρθένος τοῦτο πράξασα
κατ᾽ ἐκείνου καὶ παρώξυνε τοὺς ἀδελφοὺς Ἔχεμον καὶ Λέοντα
καὶ Βουκόλον ἀποκτεῖναι τὸν Εὔνοστον ὡς πρὸς βίαν αὐτῆι συγ-
γεγενημένον. ἐκεῖνοι μὲν οὖν ἐνεδρεύσαντες ἀπέκτειναν τὸν νεανί-
σκον, ὁ δ᾽ Ἐλιεὺς ἐκείνους ἔδησεν. ἡ δ᾽ Ὄχνη μεταμελομένη καὶ
γέμουσα ταραχῆς, ἅμα μὲν αὑτὴν ἀπαλλάξαι θέλουσα τῆς διὰ τὸν
ἔρωτα λύπης, ἅμα δ᾽ οἰκτείρουσα τοὺς ἀδελφούς, ἐξήγγειλε πρὸς
τὸν Ἐλιέα πᾶσαν τὴν ἀλήθειαν, ἐκεῖνος δὲ Κολωνῶι. Κολωνοῦ δὲ
δικάσαντος οἱ μὲν ἀδελφοὶ τῆς Ὄχνης ἔφυγον, αὐτὴ δὲ κατεκρή-
μνισεν ἑαυτήν, ὡς Μυρτὶς ἡ Ἀνθηδονία ποιήτρια μελῶν ἱστόρηκε.
τοῦ δ᾽ Εὐνόστου τὸ ἡρῶιον καὶ τὸ ἄλσος οὕτως ἀνέμβατον ἐτηρεῖτο
καὶ ἀπροσπέλαστον γυναιξίν, ὥστε πολλάκις σεισμῶν ἢ αὐχμῶν ἢ
διοσημιῶν ἄλλων γενομένων ἀναζητεῖν καὶ πολυπραγμονεῖν ἐπι-
μελῶς τοὺς Ταναγραίους μὴ λέληθε γυνὴ τῶι τόπωι πλησιάσασα.

Plut. quaest. graec. 40

TELESILLA

409 (1 B. et D.)

ἁ δ᾽ Ἄρτεμις, ὦ κόραι, [717]
φεύγοισα τὸν Ἀλφεόν

Heph. Ench. xi 2 Τελέσιλλα . . . · ἁ δ᾽ κτλ. +

TIMOCREON

410 (1 B. et D.)

[727] ἀλλ' εἰ τύ γε Παυσανίαν ἢ καὶ τύ γε Ξάνθιππον αἰνεῖς,
ἢ τύ γε Λευτυχίδαν, ἐγὼ δ' Ἀριστείδαν ἐπαινέω
ἄνδρ' ἱερᾶν ἀπ' Ἀθανᾶν
4 ἐλθεῖν ἕνα λῶιστον, ἐπεὶ Θεμιστοκλῆν ἤχθαρε Λατώ,

ψεύσταν ἄδικον προδόταν, ὃς Τιμοκρέοντα ξεῖνον ἐόντα
ἀργυρίοισι κοβαλικοῖσι πεισθεὶς οὐ κατᾶγεν
πατρίδ' Ἰαλυσὸν εἴσ⟨ω⟩,
8 λαβὼν δὲ τρί' ἀργυρίου τάλαντ' ἔβα πλέων εἰς ὄλεθρον,

τοὺς μὲν κατάγων ἀδίκως, τοὺς δ' ἐκδιώκων, τοὺς δὲ καίνων·

Plut. *Them.* 21 ἦν δὲ καὶ τοῖς συμμάχοις ἐπαχθὴς (ὁ Θεμιστοκλῆς) περιπλέων τε τὰς νήσους καὶ χρηματιζόμενος ἀπ' αὐτῶν· οἷα καὶ πρὸς Ἀνδρίους ἀργύριον αἰτοῦντά φησιν αὐτὸν Ἡρόδοτος (8. 111) εἰπεῖν τε καὶ ἀκοῦσαι. δύο γὰρ ἥκειν ἔφη θεοὺς κομίζων, Πειθὼ καὶ Βίαν· οἱ δ' ἔφασαν εἶναι καὶ παρ' αὐτοῖς θεοὺς μεγάλους δύο, Πενίαν καὶ Ἀπορίαν, ὑφ' ὧν κωλύεσθαι δοῦναι χρήματα ἐκείνωι. Τιμοκρέων δ' ὁ Ῥόδιος μελοποιὸς ἐν ἄισματι καθάπτεται πικρότερον τοῦ Θεμιστοκλέους, ὡς ἄλλους μὲν ἐπὶ χρήμασι φυγάδας διαπραξαμένου κατελθεῖν, αὐτὸν δὲ ξένον ὄντα καὶ φίλον προεμένου δι' ἀργύριον. λέγει δ' οὕτως· ἀλλ' κτλ.; cf. schol. in Aristeid. xlvi 294; Sud. s.v. Τιμοκρέων

2 fort. *Λατ*- et ἐγών   3 fort. ἱαρᾶν   4 ἐλθεῖν ἕνα λῶιστον UMA: ὃς ἦλθε λεκτὸς S   ἐπεὶ S²: ἐπεὶ δὲ UMA, ἐπὶ S¹   -κλῆν Wilam.: -κλῆα UMA, -κλέα δὲ S   6 κοβαλ- Bergk: σκυβαλ- UMA et S marg. (man. prima), κυμβαλ- S   7 εἰς πατρ. Ἰαλ. codd.: εἰς transposui et suppplevi   monendum est ἰη- vel ἰᾱ- scandi (Hom., Pind.; ιη- etiam Herodotus lapidesque inscripti, ῐᾱ- Ovidius). syll. λῠ Pind., Ovidius, λῡ Hom. metri gratia opinor. itaque Anacr. fr. 296. 1 ιηλῡ- non ιᾰλῡ- recipere praestat. nil moramur si Dionysius Rhodius ῐᾱ- pro ῑᾱ- scripsit, ut voc. termino hexam. dact. accommodaret (*Anth. Pal.* 7. 716. 1)

410, 411, 412   TIMOCREON

ἀργυρίων δ' ὑπόπλεως Ἰσθμοῖ γελοίως πανδόκευε
ψυχρὰ ⟨τὰ⟩ κρεῖα παρίσχων·
12 οἱ δ' ἤσθιον κηὔχοντο μὴ ὥραν Θεμιστοκλέος γενέσθαι.

10 ἀργυρίων ὑπόπλ. 'Ἰσθμοῖ (-οῖς M) δὲ πανδόκευε γελοίως UMA, ἀργυρίου δὲ ὑπόπλ. κτλ. S: δὲ post 'Ἰσθμοῖ non potest stare; manifestum est novam sententiam init. v. 10 incohari, ne λαβὼν τρί' ἀργυρίου τάλαντα et ἀργ. ὑπόπλ. in eadem stent πανδ. γελ. transposuit Enger; etiam ἐπανδόκευ' 'Ἰσθμοῖ γελ. possis   11 ψυχρὰ κρέα codd., correxi monendum est semper scandi κρεᾶ 'frigidas lances praebens'   12 τοὶ Ahrens κηὔχοντο : εὐχόμενοι coni. Bowra ut congrueret responsio ὥραν codd., corr. Ahrens   -κλέους codd., corr. Ahrens

411 (2 B. et D.)

πολὺ δ' ἀσελγεστέραι καὶ ἀναπεπταμένηι μᾶλλον εἰς τὸν Θεμι- [728]
στοκλέα βλασφημίαι χρῆται μετὰ τὴν φυγὴν αὐτοῦ καὶ τὴν κατα-
δίκην ὁ Τιμοκρέων, ᾆσμα ποιήσας οὗ ἐστιν ἀρχή·

Μοῦσα τοῦδε τοῦ μέλεος
κλέος ἀν' Ἕλλανας τίθει,
ὡς ἐοικὸς καὶ δίκαιον.

ibid. (priori continuum)

412 (3 B. et D.)

λέγεται δ' ὁ Τιμοκρέων ἐπὶ μηδισμῶι φυγεῖν συγκαταψηφισα- [729]
μένου τοῦ Θεμιστοκλέους. ὡς οὖν ὁ Θεμιστοκλῆς αἰτίαν ἔσχε
μηδίζειν, ταῦτ' ἐποίησεν ἐς αὐτόν·

οὐκ ἄρα Τιμοκρέων μόνος
Μήδοισιν ὁρκιατομεῖ·
ἀλλ' ἐντὶ κἄλλοι δὴ πονη-
ροὶ κοὐκ ἐγὼ μόνα κόλου-
5   ρις· ἐντὶ κἄλλαι 'λώπεκες.

ibid. (priori continuum)

1 ἄρα codd. μοῦνος codd.   2 ὅρκια τέμοι UM, ὅρκια τομη S, ὅρκια τέμνει A, corr. Hermann (nisi ὁρκιατόμει, Bergk)   4 οὐκ codd., corr. Hermann   5 ἐντὶ καὶ ἄλλαι UMA : ἐϑὶ καὶ ἄλλᾶι S

TIMOCREON

413 (8 B., 5 D.)

[731]
1 ὤφελέν σ' ὦ τυφλὲ Πλοῦτε
μήτε γῆι μήτ' ἐν θαλάσσηι
2 μήτ' ἐν ἠπείρωι φανῆμεν,
ἀλλὰ Τάρταρόν τε ναίειν
3 κἈχέροντα· διὰ σὲ γὰρ πάντ'
αἰὲν ἀνθρώποις κακά.

Schol. Ar. *Ach.* 532 Τιμοκρέων δὲ ὁ Ῥόδιος μελοποιὸς τοιοῦτον ἔγραψε σκόλιον κατὰ τοῦ πλούτου, οὗ ἡ ἀρχή· ὤφελεν κτλ. +

1 ὤφελες ὦ codd., corr. Ilgen   μήτ' ἐν γῆι codd., corr. Brunck; μὴ 'πὶ γῆι coni. G. S. Farnell   θαλάττ- codd.   2 ἠπείρωι: οὐρανῶι coni. Schneidewin   φανήμεναι codd., corr. Bergk (nisi φανήμειν scribendum) γε ναίειν schol. Ald.   3 πάντ' ἐν codd.: πάντ' α⟨ἰ⟩ἐν scripsi; alia possis, e.g. γὰρ ⟨δὴ⟩ πάντ' ἐν Edmonds, πάντ' ⟨ἐστ'⟩ ἐν Meineke, πάντ' ἐ⟨στὶ⟩ν Bowra

ION

414 (9 B., 8 D.)

[744]
ἄδαμον
παῖδα ταυρωπόν, νέον οὐ νέον,
ἥδιστον πρόπολον βαρυ-
γδούπων ἐρώτων,
οἶνον ἀερσίνοον
5 ἀνθρώπων πρύτανιν.

Athen. ii 35 D seq. Ἴων δ' ὁ Χῖός φησιν· ἄδ. κτλ.

1 ἄδαμνον coni. Casaubon   4 -πνοον CE, corr. Casaubon; fort.
-νόων, nisi v. 5 πρύτανιν ἀνθρ.   5 ⟨– ∪⟩ ἀνθρ. πρύτ. coni. Kaibel

ION, PRAXILLA

415 (10 B., 9 D.)

ἀοῖον ἀεροφοίταν [745]
ἀστέρα μείναμεν, ἀελίου
λευκᾶι πτέρυγι πρόδρομον.

Ar. *Pax* 834 seqq. cum schol. Ἴων ὁ Χῖος ... ἐποίησε ... ὠιδὴν ἧς ἡ ἀρχή· ἀοῖον κτλ. +

1 ἀώιον coni. Bergk ἀερο-: ἠερο- R Suda, fort. recte; ἀμερο- coni. Bentley   2 μείναμεν Bentley: μείνωμεν V Ald., μῆνα μὲν R Suda   3 λευκῆι codd.   λευκοπτέρυγα (Bentley) veri sim.

416 (16 B., 10 D.)

οὐδ' ὅ γε σῶμα τυπεὶς διφυεῖς τε κόρας ἐπιλάθεται ἀλκᾶς, [746]
ἀλλ' ὀλιγοδρανέων φθογγάζεται·
θάνατον δ' ὅ γε δουλοσύνας προβέβουλε.

Philo π. τοῦ πάντα σπουδαῖον ἐλεύθ. 132-5 τοῦ δὲ περὶ τοὺς ὄρνιθας ἐναγωνίου μέμνηται καὶ ὁ τραγικὸς Ἴων διὰ τούτων· οὐδ' κτλ.

PRAXILLA

417 (2 B. et D.)

Ὕμνος εἰς Ἄδωνιν

κάλλιστον μὲν ἐγὼ λείπω φάος ἠελίοιο, [747]
δεύτερον ἄστρα φαεινὰ σεληναίης τε πρόσωπον
ἠδὲ καὶ ὡραίους σικύους καὶ μῆλα καὶ ὄγχνας.

Zenob. *cent.* iv 21 Ἠλιθιώτερος τοῦ Πραξίλλης Ἀδώνιδος· ἐπὶ τῶν ἀνοήτων. Πράξιλλα Σικυωνία μελοποιὸς ἐγένετο, ὥς φησι Πολέμων· αὕτη ἡ Πράξιλλα τὸν Ἄδωνιν ἐν τοῖς ὕμνοις εἰσάγει ἐρωτώμενον ὑπὸ τῶν κάτω τί κάλλιστον καταλιπὼν ἐλήλυθεν, ἐκεῖνον δὲ λέγοντα οὕτως· κάλλ. κτλ. +

2 ὄχνους Zenob., corr. Schneidewin

418 (5 B., 3 D.)

[754]

ὦ διὰ τῶν θυρίδων καλὸν ἐμβλέποισα
παρθένε τὰν κεφαλὰν τὰ δ' ἔνερθε νύμφα

Heph. *Ench.* vii 8 τὸ ... καλούμενον Πραξίλλειον· ὦ κτλ.; vasculum saec. V med. inscr. (Jacobsthal *Goettinger Vasen* 59 seqq.) οδιατεσθυριδοσ +

---

1 fort. τῆς θυρίδος legendum

EURIPIDES

419 (3 B. et D.)

Ἐπινίκιον εἰς Ἀλκιβιάδην

[755]

σὲ δ' ἄγαμαι,
ὦ Κλεινίου παῖ· καλὸν ἁ νίκα,
κάλλιστον δ', ὃ μήτις ἄλλος Ἑλλάνων,
ἅρματι πρῶτα δραμεῖν καὶ δεύτερα καὶ τρίτα⟨τα⟩,
5 βῆναί τ' ἀπονητὶ Διὸς στεφθέντ' ἐλαίαι
κάρυκι βοὰν παραδοῦναι.

Plut. *vit. Alcib.* 11 αἱ δ' ἱπποτροφίαι περιβόητοι μὲν ἐγένοντο καὶ τῶι πλήθει τῶν ἁρμάτων· ἑπτὰ γὰρ ἄλλος οὐδεὶς καθῆκεν Ὀλυμπίασιν ἰδιώτης οὐδὲ βασιλεύς, μόνος δ' ἐκεῖνος. καὶ τὸ νικῆσαι δὲ καὶ δεύτερον γενέσθαι καὶ τέταρτον, ὡς Θουκυδίδης φησίν (6. 16), ὡς δ' Εὐριπίδης τρίτον, ὑπερβάλλει λαμπρότητι καὶ δόξηι πᾶσαν τὴν ἐν τούτοις φιλοτιμίαν. λέγει δ' Εὐριπίδης ἐν τῶι ἄισματι ταῦτα· σὲ δ' κτλ.; Athen. i 3 E Ἀλκιβιάδης δὲ Ὀλύμπια νικήσας ἅρματι πρῶτος καὶ δεύτερος καὶ τέταρτος, εἰς ἃς νίκας καὶ Εὐριπίδης ἔγραψεν ἐπινίκιον

---

1 ἄγαμε N, corr. Lindskog; ἀείσομαι rell. (UA)   3 δ' N, om. UA   μηδεὶς codd., numerorum causa correxi   4 τρίτα codd., corr. Bergk   5 -ναί τ' UA: -ναι δ' N   Διὸς Hermann: δὶς codd.   6 βοᾶν scr. Bergk coll. Hdt. vi 103. 2 νικῶν παραδιδοῖ ... ἀνακηρυχθῆναι

MELANIPPIDES

420 (1 B. et D.)

Δαναΐδες

οὐ γὰρ †ἀνθρώπων φόρευν μορφὰν ἐνεῖδος† [757]
οὐδὲ †τὰν αὐτὰν† γυναικείαν ἔχον,
ἀλλ' ἐν ἁρμάτεσσι διφρού-
χοις ἐγυμνάζοντ' ἀν' εὐ-
ἡλι' ἄλσεα πολλάκις
θήραις φρένα τερπόμεναι,
5 ⟨αἱ δ'⟩ ἱερόδακρυν λίβανον εὐώ-
δεις τε φοίνικας κασίαν τε ματεῦσαι
τέρενα Σύρια σπέρματα

Athen. xiv 651 F Μελανιππίδης δ' ὁ Μήλιος ἐν ταῖς Δαναΐσιν φοίνικας τὸν καρπὸν οὕτως ὀνομάζει τὸν λόγον ποιούμενος περὶ αὐτῶν τῶν Δαναΐδων· οὐ κτλ.

1–2 μορφᾶεν εἶδος coni. Dobree, τὰν αὐδὰν Casaubon : sed quis unquam negavit Danai filias formam vocemque humanam habere? sententiae aptum foret οὔ⟨τε⟩ παρθένων (hoc iam Emperius, sed corruptela parum veri sim.) φόρευν ... εἶδος, | οὐ δίαιταν (Dobree) τὰν γυναικείαν (-κίαν A) ἔχον   3 ασδεα A, corr. Emperius   πολλάκι A   4 θῆρες A, corr. Porson   5 supplevi (vel ταὶ δ')   -δακρυ et πατεῦσαι A, corr. Emperius   6 συρίας τέρματα A, corr. Fiorillo

LICYMNIUS

421 (3 B. et D.)

Ὕπνος δὲ χαίρων   [771]
ὀμμάτων αὐγαῖς, ἀναπεπταμένοις
ὄσσοις ἐκοίμιζεν κόρον.

Athen. xiii 564 C–D Λικύμνιος δ' ὁ Χῖος τὸν Ὕπνον φήσας ἐρᾶν τοῦ Ἐνδυμίωνος οὐδὲ καθεύδοντος αὐτοῦ κατακαλύπτει τοὺς ὀφθαλμούς, ἀλλὰ ἀναπεπταμένων τῶν βλεφάρων κοιμίζει τὸν ἐρώμενον ὅπως διὰ παντὸς ἀπολαύηι τῆς τοῦ θεωρεῖν ἡδονῆς. λέγει δ' οὕτως· ὕπνος κτλ.

3 κοῦρον AE, corr. Fiorillo; vel fort. ὄσσοισιν ἐκοίμισε κοῦρον (Meineke)

TIMOTHEUS 422, 423, 424

TIMOTHEUS

Πέρσαι

422 (8 B., 6ᴬ D.)

[788]   κλεινὸν ἐλευθερίας τεύχων μέγαν Ἑλλάδι κόσμον

Plut. vit. Philopoem. 11 Πυλάδην τὸν κιθαρῳδὸν ᾄδοντα τοὺς Τιμοθέου Πέρσας ἐνάρξασθαι· κλεινὸν κτλ., ... ἐπίβλεψιν γενέσθαι τοῦ θεάτρου πανταχόθεν εἰς τὸν Φιλοποίμενα; Paus. viii 50. 3, eadem

423 (9 B., 6ᴮ D.)

[789]   σέβεσθ' αἰδῶ συνεργὸν ἀρετᾶς δοριμάχου.

Plut. de aud. poet. 11 ἀφ' ὧν (Hom. Il. 13. 121) καὶ Τιμόθεος ὁρμηθεὶς οὐ κακῶς ἐν τοῖς Πέρσαις τοὺς Ἕλληνας παρεκάλει· σέβεσθ' κτλ.; id. de fort. Rom. 11 οἷς πολλὴν τόλμαν καὶ ἀνδρείαν αἰδῶ τε συνεργὸν ἀρετᾶς δοριμάχου, ὥς φησι Τιμόθεος, τίς οὐκ ἂν ὁμολογήσειεν;

αἰδῶ συνεργὸν aud. codd.: αἰδῶ τε συν. fort. cod. ΣFᵐᵍ¹: πρὸς συν. rell.

424 (10 B., 6ᶜ D.)

[790]   Ἄρης τύραννος· χρυσὸν Ἑλλὰς οὐ δέδοικε.

Plut. vit. Agesil. 14 πολλοῖς ἐπῄει τὰ τοῦ Τιμοθέου λέγειν· Ἄρης κτλ.; id. vit. Demetr. 42, Ἄρης μὲν γὰρ τύραννος, ὥς φησι Τιμόθεος; Zenob. Athous ii 47 ap. Miller Mélanges p. 363 Ἄρης τύραννος· τοῦτο τὸ κομμάτιον ἐκ τῶν Τιμοθέου Περσῶν +

δ' Ἑλλὰς codd.: δ' del. G. S. Farnell

425. 1-15   TIMOTHEUS

425 (6ˣ D.)

col. ii [791]

[..].[..].[......]αιτ[   ]νων[   ]..
συν[εμ]βολο[ι]σι γειτ[...]σ[..]υ[.........]αντιαι[......]πρι-
                                                              [..]νε
χαρα[ξ]ανπο.ιδεγε[...]λογχο[.......]αμφεθ[ε]ντοοδοντων
4 στο.[.].αιδ[.]κυρτοι[σι]κρασιν[.......]
5   ]μέναι [χε]ι̂-
    ρας παρέσυρον ἐλα[τίνα]ς·   cho. ia.
    ἀλλ' εἰ μὲν [ἐ]νθένδε[......]ισ-   2 ia. ?
    τος ἐπ[ιφ]έροιτο πλαγὰ   ia. ba.
    ῥηξί[...]ος, πάντες [..]ανέ-   2 tro. ?
10 πι[πτον] ἐκεῖσε να[ῦ]ται·   cho. ia.
    εἰ δ' ἀντίτοιχος ἀκτ[ὰ   ia. ba.
    ...]ος ἄξειεμ [πο]λυκροτο[..   tro. cr. ba. ?
    ...]σιμον πεύκας, πάλιν ἐφέροντο·   „   ?
    αἱ δε[....]αι.η γυῖα [δ]ιαφέρουσα[ι   2 ia. ba. ?
15 πλ]ευρὰς λι[νο]ζώστους ἔφαι-   2 ia.

P. Berol. 9865

omnia suppl. et corr. ed. primus exceptis quae notantur   litteris
dubiis punctula non subscripsi nisi de vocabulo toto dubitari potest

1-4, 52-59: nec de sententiis nec de versuum divisione constat; etiam
in reliquis (5-51) dubia multa

5-6 *remos abrumpebant*

7-13 *remos frangebat hinc plaga hostilis, illinc litus* (cf. Virg. *Aen.* v
205 ff., Caes. *Bell. Civ.* i 58), *ita ut remiges subito retrorsum caderent*
(ἀνέπιπτον, πάλιν ἐφέροντο)

7 ἀλλ' εἰ: αδλει Π   [ἀπρόσο]ιστος possis

9 ῥηξί[κωπ]ος veri sim.   suppl. Danielsson ([ἐπ]ανεπι[πτον])

10 ἐκεῖσε Danielsson (ἐγεισε Wil.)

11 supplevi

12 e.g. μῆχ]ος ἄξειεν [πο]λυκρότο[ιο | πλώ]σιμον πεύκας (*machinam pinus
navalem = remum*)

14 αἱ δ' ε[ὖτ' ἀν]αιδῆ, sim., possis

215

TIMOTHEUS   425. 16-36

νον, τας . [....].[...]...[..]ις   [ ]
σκηπτ[..] ἐπεμβάλλ[ο]ντες ἀνε-   2 ia. ?
[χ]αίτιζον, αἱ δὲ πρα[νέες   „
......].[...]ας ἀπηγ⟨λ⟩αϊ-   „ ?
20 σμένα[ι] σιδα[ρ]⟨έ⟩ωι κράνει·   „
ἶσος δὲ πυρὶ δαμ[ia. [ ]
...] ἀγκυλένδετος   ba. ia. ?
μεθίετο χερσίν, ἐν δ' ἔπιπτε γυίοις   2 ia. ba.
αἰθε[.........] ὠμὰ διακραδαίνων·   „ ?
25 στερεοπαγῆ δ' ἐφέρετο φόνι-   2 ia.
α [.........]α̣[..] τ̣ά τε περίβολα   ?
πυρὶ φλεγ[όμ]εν' ἐν ἀποτομάσι   lec.
βουδό[ροισι· τῶν δὲ] βίοτος   2 tro.
ἐθύετ' ἀδιν[ὸ]ς ὑπὸ τανυπτέ-   „
30 ροισι χαλκόκρασι νευρε[2 tro. ba. ?
σμαραγδοχαίτας δὲ πόν-   ia. cr.
τος ἄλοκα ναΐοις ἐφοι-   2 ia.
νίσσετο σταλά[γμασι   lec.
...]αυπαι βοὰ δὲ [πα]μμι[γ]ὴς κατεῖχεν·   2 ia. ba.
35 ὁμοῦ δὲ νάϊος στρατὸς   2 ia.
βάρβαρος ἀμμι[γ.....]   cho. [ ]

─────────────────────────────
16 τὰς μ[έν, αἰόλας ὕβρε]ις | σκηπτ[ῶν] ἐπεμβ., sim., possis   σκηπτοί =
δελφῖνες (LSJ s.v. II)
18 supplevi (πρα[νὲς iam Wil.)
19 βάπτουσι δέμ]ας, sim.
20 σιδ. κράνει = rostro
21 δαμ[ασίφως (Wil.), δαμ[αστάς, sim.
22 Ἄρης] Wil. (ἀγκυλ. ἄρης = iaculum)
24 αἰθέ[ρια δούρατ'], sim.   vel ὠμάδια κρ.   κραιδ-, expuncta litt. ι, Π
25 de missilibus solidis (στερεοπ.), mox (26) de iaculis igniferis agitur
27 -τομεσι Π
28 βουδό[ροισι supplem. veri simill., sed significatio obscura ('ein
Stecken, mit dem man die Ochsen prügelt', Wil.)   τῶν δὲ] supplevi
33 supplevi (-γμοῖς Wil.)
34 κρ]αυγᾶι coni. et suppl. Wil., ἰυγᾶι sibi visus legere Sitzler
36 ἀμμί[γδην vel ἄμμι[γ(α) veri sim.

216

425. 37-60   TIMOTHEUS

    ἀντεφέρετ' ἐ]π' ἰχ]θυ[ο]-   lec.
    στέφεσι μαρμαροπ[τύχ]ο[ι]ς   "
    κόλποισιν [Ἀμφιτρίτ]ας,   ia. ba.
40 ἔνθα τρι τ[.......]πέδιος   2 tro.?
    ἀνὴρ ἀμεροδρόμοι-   cr. ia.
    ο χώρας ἄναξ [...   ba. ia.?
    ...]μβρίαν α ω[...   [ ]
    ποσί τε χ]ερσίν τε παί-   2 cr.
45 ω[ν ἔ]πλει νησιώ-   "
    τας [.......]ς θεινόμε[νος   2 ia.?
    .... δ]ιεξόδους μ[ατεύω]ν   2 tro.?
    ἰσόρροπά τε παλευό[μενος   2 ia.
          ]ηλ[   ]ων   [ ]
50 καλεῖ θ[αλάσ]σιον θεὸν   2 ia.
    πάτερα τ[
.......].νο[...]φι[   ].κεπ[..]..[.............]λασσων.
.......]σπ[..]τε[   ]..γαν[..]ορ̣[..........]απερσαν
.....].εφασ[..]ρ[   ]αντεκεκρατ[..........]νινκελαι
...αμ]βλυδω[χ]ρον[   ]σκατεσσφρα[.........].στα
.....]πεπα̣[..]ολλ[   ]υτεκ.τοσ[.........]νωτου
.....]εδιαπαλεψων[   ]πουβασιμογ̣[.....]νδιοδον
.....]εσμ[ο]ς[απ]ειρος[   ]φιναοιστρυ[.....]λιχθεις
       ]υλα[   ]φορ̣[..]ευμα.[   ]

col. iii

60 ὅ]τε δὲ τᾶι λείποιεν αὖραι   2 tro.

---

38 suppl. Leeuwen
40 seqq. divisio incerta
40 τ[ις Φρυγιο]πέδιος (Wil.), ἀμετροπέδιος, sim.
43]μβριαν ut in textu Wil., non]βριαν ut in transcriptione, Π δυσο]μβρ.?
44 ποσί τε supplevi
46 [ποντίαι]ς θεινόμε[νος ἄ-|ταις, sim.
58 ναοις an ναιοις in Π incertum

TIMOTHEUS 425. 61-82

ταῖ δ' ἐπεισέπιπτον, ἀφρῶι	2 tro.
δ' ⟨δ'⟩ ἀβακχίωτος ὄμ-	lec.
βρος, εἰς δὲ τρόφιμον ἄγγος	ia. ba.
ἐχεῖτ'· ἐπεὶ δ' ἀμβόλιμος ἅλ-	2 ia.
65 μα στόματος ὑπερέθυιεν,	ia. ba.
ὀξυπαραυδήτωι	cho. sp.
φωνᾶι παρακόπωι τε δόξαι φρενῶν	ia. 2 cr.
κατακορὴς ἀπείλει	cr. ba.
γόμφοισ⟨ιν⟩ ἐμπρίων	ia. sp.
70 †μμούμενος† λυμεῶ-	ia. cr.
νι σώματος θαλάσσαι·	ia. ba.
ἤδη θρασεῖα καὶ πάρος	2 ia.
λάβρον αὐχέν' ἔσχες ἐμ	lec.
πέδαι καταζευχθεῖσα λινοδέτωι τεόν·	3 ia.
75 νῦν δέ σ' ἀναταράξει	cr. ba.
ἐμὸς ἄναξ ἐμὸς πεύ-	,,
καισιν ὀριγόνοισιν, ἐγ-	lec.
κλήισει δὲ πεδία πλόϊμα νομάσι ναύταις·	2 ia. ba.
οἰστρομανὲς παλεομί-	cho. cr.
80 σημ' ἄπιστόν τ' ἀγκάλι-	tro. cr.
σμα κλυσιδρομάδος αὔρας.	cr. ba.
φάτ' ἄσθματι στρευγόμενος,	ia. cho.

61-62 αφρωισδεαβαχχι-, litt. σ fort. expuncta, Π   δ' supplevi
ἀβακχ. = *vini dissimilis (quia salsus, male potabilis)*
63 τρόφ. ἄγγ. = *ventrem*
69 γόμφ. ἐμπρ. = *dentibus immordens*   -οισ⟨ιν⟩ supplevi
70 μιμούμενος corruptum (βριμ-, θυμ-, μωμ-, alia, edd.)
71 θαλασας (ex -θας factum) Π
76-77 πεύκ. ὀριγ. *remis* an *navibus* incertum
77-78 *nautis undique vagis spatia navigabilia angustabit*
78 νομμασιναυγαις Π: νομάσι(ν) Wil., ναύταις Danielsson
79-80 = ὃ πάλαι μεμίσηκα, Wil.
80-81 ἀγκάλ. αὔρας: *mare turbidum ventus fovet diligitque*   κλυσιδρ.
= ἐπιτρεχούσης ὥστε κλύζειν
82 αθματι Π

425. 83-105   TIMOTHEUS

	βλοσυρὰν δ' ἐξέβαλλεν ἄ-	ion. ia.
	χναν ἐπανερευγόμενος	cr. cho.
85	στόματι βρύχιον ἅλμαν·	cr. ba.
	φυγᾶι δὲ πάλιν ἵετο Πέρ-	ia. cho.
	σης στρατὸς βάρβαρος ἐπισπέρχων	tro. cr. sp.?
	ἄλλα δ' ἄλλαν θραῦεν σύρτις	4 sp.
	μακραυχενό-	ia.
90	πλους, χειρῶν δ' ἔγβαλλον ὀρεί-	cho. dim.
	ους πόδας ναός, στόματος	,,
	δ' ἐξήλλοντο μαρμαροφεγ-	,,
	γεῖς παῖδες συγκρουόμενοι·	,,
	κατάστερος δὲ πόντος ἐγ	2 ia.
95	λιποπνόης ... [.]στερέσιν	[ ]
	ἐγάργαιρε σώμασιν,	ba. ia.
	ἐβρίθοντο δ' ἀϊόνες.	cho. dim.
	ο[ἱ] δ' ἐπ' ἀκταῖς ἐνάλοις	cr. cho.
	ἥμενοι γυμνοπαγεῖς	,,
100	αὐταῖ τε καὶ δακρυ-	ba. ia.
	σταγεῖ [γ]όωι	ia.
	στερνοκτύπωι γοηταὶ	ia. ba.
	θρηνώδει κατείχοντ' ὀδυρμῶι·	sp. cr. tro.
	ἅμα δὲ [γᾶν] πατρίαν ἐπανε-	glyc.
105	κα[λ]έοντ'· ἰὼ Μύσιαι	ia. cr.

---

87 vix sana: βάρβαρος del. Wil.; fort. Πέρ-|σης ἐπισπέρχων στρατὸς | βάρβαρος

88 σύρτις = φθορὰ καὶ λύμη (Hesych.)

89 = μακρὸν αὐχένα (= freta) πλεούσας

90-91 ὀρ. πόδας ναός = remos

91-93 στόμ. μαρμ. παῖδες = dentes

94 κατάστερος suspectum: -στεγος Herwerden. -στορος Keil

95 λι[πο]στ- in ψυ[χο]στ- mut. Wil.: pro ΛΙ fort. ΑΥ legendum, mox hasta vertic., e.g. Γ; itaque de αὐγ[ο]στερέσιν (luce carentibus) cogitandum

96 εγαργαιρε Π (non -γαισε ut Wil. in transcr. et Diehl in adn.)

102 -κτύποι coni. Wil.

TIMOTHEUS   425. 106–126

δενδροέθειραι πτυχαί,   cho. cr.
[ῥύσ]ασθέ μ' ἐνθέν[δ]ε· νῦν ἀήταις   ia. cr. ba.
φερόμεθ', οὐ γὰρ ἔτι ποτ' ἀμὸν   2 tro.
[σῶ]μα δέξεται [πόλ]ις   lec.
110 κ[.].εγ γὰρ χερὶ πα[.]ε[.]νυμφαιογονον
[...].ον αντρον ο[...].[...]δαστακαπε[.....].ονειτεο βαθυ-
[τ]ερον ποντοιο τ[...]α απεχε μαχιμρ[..].[..]
πλοιμον Ελλαν εν[...]η
       στέγην ἔδειμε
115 [τ]ῆλ[ε] τελεόπορον ἐμὸς   lec.
   [δ]εσπότης· οὐ γὰρ ἄ[ν Τμῶ]λον οὐδ'   3 cr.
   ἄστυ Λύδιον [λι]πὼν Σαρδέων   tro. 2 cr.
   ἦλθον ["Ε]λλαν' ἀπέρξων Ἄρ[η·   3 cr.
   νῦν] δὲ πᾶι τις δυσέκφευκ[τ]ον εὔ-   „

col. iv

120 ρηι | γλυκεῖαν μόρου καταφυγήν;   „
   'Ιλιοπόρος κακῶν λυαί-   2 ia.
   α μόνα γένοιτ' ἄν, εἰ   lec.
   †δυναστα† πρὸς μελαμ-   []
   πεταλοχίτωνα Ματρὸς οὐρείας   2 ia. sp.
125 δεσπόσυνα γόνατα πεσεῖν   lec.
   εὐωλένους τε χεῖρας ἀμφιβάλλων   2 ia. ba.

---

109 πόλ]ις suppl. Danielsson; πατρ]ίς Inama
110–13 πα[λ]ε[ο]νυμφ. [ἄβα]τον ἄντρον suppl. Wil., reliqua incertissima; sententia ut vid. *utinam ne* (εἴ[θε μ]ή Danielsson) *trabibus Hellespontem operuisset Xerxes*
115 τελεόπ. = *traiectum efficiens*?
117 Λυδόν coni. Wil.
118 ατερξων Π
121–5 sententiam recte Wil.: εἰς τὴν Τρωάδα πορεύουσα ἐκ τῶν κακῶν μόνη ἂν ἀνασώσειεν ἡ ὀρεία Μήτηρ, εἰ δυνατὸν εἴη πρὸς τὰ γόνατα τῆς δεσποίνης πεσεῖν   fort. δυνατά ⟨τωι⟩ vel δύναιτό ⟨τις⟩
124 -πεταλακιτ- Π
126 εὐωλένους: de Persarum delicatorum manibus dictum

425. 127-149   TIMOTHEUS

†λίσσων† χρυσοπλόκαμε	[ ]
θεὰ Μᾶτερ ἱκνοῦμαι	pherecr.
ἐμὸν ἐμὸν αἰῶνα δυσέκφευκτον, ἐπεί	3 cho.
130 μ' αὐτίκα λαιμοτόμωι τις ἀποίσεται	4 dact.
ἐνθάδε μήστορι σιδάρωι,	cho. tro.?
ἢ κᾳτακυμοτακεῖς ναυσιφθόροι	4 dact.
αὖραι νυκτιπαγεῖ βορέαι δια-	,,
ραίσονται· περὶ γὰρ κλύδων	glyc.
135 ἄγριος ἀνέρρηξεν ἅπαν	ia. cho.
γυίων εἶδος ὑφαντόν·	pherecr.
ἔνθα κείσομαι οἰκτρὸς ὀρ-	glyc.
νίθων ἔθνεσιν ὠμοβρῶσι θοινά.	glyc. ba.
τοιάδ' ὀδυρόμενοι κατεδάκρυον·	4 dact.
140 ἐπεὶ δέ τις λαβὼν ἄγοι	2 ia.
πολυβότων Κελαινᾶν	cr. ba.
οἰκήτορ' ὀρφανὸν μαχᾶν	2 ia.
σιδαρόκωπος Ἕλλαν,	ia. ba.
ἄγει κόμης ἐπισπάσας,	2 ia.
145 ὁ δ' ἀμφὶ γόνασι περιπλεκεὶς	,,
ἐλίσσετ', Ἑλλάδ' ἐμπλέκων	,,
Ἀσιάδι φωνᾶι διάτορον	,,
σφραγῖδα θραύων στόματος,	ia. cho.
Ἰάονα γλῶσσαν ἐξιχνεύων·	ia. cr. ba.

---

127 λισσων: corruptum; fort. λίσσ⟨οιτο· λῦσ⟩ον
131 fort. μήστωρι legendum
132 = κατὰ τὰ κύματα τήκουσαι
133 = ὅς κατὰ νύκτα πήγνυται (ψυχρὸς γίγνεται)   βορεᾱ́ιαραισ- Π
136 obscurum; ut vid. aut ad vestitum referendum (formam membrorum textam = tegmen membrorum formosum) aut ad corpus (= membra formosa et subtiliter contexta); neutrum placet
146 ελλαδιεμπλεκων Π
147-9 bene Wil.: λυμαινόμενος τὸ εὖ ἐξακουστὸν τοῦ στόματος σύμβολον (τὸ συνετὸν τοῦ λόγου) διὰ τὸ διώκειν τὴν Ἰάδα.—quod genuinum est notat sphragis: oris sphragida corrumpit, qui lingua aliena non nativa loquitur   alii *silentium rumpit* interpr.

TIMOTHEUS   425. 150–173

150 ἔπω μοί σοι κῶς καὶ τί πρᾶγμα;   ?
    αὖτις οὐδάμ' ἔλθω·   cr. ba.
    καὶ νῦν ἐμὸς δεσπότης   ia. cr.
    δεῦρό μ' ἐνθάδ' ἥξει·   cr. ba.
    τὰ λοιπὰ δ' οὐκέτι, πάτερ,   ia. cr.?
155 οὐκέτι μαχέσ' αὖτις ἐνθάδ' ἔρχω,   tro. cr. ba.?
    ἀλλὰ κάθω·   cho.
    ἐγώ σοι μὲν δεῦρ', ἐγὼ   ba. ia.
    κεῖσε παρὰ Σάρδι, παρὰ Σοῦσα,   ?
    Ἀγβάτανα ναίων·   ?
160 Ἄρτιμις ἐμὸς μέγας θεὸς   2 ia.
    παρ' Ἔφεσον φυλάξει.   cr. ba.
    οἱ δ' ἐπεὶ παλίμπορον φυ-   2 tro.
    γὴν ἔθεντο ταχύπορον,   lec.
    αὐτίκα μὲν ἀμφιστόμους ἄ-   ia. tro.
165 κοντας ἐκ χερῶν ἔριπτον,   2 tro.
    δρύπτετο δὲ πρόσωπ' ὄνυξι·   „
    Περσίδα στολὴν περὶ στέρ-   „
    νοις ἔρεικον εὐυφῆ,   lec.
    σύντονος δ' ἁρμόζετ' Ἀσιὰς   2 tro.
170 οἰμωγὰ †πολυστόνωι†,   [ ]
    κτυπεῖ δὲ πᾶσα Βασιλέως πανήγυρις   3 ia.
    φόβωι τὸ μέλλον εἰσορώμενοι πάθος·   „
    ὁ δὲ παλινπόρευτον ὡς ἐσ-   2 tro.

---

150 επω (non, ut Wil., ἐγώ) Π: ita recte Longman CR N.S. 4 (1954) 208, sed quid velit obscurum; 'sequor' contextui minus aptum; fort. 'quid dicam?'
153 ἦξε coni. Wil., sed barbari graecissantis soloecismos ne mutaveris
155 ενθδερχω Π (non ενθαδ- ut in transcr. Wil.)
165 εχιερων in εχχερων corr. Π   ερριπτον Π
166 προσωπονονυξι Π: corr. Blass et Sitzler; vel πρόσωπον ὄνυχι (Wil.)
167 fort. Περσίδα ⟨δὲ⟩
170 fort. οἰμωγὰ πολυ⟨γλώσσωι⟩ στόνωι, sim.
173–4 εὖδεν (σ ex ι factum) Π

425. 174-196   TIMOTHEUS

col. v

	εἶδε | Βασιλεὺς εἰς φυγὴν ὁρ-	2 tro.
175	μῶντα παμμιγῆ στρατόν,	lec.
	γονυπετὴς αἴκιζε σῶμα,	2 tro.
	φάτο δὲ κυμαίνων τύχαισιν·	,,
	ἰὼ κατασκαφαὶ δόμων	2 ia.
	σείριαί τε νᾶες Ἑλλανίδες, αἳ	tro. cr. cho.
180	κατὰ μὲν ἥλικ' ὠλέσαθ' ἥ-	cho. dim.
	βαν νεῶν πολύανδρον·	pherecr.
	νᾶες δ' οὐκ ὀπισσοπόρευ-	cho. dim.
	τον †ἄξουσιμ, πυρὸς	[ ]
	δ' αἰθαλόεμ μένος ἀγρίωι	ibyc.
185	σώματι φλέξει, στονόεντα δ' ἄλγη	2 cho. ba.
	ἔσται Περσίδι χώραι·	pherecr.
	ἰὼ βαρεῖα συμφορά,	2 ia.
	ἅ μ' ἐς Ἑλλάδ' ἤγαγες· ἀλλ' ἴτε,	tro. 2 dact.
	μηκέτι μέλλετε,	–⏑⏑–⏑–
190	ζεύγνυτε μὲν τετράορον ἵππων	4 dact.
	ὄχημ', οἱ δ' ἀνάριθμον ὄλ-	glyc.
	βον φορεῖτ' ἐπ' ἀπήνας·	pherecr.
	πίμπρατε δὲ σκηνάς,	cho. sp.
	μηδέ τις ἡμετέρου γένοιτ'	ibyc.
195	ὄνησις αὐτοῖσι πλούτου.	ia. tro.
	οἱ δὲ τροπαῖα στησάμενοι Διὸς	4 dact.

---

177 τύχαις coni. Maas
179 σείριαι obscurum; fort. *flammiferi, quae incendia navibus Persicis iniciunt* (cf. 27)
181 νεῶν an νέων incertum
182 ουκιοπισσ- Π
182-3 vix sana: excidit aliquid, velut ⟨μ' ἀπ⟩άξουσιν
185 φλεξεισστονο- Π (λ postmodo insert.)
186-7 χωραιω Π : χώραι· ὣ an χώρα(ι)· ἰὼ incertum
190 τετραον Π
196 οιδε, ι postmodo insert., Π

223

TIMOTHEUS

ἁγνότατον τέμενος, Παιᾶν'	alcman.
ἐκελάδησαν ἰήιον	glyc.
ἄνακτα, σύμμετροι δ' ἐπε-	2 ia.
200 κτύπεον ποδῶν	ia.
ὑψικρότοις χορείαις.	cho. ba.
ἀλλ' ὦ χρυσεοκίθαριν ἀέ-	2 ia.
ξων μοῦσαν νεοτευχῆ,	pherecr.
ἐμοῖς ἔλθ' ἐπίκουρος ὕ-	glyc.
205 μνοις ἰήιε Παιάν·	pherecr.
ὁ γάρ μ' εὐγενέτας μακραί-	glyc.
ων Σπάρτας μέγας ἁγεμὼν	,,
βρύων ἄνθεσιν ἥβας	pherecr.
δονεῖ λαὸς ἐπιφλέγων	glyc.
210 ἐλᾶι τ' αἴθοπι μώμωι,	pherecr.
ὅτι παλαιοτέραν νέοις	glyc.
ὕμνοις μοῦσαν ἀτιμῶ·	pherecr.
ἐγὼ δ' οὔτε νέον τιν' οὔ-	glyc.
τε γεραὸν οὔτ' ἰσήβαν	ia. ba.
215 εἴργω τῶνδ' ἑκὰς ὕμνων·	pherecr.
τοὺς δὲ μουσοπαλαιολύ-	glyc.
μας, τούτους δ' ἀπερύκω,	pherecr.
λωβητῆρας ἀοιδᾶν,	,,
κηρύκων λιγυμακροφώ-	glyc.
220 νων τείνοντας ἰυγάς.	pherecr.
πρῶτος ποικιλόμουσος Ὀρ-	glyc.
φεὺς ⟨χέλ⟩υν ἐτέκνωσεν	pherecr.

204-5 υμνοισιν Π
211-12 hos vv. respicit Boethius, *inst. mus.* I 1
215 τωνδεκαδυμν- Π
216-17 δὲ . . . δ': vid. Denniston *Gk. Part.* p. 185   τουσοδε Π
220 ιυγγας Π
221-4 -μουσοσοριυσυνετεκνωσεννιοσκαλλιοπα|πιεριασενιτερπ- Π: 'Ορφεὺς ⟨χέλ⟩υν et Καλλιόπας Wil., Πιερίαθεν conieci et metri causa lacunam indicavi

425. 223-240 TIMOTHEUS

	υἱὸς Καλλιόπα⟨ς ∪ –	glyc.
	– ⌣⟩ Πιερίαθεν·	pherecr.
225	Τέρπανδρος δ' ἐπὶ τῶι δέκα	glyc.
	ζεῦξε μοῦσαν ἐν ὠιδαῖς·	pherecr.
	Λέσβος δ' Αἰολία ν⟨ιν⟩ Ἀν-	glyc.
	τίσσαι γείνατο κλεινόν·	pherecr.
	νῦν δὲ Τιμόθεος μέτροις	glyc.
230	ῥυθμοῖς τ' ἑνδεκακρουμάτοις	,,
	κίθαριν ἐξανατέλλει,	pherecr.
	θησαυρὸν πολύυμνον οἴ-	glyc.
	ξας Μουσᾶν θαλαμευτόν·	pherecr.
	Μίλητος δὲ πόλις νιν ἁ	glyc.

col. vi

235	θρέψασ' ἁ | δυωδεκατειχέος	?
	λαοῦ πρωτέος ἐξ Ἀχαιῶν.	hippon.
	ἀλλ' ἑκαταβόλε Πύθι' ἁγνὰν	,,
	ἔλθοις τάνδε πόλιν σὺν ὄλβωι,	,,
	πέμπων ἀπήμονι λαῶι	– –⌣⌣– –
240	τῶιδ' εἰρήναν θάλλουσαν εὐνομίαι.	2 sp., – –⌣⌣–

225-6 -δροσαεπιτωιδεκατευξε Π
227-8 αιολιαναντισσαγεινατο Π: corr. Wil.; vel *Λεσβὶς δ' Αἰολίαι νιν Ἄντισσα* κτλ. (Maas)
229 seqq. respicit Boethius l.c.
233 -μευτοσν, litt. σ expuncta, Π
235-6 mendosa ut vid., nondum sanata
240 ευνομιαν Π

INCERTI LOCI

426 (12 B., 7 D.)

[796]
οὐκ ἀείδω τὰ παλαιά,
καινὰ γὰρ ἀμὰ κρείσσω·
νέος ὁ Ζεὺς βασιλεύει,
τὸ πάλαι δ' ἦν Κρόνος ἄρχων·
5   ἀπίτω Μοῦσα παλαιά.

Athen. iii 122 C-D εἰ οὖν κἀγώ τι ἥμαρτον, ὦ καλλίστων ὀνομάτων καὶ ῥημάτων θηρευτά, μὴ χαλέπαινε· κατὰ γὰρ τὸν Μιλήσιον Τιμόθεον τὸν ποιητήν· οὐκ κτλ.; Eust. Od. 1422. 50, eadem

1–2 parum numerosi: fort. pherecratei, οὐκ ἄιδω (G. S. Farnell) τὰ παλαιά· | καινὰ γὰρ μάλα (Bergk) κρείσσω   2 καινὰ γὰρ CE: καὶ ταγὰρ ἅμα Athen. A (ἅμα om. CE, Eust.)   4 τὸ παλαιὸν Athen., CE, Eust., corr. Meineke   5 ἀπείτω Athen. A, corr. CE, Eust.

TELESTES

427 (1 B. et D.)

Ἀργώ

[805] (a)   †ὃν† σοφὸν σοφὰν λαβοῦσαν οὐκ ἐπέλπομαι νόωι
δρυμοῖς ὀρείοις ὄργανον
δίαν Ἀθάναν δυσόφθαλμον αἶσχος ἐκφοβη-
θεῖσαν αὖθις χερῶν ἐκβαλεῖν

Athen. xiv 616 F seq. ὅ γε Σελινούντιος Τελέστης τῶι Μελανιππίδηι ἀντικορυσσόμενος ἐν Ἀργοῖ ἔφη· ὁ δὲ λόγος ἐστὶ περὶ τῆς Ἀθηνᾶς· (a), ὡς οὐκ ἂν εὐλαβηθείσης τὴν αἰσχρότητα τοῦ εἴδους διὰ τὴν παρθενίαν, ἑξῆς τέ φησι· (b), μετὰ ταῦτα δὲ ἐγκωμιάζων τὴν αὐλητικὴν λέγει· (c)

(a) 1 ὃν Athen.: ἐν coni. Schweighaeuser, ἦν Stephanus; fort. τὰν, mox σοφὰν σοφὸν (transp. Wilamowitz)   2 ὀρείοις Musurus: ὁρίοις Athen.
3 χερῶν ἐκβαλεῖν Wilamowitz: ἐκ χερῶν βαλεῖν Athen.

427 (a), (b), (c), 428   TELESTES

νυμφαγενεῖ χειροκτύπωι φηρὶ Μαρσύαι κλέος·
5   τί γάρ νιν εὐηράτοιο κάλλεος ὀξὺς ἔρως ἔτειρεν,
ᾶι παρθενίαν ἄγαμον καὶ ἄπαιδ' ἀπένειμε Κλωθώ;

(b)   ἀλλὰ μάταν ἀχόρευτος ἅδε ματαιολόγων
φάμα προσέπταθ' Ἑλλάδα μουσοπόλων
σοφᾶς ἐπίφθονον βροτοῖς τέχνας ὄνειδος.

(c)   ἃν συνεριθοτάταν Βρομίωι παρέδωκε σεμνᾶς
δαίμονος ἀερόεν πνεῦμ' αἰολοπτέρυγον
σὺν ἀγλαᾶν ὠκύτατι χειρῶν.

---

4 χοροκτύπωι coni. Meineke, χοροιτύπωι anon.   6 ᾶι Schweighaeuser: αιγάρ Athen.   ἄγαμον Casaubon: ἀγανὸν Athen.
(b) 1 ἀχόρευτος Grotefend: ἀναχορ- Athen.
(c) 1 (λέγει·) ἃν Kaibel: λεγεγαν Athen.; (λέγει·) τὰν Musurus   συνεριθ- Hecker: συμεριθ- Athen.   2 ἀερόεν Bergk: ἀερθὲν Athen.   -πτέρυγον Hartung: -πτερύγων Athen.

---

428 (2 B. et D.)

Ἀσκληπιός

ἢ Φρύγα καλλιπνόων αὐλῶν ἱερῶν βασιλῆα,   [806]
Λυδὸν ὃς ἅρμοσε πρῶτος
Δωρίδος ἀντίπαλον μούσας †νομοαίολον ὀρφναι†
πνεύματος εὔπτερον αὔραν ἀμφιπλέκων καλάμοις.

Athen. xiv 617 B κομψῶς δὲ κἂν τῶι Ἀσκληπιῶι ὁ Τελέστης ἐδήλωσε τὴν τῶν αὐλῶν χρείαν ἐν τούτοις· ἢ κτλ.

1 ἱερὸν coni. Kaibel   2 λυδον ὃς ηροσε Athen., corr. Huschke (Λυδὸν), Grotefend (ἥρμοσε)   3 δουρ- Athen., corr. Musurus   μούσης Athen.   νόμον αἰόλον ὀμφᾶι coni. Schweighaeuser; νόμον αἰολόμορφον Hartung, -μόρφοις Wilam.

227

TELESTES

429 (4 B., 3 D.)

[808]

ἄλλος δ' ἄλλαν κλαγγὰν ἱεὶς
κερατόφωνον ἐρέθιζε μάγαδιν
πενταρράβδωι χορδᾶν ἀρθμῶι
χέρα καμψιδίαυλον ἀναστρωφῶν τάχος.

Athen. xiv 637 A Τελέστης δ' ἐν Ὑμεναίωι διθυράμβωι πεντάχορδόν φησιν αὐτὴν (τὴν μάγαδιν) εἶναι διὰ τούτων· ἄλλος κτλ.; Eust. Il. 1108. 1 ἐν χορδαῖς χεῖρα—τάχος

---

2 ἠρέθ- coni. Schweighaeuser   3 ἐν πεντ. Athen.: ἐν del. Dindorf πενταράβδωι Athen. A, πενταρόδω E, πενταράδωι C, corr. recc.   χορδὰν A, corr. E   ἀριθμῶι AE, corr. Bergk   4 χεῖρα AE, Eust., corr. Wilam. κάμψει δίαυλον ἀναστροφῶν A, corr. E, Eust.

INCERTI LOCI

430 (5 B., 4 D.)

[810]

πρῶτοι παρὰ κρατῆρας Ἑλλάνων ἐν αὐλοῖς
συνοπαδοὶ Πέλοπος Ματρὸς ὀρείας
Φρύγιον ἄεισαν νόμον·
τοὶ δ' ὀξυφώνοις πηκτίδων ψαλμοῖς κρέκον
5   Λύδιον ὕμνον.

Athen. xiv 625 E–626 A τὴν δὲ Φρυγιστὶ καὶ τὴν Λυδιστὶ παρὰ τῶν βαρβάρων οὔσας γνωσθῆναι τοῖς Ἕλλησιν ἀπὸ τῶν σὺν Πέλοπι κατελθόντων εἰς τὴν Πελοπόννησον Φρυγῶν καὶ Λυδῶν ... διὸ καὶ Τελέστης ὁ Σελινούντιός φησιν· πρῶτοι κτλ.

---

1 Ἑλλήν- Athen.   4 τοῖς δ' Athen., corr. Musurus   fort. πακτψαλμοὶ Athen., corr. codd. recc.

ARIPHRON

431 (1 B. et D.)

Ὑγίεια βροτοῖσι πρεσβίστα μακάρων, μετὰ σεῦ   [813]
ναίοιμι τὸ λειπόμενον βιοτᾶς, σὺ δέ μοι πρόφρων ξυνείης·
εἰ γάρ τις ἢ πλούτου χάρις ἢ τεκέων
ἢ τᾶς ἰσοδαίμονος ἀνθρώποις βασιληίδος ἀρχᾶς ἢ πόθων
5 οὓς κρυφίοις Ἀφροδίτας ἕρκεσιν θηρεύομεν,
ἢ εἴ τις ἄλλα θεόθεν ἀνθρώποισι τέρψις ἢ πόνων
ἀμπνοὰ πέφανται,
μετὰ σεῖο, μάκαιρ' Ὑγίεια,
τέθαλε καὶ λάμπει Χαρίτων ὀάροις·
10 σέθεν δὲ χωρὶς οὔτις εὐδαίμων ἔφυ.

Athen. xv 701 F seqq. τὸν εἰς τὴν Ὑγίειαν παιᾶνα ᾄσας τὸν ποιηθέντα ὑπὸ Ἀρίφρονος τοῦ Σικυωνίου τόδε· Ὑγίεια κτλ.; Lapis Cass. = *IG* iii 171 p. 66; Lapis Epidaur. = *IG* iv 1. 132; cod. Ottob. gr. 59 ii fol. 31ᵛ; Plut.¹ *virt. mor.* 10; id.² *de frat. am.* 2; Luc. *de lapsu* 6; Max. Tyr. vii 1 a; Sext. Emp. *adv. math.* xi 49

1 βροτοῖσι Cass., Ott., Epid.: om. Athen., Luc., Max.   σεῦ Epid., Luc.: σοῦ Cass., Ott., Athen., Max.   2 βιοτᾶς Athen., Luc., Max.: βίου Cass., βὶ obscuro compendio Ott.   ξυνείης Ott., Epid. ut vid.: ξυγείην Cass., σύνοικος εἴης Athen., ξύνοικον ἐλθεῖν in paraphrasi Max. 3 εἰ γάρ τις ἢ Ott., Athen. cod. E: ἢ γάρ τις Athen. cod. A, ηδανθιση Cass., τίς γὰρ Sext., οὔτε γὰρ Plut.¹,² in paraphrasi   χάριν Cass., Plut.¹,² 4 ἢ τᾶς ἰσοδαίμονος: ηδανθισευδαιμονος Cass., τᾶς εἰσοδαίμονος, om. ἢ, Athen.   4–5 αρχασηποιφρονζυγιησαφροδειτασ Cass.   5 ἔρκεσι Ott.: ελκεσι Cass., ἄρκυσι Epid., ἀρκουσι Athen.   6 ἢ εἰ Athen.: η Ott., η[.]σ Cass.   7 ἀμπνοὰ Ott., Athen.: ακμα[.] Cass., idem τεθαλται pro πέφανται   8 σεῖο: θια Cass.   9 τέθαλε Ott., Cass.: τέθαλε πάντα Athen., Epid. ut vid.   ὀάροις Ott.: ὄαροι vel ἔαροι Athen. cod. A, δαρι γρ. δαρ Athen. cod. E, οαο[..] Cass.   10 ἔφυ om. Athen.

ARISTOTELES

432 (6 B., I i p. 117 seqq. D.)

[842]

Ἀρετὰ πολύμοχθε γένει βροτείωι,
θήραμα κάλλιστον βίωι,
σᾶς πέρι, παρθένε, μορφᾶς
καὶ θανεῖν ζηλωτὸς ἐν Ἑλλάδι πότμος
5 καὶ πόνους τλῆναι μαλεροὺς ἀκάμαντας·
τοῖον ἐπὶ φρένα βάλλεις
καρπὸν ἰσαθάνατον χρυσοῦ τε κρείσσω
καὶ γονέων μαλακαυγήτοιό θ' ὕπνου.
σεῦ δ' ἕνεκεν ⟨καὶ⟩ ὁ δῖος

Athen. xv 696 A–697 B ἀλλὰ μὴν καὶ τὸ ὑπὸ τοῦ πολυμαθεστάτου γραφὲν Ἀριστοτέλους εἰς Ἑρμείαν τὸν Ἀταρνέα οὐ παιάν ἐστιν, ὡς ὁ τὴν τῆς ἀσεβείας κατὰ τοῦ φιλοσόφου γραφὴν ἀπενεγκάμενος Δημόφιλος †εἰς αἰδωτε† παρασκευασθεὶς ὑπ' Εὐρυμέδοντος, ὡς ἀσεβοῦντος καὶ ᾄδοντος ἐν τοῖς συσσιτίοις ὁσημέραι εἰς Ἑρμείαν παιᾶνα. ὅτι δὲ παιᾶνος οὐδεμίαν ἔμφασιν παρέχει τὸ ᾆσμα ἀλλὰ τῶν σκολίων ἕν τι καὶ αὐτὸ εἶδός ἐστιν, ἐξ αὐτῆς τῆς λέξεως φανερὸν ὑμῖν ποιήσω· Ἀρετὰ κτλ.· ἐγὼ μὲν οὐκ οἶδα εἴ τίς τι κατιδεῖν ἐν τούτοις δύναται παιανικὸν ἰδίωμα, σαφῶς ὁμολογοῦντος τοῦ γεγραφότος τετελευτηκέναι τὸν Ἑρμείαν δι' ὧν εἴρηκεν· σᾶς γὰρ φιλίου μορφᾶς Ἀταρνέος ἔντροφος ἡελίου χήρωσεν αὐγάς. . . . ἀλλὰ μὴν καὶ αὐτὸς Ἀριστοτέλης ἐν τῆι Ἀπολογίαι τῆς Ἀσεβείας, εἰ μὴ κατέψευσται ὁ λόγος, φησίν· οὐ γὰρ ἄν ποτε Ἑρμείαι θύειν ὡς ἀθανάτωι προαιρούμενος ὡς θνητῶι μνῆμα κατεσκεύαζον καὶ ἀθανατίζειν τὴν φύσιν βουλόμενος ἐπιταφίοις ἂν τιμαῖς ἐκόσμησα τὸ ⟨σῶμα⟩; Diog. Laert. v 6 seqq. ὁ δὲ ὕμνος ἔχει τοῦτον τὸν τρόπον· Ἀρετὰ—βεβαίου. Didymus in Demosth. Phil. col. 6. 18 seqq., BKT i 25 καὶ ἡ κηδεία δὲ ἡ πρ[ὸς τ]ὸν Ἀριστοτέλη κ[αὶ ὁ] γραφεὶς ἐπ' αὐτῶι [παι]ὰν μαρτυρεῖν αὐτ[ο]ῖ τῆι ἀρετῆι δόξε[ιεν ἄν], κοὐκ ἂν [ἔ]χ[ο]ι φαύλως αὐτὸν ἀναγρά[ψαι δι]ὰ τὸ μὴ πολλοῖς πρὸ χειρός εἶναι, ἔχοντα [οὕτως· Ἀρετὰ] πολ[ύμο]χθε γένει—γέρας β[εβαίου

1 βροτέωι Didym.   3 τε περὶ Athen.   4 ἐν om. Athen.   5 ἀκάμαντας Diog.: -τος Didym., ἀκαμάτους Athen.   7 καρπὸν codd.: ἅρπυν coni. Bergk   ἰσαθάνατον Didym.: εἰς ἀθάνατον Diog., τ' ἀθάνατον Athen.   8 -αυγητου Didym.   9 σεῦ Athen.: σοῦ Diog., Didym. (οου)   δ' Athen., Diog.: γ' Didym.   ἕνεκεν καὶ ὁ δῖος Page, Neander: ἕνεκεν ὁ δῖος Athen., ἕνεκ' ἐκ διὸς Diog., ενεισοδειος Didym.; ἕνεχ' οὐκ Διὸς coni. Brunck, ἕνεχ' οἱ Διὸς Wilamowitz

230

432. 10-21   ARISTOTELES

10   Ἡρακλῆς Λήδας τε κοῦροι
    πόλλ' ἀνέτλασαν ἐν ἔργοις
    σὰν †[...]έποντες δύναμιν†·
    σοῖς τε πόθοις Ἀχιλεὺς Αἴ-
    ας τ' Ἀίδαο δόμους ἦλθον·
15 σᾶς δ' ἕνεκεν φιλίου μορφᾶς Ἀταρνέος
    ἔντροφος ἀελίου χήρωσεν αὐγάς.
    τοιγὰρ ἀοίδιμος ἔργοις,
        ἀθάνατόν τέ μιν αὐξήσουσι Μοῦσαι,
    Μναμοσύνας θύγατρες, Δι-
20   ὸς ξενίου σέβας αὔξου-
    σαι φιλίας τε γέρας βεβαίου.

---

10 -κλῆς Athen., Didym. ut vid.: -κλέης Diog.   κόροι Didym.
11 πολληνεπλασαν Didym.   ἐν add. nescio quis: non habent codd.
12 (εργοισ) [.....]εποντε[.....]μιν Didym., σὰν ἀγρεύοντες δύναμιν
Athen., ἀναγορεύοντες δύναμιν Diog.   13 δὲ Athen.   ποθοισι Didym.;
fort. πόθοισιν Ἀχιλλεύς scribendum (Ἀχιλλ- Athen., Diog., Ἀχιλ- ut vid.
Didym.)   14 τ' Ἀίδαο δόμους Athen., Diog., Didym. ut vid.: τ'
Ἀίδα δόμον coni. Wilamowitz   15 ἕνεκα Athen.   Ἀταρνέος Diog.,
Didym.: καὶ ἀταρτανεος Athen.   16 ἀελίου Diog.: ἠελ- Athen.,
ἀλίου vel ἠλίου Didym. ut vid.   17 ἀοίδιμος Diog.: -μον Athen.,
Didym.   18 ἀθάνατόν Athen., Didym.: -τοί Diog.   19 μναμ-
Diog.: μνημ- Athen., Didym.   θυγατέρες Athen.   21 γαρας Athen.
βεβαίας Athen.

CARMINA POPULARIA

433 (41 B., 32 D.)

[848]
ἦλθ' ἦλθε χελιδὼν
καλὰς ὥρας ἄγουσα,
καλοὺς ἐνιαυτούς,
ἐπὶ γαστέρα λευκά,
5 ἐπὶ νῶτα μέλαινα.
παλάθαν σὺ προκύκλει
ἐκ πίονος οἴκου
οἴνου τε δέπαστρον
τυροῦ τε κάνυστρον·
10 καὶ πύρνα χελιδὼν
καὶ λεκιθίταν
οὐκ ἀπωθεῖται· πότερ' ἀπίωμες ἢ λαβώμεθα;
εἰ μέν τι δώσεις· εἰ δὲ μή, οὐκ ἐάσομες·
ἢ τὰν θύραν φέρωμες ἢ τὸ ὑπέρθυρον
15 ἢ τὰν γυναῖκα τὰν ἔσω καθημέναν·

Athen. viii 360 B κορωνισταὶ δὲ ἐκαλοῦντο οἱ τῆι κορώνηι ἀγείροντες ... καὶ τὰ διδόμενα δὲ ὑπ' αὐτῶν κορωνίσματα καλεῖται, ὡς ἱστορεῖ Ἁγνοκλῆς ὁ Ῥόδιος ἐν Κορωνισταῖς· καὶ χελιδονίζειν δὲ καλεῖται παρὰ Ῥοδίοις ἀγερμός τις ἄλλος, περὶ οὗ φησι Θέογνις ἐν β' περὶ τῶν ἐν Ῥόδωι θυσιῶν, γράφων οὕτως· εἶδος δέ τι τοῦ ἀγείρειν χελιδονίζειν Ῥόδιοι καλοῦσιν, ὃ γίνεται τῶι Βοηδρομιῶνι μηνί· χελιδονίζειν δὲ λέγεται διὰ τὸ εἰωθὸς ἐπιφωνεῖσθαι· ἦλθ' κτλ; Eust. Od. 1914. 45 ἦλθ'—μέλαινα· εἶτα ὡς ἐν συνόψει φάναι, οὐ παλάθαν ζητοῦμεν οἴνου τε δέπαστρον, ἅ χελιδών, καὶ λεκιθίταν οὐκ ἀπωθεῖται. πότερ' ἀπίωμεν ἢ λαβώμεθα; εἰ μὲν—ἐάσομεν· ἢ τὰν θύραν φέρομεν ἢ τὸ ὑπέρθυρον ἢ τὰν γυναῖκα κἂν (sic) ἔσω καθημέναν, μετὰ δὲ ὀλίγα τελειοῦται ἡ ὠιδὴ εἰς τό· ἄνοιγ'—παιδία

3 καὶ καλοὺς Athen., Eust., corr. Hermann   5 κἀπὶ ... μέλανα A, corr. C, Eust.   . 6 οὐ προκυκλεῖς Athen., Eust., corr. Hermann
9 τυρῶ A, corr. C (nisi dialecti purioris vestigium); -ῶν coni. Ahrens κανν- A, corr. C   10 πύρνα χελιδὼν Bergk: πυρῶν αχελιδὼν A
12 parum numerosus; et post ἀπωθ. versum novum novo metro incipere par erat   latet fortasse corruptela   13 ἐάσομεν codd.   14 θοὐπερ- vel τοὐπερ- edd.

433, 434, 435 CARMINA POPULARIA

μικρὰ μέν ἐστι, ῥαιδίως νιν οἴσομες.
ἂν δὴ †φέρηις τι, μέγα δή τι† φέροις·
ἄνοιγ' ἄνοιγε τὰν θύραν χελιδόνι·
οὐ γὰρ γέροντές ἐσμεν, ἀλλὰ παιδία.

16 μικρὰ μιν Athen.   17 iamb. trim. latere censebant Meineke, Dindorf; fort. potius anapaest., ἂν δή τι φέρηις κτλ.

434 (19 B., 36 D.)

1 — ποῦ μοι τὰ ῥόδα, ποῦ μοι τὰ ἴα,   [852]
    ποῦ μοι τὰ καλὰ σέλινα;
2 — ταδὶ τὰ ῥόδα, ταδὶ τὰ ἴα,
    ταδὶ τὰ καλὰ σέλινα.

Athen. xiv 629 E ἦν δὲ καὶ παρὰ τοῖς ἰδιώταις ἡ καλουμένη ἄνθεμα· ταύτην δὲ ὠρχοῦντο μετὰ λέξεως τοιαύτης μιμούμενοι καὶ λέγοντες· ποῦ κτλ.

2 ποῦ μοι ταδὶ ῥόδα Athen., corr. anon.

435 (27 B., 43 D.)

ὦ τί πάσχεις; μὴ προδῶις ἄμμ', ἱκετεύω·   [853]
πρὶν καὶ μολεῖν κεῖνον, ἀνίστω,
μὴ κακόν ⟨σε⟩ μέγα ποιήσηι
κἀμὲ τὰν δειλάκραν.
5 ἁμέρα καὶ ἤδη· τὸ φῶς
    διὰ τᾶς θυρίδος οὐκ εἰσορῆις;

Athen. xv 697 B ὁ Κύνουλκος ἔφη· τί μ' ἀνέμνασας κείνων κυλίκων, κατὰ τὸν σὸν Φίλωνα, δέον μηδένα τῶν σπουδῆς ἀξίων λέγειν τι τοῦ γάστρωνος παρόντος Οὐλπιανοῦ; οὗτος γὰρ τὰς καπυρωτέρας ὠιδὰς ἀσπάζεται μᾶλλον τῶν ἐσπουδασμένων, οἷαί εἰσιν αἱ Λοκρικαὶ καλούμεναι, μοιχικαί τινες τὴν φύσιν ὑπάρχουσαι, ὡς καὶ ἥδε· ὦ κτλ.

2 μολιν Athen.   3-4 κακὸν μέγα ποιήσης· καί με τὴν Athen.: post Toupium (ποιήσηι ⟨σε⟩) corr. Bergk   5 καὶ ἤδη synecphon.; καὶ δή coni. Bergk   6 διὰ monosyll.; ζὰ scr. Bergk   ἐκορης Athen., corr. Meineke
quatenus dialectus sit corrupta non constat: an 1 ἀμ(έ), 2 μολὲν (vel μολῆν) κῆνον, 4 κῆμὲ, 5 ἀμάρα?

CARMINA POPULARIA 436, 437

436 (43 B., 30 D.)

[869]
ἄλει μύλα ἄλει·
καὶ γὰρ Πιττακὸς ἄλει
μεγάλας Μυτιλήνας βασιλεύων.

Plut. sept. sap. conv. 14 ὁ μὲν Θαλῆς ἐπισκώπτων εὖ φρονεῖν ἔφη τὸν Ἐπιμενίδην ὅτι μὴ βούλεται πράγματα ἔχειν ἀλῶν τὰ σιτία καὶ πέττων ἑαυτῶι καθάπερ Πιττακός. ἐγὼ γάρ, εἶπε, τῆς ξένης ἤκουον ἀιδούσης πρὸς τὴν μύλην ἐν Ἐρέσωι γενόμενος· ἄλει κτλ.; cf. Aelian. v.h. vii 4 +

437 (6 B., 46 D.)

[871]
ἐλθεῖν ἥρω Διόνυσε
Ἀλείων ἐς ναὸν
ἁγνὸν σὺν Χαρίτεσσιν
ἐς ναὸν
5   τῶι βοέωι ποδὶ δύων,
ἄξιε ταῦρε,
ἄξιε ταῦρε.

Plut. quaest. graec. 36 διὰ τί τὸν Διόνυσον αἱ τῶν Ἠλείων γυναῖκες ὑμνοῦσαι παρακαλοῦσι βοέωι ποδὶ παραγίνεσθαι πρὸς αὐτάς; ἔχει δ' οὕτως ὁ ὕμνος· ἐλθεῖν κτλ.; cf. Paus. vi 26. 1

1 ἥρω casu vocat. inauditum: ἥρως coni. Schneidewin; fort. ἥρω Διόνυσον, de quo cogitabat Bergk   2 Ἀλείων Bergk (Ἀλεῖον Welcker): ἄλιον codd.   4 alterum ἐς ναὸν del. nescio quis primus; fort. ἐς ναὸν βοέωι ποδὶ δύων |, deleto τῶι   5 δύων Nachst.–Titch. sine adnot.: θύων priores   5–7 δύων, εἶτα δὶς ἐπᾴδουσιν ἄξιε ταῦρε codd.

236

CARMINA CONVIVALIA

Athen. xv 694 c seqq.

τῶν οὖν δειπνοσοφιστῶν ὁ μέν τις ἔλεγε τῶν σκολίων τόδε, ὁ δε τις τόδε. πάντα δ' ἦν τὰ λεχθέντα ταῦτα·

438 (2 B., 1 D.)

[884]
Παλλὰς Τριτογένει' ἄνασσ' Ἀθηνᾶ,
ὄρθου τήνδε πόλιν τε καὶ πολίτας
ἄτερ ἀλγέων [[τε]] καὶ στάσεων
καὶ θανάτων ἀώρων, σύ τε καὶ πατήρ.

1 Ἀθάνα coni. Jacobs 3 τε del. Jacobs et Hermann

439 (3 B., 2 D.)

[885]
Πλούτου μητέρ' Ὀλυμπίαν ἀείδω
Δήμητρα στεφανηφόροις ἐν ὥραις
σέ τε παῖ Διὸς Φερσεφόνη·
χαίρετον, εὖ δὲ τάνδ' ἀμφέπετον πόλιν.

1 ειδω A, corr. recc. 2 -τραστε στεφ- A 4 fort. τήνδ' (Bergk) scribendum   ἀμφετον A, corr. Canter

440 (4 B., 3 D.)

[886]
ἐν Δήλωι ποτ' ἔτικτε τέκνα Λατώ,
Φοῖβον χρυσοκόμαν ἄνακτ' Ἀπόλλω
ἐλαφηβόλον τ' ἀγροτέραν
Ἄρτεμιν, ἃ γυναικῶν μέγ' ἔχει κράτος.

1 τέκνα A: παῖδα E 2 ἀπόλλων' A, -ωνα E, corr. Ilgen

441, 442, 443 CARMINA CONVIVALIA

441 (5 B., 4 D.)

ὦ Πὰν Ἀρκαδίας μεδέων κλεεννᾶς, [887]
ὀρχηστὰ βρομίαις ὀπαδὲ Νύμφαις,
γελάσειας ὦ Πὰν ἐπ' ἐμαῖς
†εὐφροσύναις ταῖσδ' ἀοιδαῖς ἀοιδε† κεχαρημένος.

1 ἴω πὰν AE, corr. Hermann   μέδων coni. idem   3 γελασίαισίω A, tantum ἰὼ E, corr. Valckenaer   4 ita AE (ἄειδε pro αοιδε E): αοιδε del. Hermann   εὔφροσι ταῖσδ' ἀοιδαῖς κεχαρημένος coni. Wilam., εὐφροσύναισι, ταῖσδ' ἀοιδαῖς κεχ. coni. Meineke, Bergk, εὐφροσύναις, ἀοιδαῖς (melius ἀοιδᾶι) κεχ. coni. Hermann

442 (6 B., 5 D.)

ἐνικήσαμεν ὡς ἐβουλόμεσθα [888]
καὶ νίκην ἔδοσαν θεοὶ φέροντες
παρὰ Πανδρόσου †ὡς φίλην Ἀθηνᾶν.†

1 -όμεθα AE, corr. Hermann   3 (om. E) non intellegitur   παρὰ Πάνδροσον ὡς φίλην Ἀθηνᾶι (vel Ἀθάναι) coni. Bergk

443 (7 B., 6 D.)

εἴθ' ἐξῆν ὁποῖός τις ἦν ἕκαστος [889]
τὸ στῆθος διελόντ', ἔπειτα τὸν νοῦν
ἐσιδόντα, κλείσαντα πάλιν,
ἄνδρα φίλον νομίζειν ἀδόλωι φρενί.

Eust. Od. 1574. 16, eadem

3 εἰσιδ- A, ἰδ- E Eust.   fort. κλήισ- scribendum

CARMINA CONVIVALIA   444, 445, 446

444 (8 B., 7 D.)

[890]
ὑγιαίνειν μὲν ἄριστον ἀνδρὶ θνητῶι,
δεύτερον δὲ καλὸν φυὰν γενέσθαι,
τὸ τρίτον δὲ πλουτεῖν ἀδόλως,
καὶ τὸ τέταρτον ἡβᾶν μετὰ τῶν φίλων.

Schol. Plat. *Gorg.* 451 E, Stob. *ecl.* iv 39. 9 +

1 θνατῶι Stob., schol. Plat. W   2 φυὰν καλὸν Stob., schol. Plat.
3 τρίτον (om. τό) Stob., alii   τὸ δὲ τρίτον schol. Plat.   4 καὶ τό:
εἶτα Stob.   τέταρτον δὲ schol. Plat.   συνηβᾶν Athen.   σῶν Stob.

pergit Athenaeus: ἑξῆς δ' ἐλέχθη καὶ τάδε·

445 (15 B., 8 D.)

[891]
⟨⌣–⌣⟩ ἐκ γῆς χρὴ κατίδην πλόον
εἴ τις δύναιτο καὶ παλάμην ἔχοι·
ἐπεὶ δέ κ' ἐν πόντωι γένηται
τῶι παρεόντι τρέχειν ἀνάγκη.

3 κ' ἐν recc.: καὶ ἐν AE (δὲ om. E)   vid. Alcaeum 132

446 (16 B., 9 D.)

[892]
ὁ δὲ καρκίνος ὧδ' ἔφα
χαλᾶι τὸν ὄφιν λαβών·
εὐθὺν χρὴ τὸν ἑταῖρον ἔμ-
μεν καὶ μὴ σκολιὰ φρονεῖν.

Eust. *Od.* 1574. 15

1 δὲ om. Athen. codd. dett., probant Ilgen, Bergk alii   ἔφη codd.
2 χαλλιτον A, corr. E (sed η sup. utrumque a scr.), Eust.   3 εὐθέα
E, Eust.   3–4 ἐνμὲν A, ἔμεν E, Eust., corr. Casaubon

447, 448, 449   CARMINA CONVIVALIA

447 (9 B., 10 D.)

ἐν μύρτου κλαδὶ τὸ ξίφος φορήσω [893]
ὥσπερ Ἁρμόδιος καὶ Ἀριστογείτων
ὅτε τὸν τύραννον κτανέτην
ἰσονόμους τ' Ἀθήνας ἐποιησάτην.

Schol. Ar. *Lys.* 632 ἐκ τοῦ σκολίου ἐστὶν ὅτι ἐν μυρσίνωι κλάδωι τὸ ξίφος φορέσομεν ὥσπερ Ἁρμ. καὶ Ἀριστογ. Hesych. s.v.; ἐν μύρτου κλάδωι; Suda s.v. ἐν μύρτου κλαδί, ubi τὸ ξίφος κρατήσω; Eust. *Od.* 1400. 18 ἐν μύρτου—Ἀριστογ. +

2 melius fort. κ' Ἀρι-   3 κανέτην coni. Ilgen

448 (10 B., 11 D.)

φίλταθ' Ἁρμόδι', οὔ τί πω τέθνηκας, [894]
νήσοις δ' ἐν μακάρων σέ φασιν εἶναι,
ἵνα περ ποδώκης Ἀχιλεὺς
Τυδείδην τε †φασι τὸν ἐσθλὸν† Διομήδεα.

Schol. Ar. *Ach.* 979 ἐν ταῖς τῶν πότων συνόδοις ἠιδόν τι μέλος Ἁρμοδίου καλούμενον οὗ ἡ ἀρχή· φίλταθ'—τέθνηκας; fere eadem Suda s.v. πάροινος; schol. Ar. *Ach.* 1093, Aristeid. *or.* i 133

1 ἁρμόδι' οὔ τί που schol. Ar., ἁρμοδίου πω Athen.; που Aristeid. codd. ΔΘ, πω rell.: πω praetuli, cum valde abnormis sit usus partic. οὔ τί που nisi in interrogat.   2 φασι ναίειν coni. Nauck   3 Ἀχιλλεὺς Athen. AE, corr. Lowth   4 Τ. τέ φασιν Διομήδεα coni. Lowth, Τ. παρ' ἐσθλὸν Διομήδεα Manzoni, Τ. τέ φασιν ἐσθλὸν Δ. Bergk

449 (11 B., 12 D.)

ἐν μύρτου κλαδὶ τὸ ξίφος φορήσω [895]
ὥσπερ Ἁρμόδιος καὶ Ἀριστογείτων
ὅτ' Ἀθηναίης ἐν θυσίαις
ἄνδρα τύραννον Ἵππαρχον ἐκαινέτην.

241

450 (12 B., 13 D.)

[896]
αἰεὶ σφῶιν κλέος ἔσσεται κατ' αἶαν,
φίλταθ' Ἁρμόδιε καὶ Ἀριστόγειτον,
ὅτι τὸν τύραννον κτανέτην
ἰσονόμους τ' Ἀθήνας ἐποιησάτην.

---

2 Ἁρμόδιος κ(αὶ) Ἀριστογείτων coni. Ilgen   3 κανέτην coni. Mehlhorn

451 (21 B., 14 D.)

[897]
Ἀδμήτου λόγον ὦ ἑταῖρε μαθὼν τοὺς ἀγαθοὺς φίλει,
τῶν δειλῶν δ' ἀπέχου γνοὺς ὅτι δειλοῖς ὀλίγη χάρις.

452 (17 B., 15 D.)

[898]
παῖ Τελαμῶνος Αἶαν αἰχμητά, λέγουσί σε
ἐς Τροίαν ἄριστον ἐλθεῖν Δαναῶν μετ' Ἀχιλλέα.

Eust. *Il.* 285. 2 παῖ—Ἀχιλλέα; schol. Ar. *Lys.* 1237 Τελαμῶνος· ἀρχή τινος σκολίου, παῖ Τελαμῶνος αἰχμητά
cf. Athen. i 23 E, id. xi 503 D-E; Phot. *lex.* p. 48 Reitz.; Hesych. s.v. ᾄδειν Τελαμῶνος

1 λέγουσί σε Fiorillo: λεγούσης Athen. A, λέγουσί σ' E, Eust.   2 Δαναῶν Athen.: Ἀχαιῶν Eust.   μετ' Ἀχ. Eust.: καὶ Ἀχ. Athen.

453 (18 B., 16 D.)

[899]
τὸν Τελαμῶνα πρῶτον, Αἴαντα δὲ δεύτερον
ἐς Τροίαν λέγουσιν ἐλθεῖν Δαναῶν μετ' Ἀχιλλέα.

---

2 Δαναῶν καὶ Ἀχ. Athen., corr. Casaubon, nisi πεδ' praeferendum

454 (19 B., 17 D.)

εἴθε λύρα καλὴ γενοίμην ἐλεφαντίνη [900]
καί με καλοὶ παῖδες φέροιεν Διονύσιον ἐς χορόν.

Dio Chrys. *de regno* 2. 63 εἴθε—χορόν

1 γενοίμαν Dio   2 φέροιεν Athen., Dion. codd. PW: φορέοιεν Dion. codd. UBV; φοροῖεν Stephanus

455 (20 B., 18 D.)

εἴθ' ἄπυρον καλὸν γενοίμην μέγα χρυσίον [901]
καί με καλὴ γυνὴ φοροίη καθαρὸν θεμένη νόον.

Dio Chrys. ibid. εἴθ'—φοροίη

1 γενοίμαν E, Dio   μέγα om. Dion. cod. V   2 γυνὴ καλὴ Dio φοροῖεν Dion. codd. UBV

456 (22 B., 19 D.)

σύν μοι πῖνε συνήβα συνέρα συστεφανηφόρει, [902]
σύν μοι μαινομένωι μαίνεο, σὺν σώφρονι σωφρόνει.

Eust. *Od.* 1574. 20, eadem

1 συνστεφ- A, corr. E; συγκανηφόρει Eust.   2 μένεο A, corr. E, Eust.   σὺν σωφρονήσω σώφρονι A, συσσωφρόνει σώφρονι E, Eust., corr. Canter

457 (23 B., 20 D.)

ὑπὸ παντὶ λίθωι σκορπίος ὦ ἑταῖρ' ὑποδύεται. [903]
φράζευ μή σε βάληι· τῶι δ' ἀφανεῖ πᾶς ἕπεται δόλος.

CARMINA CONVIVALIA   458, 459, 460

458 (24 B., 21 D.)

[904]   ἁ ὗς τὰν βάλανον τὰν μὲν ἔχει, τὰν δ' ἔραται λαβεῖν·
          κἀγὼ παῖδα καλὴν τὴν μὲν ἔχω, τὴν δ' ἔραμαι λαβεῖν.

---

1 ἁ δ' ὗς possis, cf. 446 init. supra   ἁ σῦς in ἁ ὗς ab Atticis esse mutatum coni. Wilam.   2 ἔχων A, corr. recc.

459 (25 B., 22 D.)

[905]   πόρνη καὶ βαλανεὺς τωὐτὸν ἔχουσ' ἐμπεδέως ἔθος·
          ἐν ταὐτᾶι πυέλωι τόν τ' ἀγαθὸν τόν τε κακὸν λόει.

1-2 fort. aut πόρνα aut ταύτῆι

460 (27 B., 23 D.)

[906]   ἔγχει καὶ Κήδωνι, διάκονε, μηδ᾽ ἐπιλήθου,
          εἰ χρὴ τοῖς ἀγαθοῖς ἀνδράσιν οἰνοχοεῖν.

Aristot. *Ath. Pol.* c. 20 fin. ἔτι δὲ πρότερον τῶν Ἀλκμεωνιδῶν Κήδων ἐπέθετο τοῖς τυράννοις, διὸ καὶ ἤιδον καὶ εἰς τοῦτον ἐν τοῖς σκολίοις· ἔγχει—οἰνοχοεῖν. +

---

2 εἰ χρὴ Aristot.: εἰ δὴ χρὴ Athen.

461 (14 B., 24 D.)

αἰαῖ Λειψύδριον προδωσέταιρον, [907]
οἵους ἄνδρας ἀπώλεσας, μάχεσθαι
ἀγαθούς τε καὶ εὐπατρίδας,
οἳ τότ' ἔδειξαν οἵων πατέρων ἔσαν.

Aristot. *Ath. Pol.* c. 19. 3 ἔν τε γὰρ τοῖς ἄλλοις οἷς ἔπραττον διεσφάλλοντο (οἱ Ἀλκμεωνίδαι) καὶ τειχίσαντες ἐν τῆι χώραι Λειψύδριον τὸ ὑπὲρ Πάρνηθος, εἰς ὃ ξυνεξῆλθόν τινες τῶν ἐκ τοῦ ἄστεως, ἐξεπολιορκήθησαν ὑπὸ τῶν τυράννων, ὅθεν ὕστερον μετὰ ταύτην τὴν συμφορὰν ᾖδον ἐν τοῖς σκολίοις· [[αἰεί]]· αἰαῖ—ἔσαν; Et. Gen. B p. 122 Miller+Et. Mag. 361. 31, Et. Sym. cod. V ibid. (αἰαῖ—μάχεσθαι): αἲ αἲ—ἔσαν; fere eadem Suda s.v. ἐπὶ Λειψυδρίωι μάχη· ... αἰαῖ—ἔσαν; Eust. *Il.* 461. 26 αἲ αἲ—εὐπατρίδας +

---

1 προσδοσ- Suda, Eust.; -εταιροον Athen. ἀγαθούς γε καὶ Suda, τ' ἀγαθοὺς καὶ Eust. suspectum: κἀξ εὐπατριδᾶν coni. Tyrrell Mag. cod. D ἔσαν: κύρησαν Athen.

2–3 (μάχεσθαι) δ'
3 καὶ εὐ- hiatus causa
4 οἳ τότ': ὁπότ' Suda, Et.

462 (26 B., 26 D.)

ὅστις ἄνδρα φίλον μὴ προδίδωσιν, μεγάλην ἔχει [908]
τιμὴν ἔν τε βροτοῖς ἔν τε θεοῖσιν κατ' ἐμὸν νόον.

---

2 τιμὰν A; fort. μεγάλαν ... τιμὰν (Bergk) scribendum   θεοῖς A, corr. recc.

CARMINA CONVIVALIA 463

pergit Athenaeus: σκόλιον δέ φασί τινες καὶ τὸ ὑπὸ Ὑβρίου τοῦ Κρητὸς (κριτὸς Α, corr. Ε) ποιηθέν. ἔχει δὲ οὕτως·

463 (28 B., Hybr. I D.)

[909] ἔστι μοι πλοῦτος μέγας δόρυ καὶ ξίφος
καὶ τὸ καλὸν λαισήιον, πρόβλημα χρωτός·
τούτωι γὰρ ἀρῶ, τούτωι θερίζω,
τούτωι πατέω τὸν ἀδὺν οἶνον ἀπ' ἀμπέλων,
5 τούτωι δεσπότας μνοίας κέκλημαι.

τοὶ δὲ μὴ τολμῶντ' ἔχειν δόρυ καὶ ξίφος
καὶ τὸ καλὸν λαισήιον, πρόβλημα χρωτός,
πάντες γόνυ πεπτηῶτες †ἐμὸν
⟨⏑–⟩ κυνέοντι δεσπόταν ⟨⏑⏑–⏑–⟩
10 καὶ μέγαν βασιλῆα φωνέοντες.

Eust. *Od.* 1574. 7 (1-10). ἤγουν προσκυνοῦσί με ὡς δεσπότην καὶ προφωνοῦσι μέγαν βασιλέα

1 μέγα Ε, Eust.   4 ἀμπέλων Athen. Α; -ω sine adnot. perperam Kaibel; -ων etiam Athen. Ε, -ου Eust.; -ω Neander   6 τολμῶντες ΑΕ, Eust., corr. Hermann   7 πρόβλημά τε χρωτὸς ΑΕ (om. Eust.), corr. recc.   8 πεπτηῶτες Eust.; -ότες ΑΕ   ἐμὸν: ἁμὸν (Hermann) veri sim.   10 βασιλέα codd., corr. Hermann   φωνέοντι Eust.

FRAGMENTA ADESPOTA

464 (Telesilla 2 D.)

[935]

[   ]ς θεαί,
δεῦρ' ἔλθετ' ἀπ' ὠρανῶ
καί μοι συναείσατε
τὰν Ματέρα τῶν θεῶν,
5   ὡς ἦλθε πλανωμένα
κατ' ὤρεα καὶ νάπας
†συρουσαρπα[.]τα[.]κομαν†
†κατωρημενα† φρένας.
ὁ Ζεὺς δ' ἐσιδὼν ἄναξ
10 τὰν Ματέρα τῶν θεῶν
κεραυνὸν ἔβαλλε, καὶ
τὰ τύμπαν' ἐλάμβανε·
πέτρας διέρησυε, καὶ
τὰ τύμπαν' ἐλάμβανε.
15 Μάτηρ ἄπιθ' εἰς θεούς,
καὶ μὴ κατ' ὄρη πλαν[ῶ],
μή σ' ἢ χαροποὶ λέον-
τες ἢ πολιοὶ λύκοι
. . .
καὶ οὐκ ἄπειμι εἰς θεούς,
20 ἂν μὴ τὰ μέρη λάβω,
τὸ μὲν ἥμισυ οὐρανῶ,

I.G. iv 1². 131

7 fin. vix κόμαν, cacemphaton enim κόμην σύρειν   8 κατωρ- incuria de versu sup. repetitum   11 et 13 fort. καὶ ἁ (χᾆ Wilam.) debuit   13 vid. LSJ s.v. ῥάσσω   17 μη σε χαρ- lapis, corr. Kalinka   18–19 incertum quot versus omiserit lapicida: μὴ (17) κτλ. verbum desiderat, καί arguit Matris responsum in antecedentibus incohatum   19 absoni inter telesilleos cretici: emendantibus renituntur, nimirum quia incorrupti   21 fort. ὠρανῶ voluit, et fort. τὠρανῶ scribendum

FRAGMENTA ADESPOTA

τὸ δ' ἥμισυ γαίας,
πόντω τὸ τρίτον μέρος
χοὔτως ἀπελεύσομαι.
χαῖρ' ὦ μεγάλα ἄνασ-
σα Μᾶτερ Ὀλύμπου.

465 (II v p. 145 D.)

ΠΑΝΙ

Πᾶνα τὸν νυμφαγέταν [936]
Ναΐδων μέλημ' ἀείδω,
χρυσέων χορῶν ἄγαλμα,
κωτίλας ἄνακτ[α μ]οῖσα⟨ς⟩
εὐθρόου σύριγγος ευ[ ]
ἔνθεον σειρῆνα χεύει,
ἐς μέλος δὲ κοῦφα βαίνων
εὐσκίων πηδᾶι κατ' ἄντρων
παμφυὲς νωμῶν δέμας
εὐχόρευτος εὐπρόσωπος
ἐμπρέπων ξανθῶι γενείωι.
ἐς δ' Ὄλυμπον ἀστερωπὸν
ἔρχεται πανωιδὸς ἀχὼ
θεῶν Ὀλυμπίων ὅμιλον
ἀμβρόται ῥαίνοισα μοίσαι.
χθὼν δὲ πᾶσα καὶ θάλασσα
κίρναται τεὰν χάριν· σὺ
    γὰρ πέλεις ἔρεισμα πάντων,
ὦ ἰὴ Πὰν Πάν.

I.G. iv I². 130

---

4 suppl. Hiller   5-6 fort. εὖ[τ' ἂν] ... χεύηι (displicent supplementa εὑρών, εὔχειρ, εὖχος, alia)   6 χευη lapis, fort. recte   15 ραινοισαι lapis

466 (Arion 1 B. et D.)

[939]
ὕψιστε θεῶν
πόντιε χρυσοτρίαινε Πόσειδον
γαιάοχε †ἐγκυμονάλμαν†·
βραγχίοις δὲ περί σε πλωτοὶ
5 θῆρες χορεύουσι κύκλωι
κούφοισι ποδῶν ῥίμμασιν
ἐλάφρ' ἀναπαλλόμενοι, σιμοὶ
φριξαύχενες ὠκύδρομοι σκύλακες, φιλόμουσοι
δελφῖνες, ἔναλα θρέμματα
10 κουρᾶν Νηρεΐδων θεᾶν,
ἃς ἐγείνατ' Ἀμφιτρίτα·
οἵ μ' εἰς Πέλοπος γᾶν
ἐπὶ Ταιναρίαν ἀκτὰν ἐπορεύσατε
πλαζόμενον Σικελῶι ἐνὶ πόντωι,
15 κυρτοῖσι νώτοις φορεῦντες,
ἄλοκα Νηρείας πλακὸς
τέμνοντες, ἀστιβῆ πόρον,
φῶτες δόλιοί μ' ὡς ἀφ' ἁλιπλόου γλαφυρᾶς νεὼς
εἰς οἶδμ' ἁλιπόρφυρον λίμνας ἔριψαν.

Aelian *n.a.* xii 45 τὸ τῶν δελφίνων φῦλον ὥς εἰσι φιλωιδοί τε καὶ φίλαυλοι τεκμηριῶσαι ἱκανὸς καὶ Ἀρίων ὁ Μηθυμναῖος ἔκ τε τοῦ ἀγάλματος τοῦ ἐπὶ Ταινάρωι καὶ τοῦ ὑπ' αὐτοῦ γραφέντος ἐπιγράμματος ... ὕμνον δὲ χαριστήριον τῶι Ποσειδῶνι μάρτυρα τῆς τῶν δελφίνων φιλομουσίας οἱονεὶ καὶ τούτοις ζωάγρια ἐκτίνων ὁ Ἀρίων ἔγραψε. καὶ ἔστιν ὁ ὕμνος οὗτος· ὕψιστε κτλ.; An. Ox. Cramer iii 352. 9 (= schol. Tzetz.) ὕψιστε—ἀναπαλλόμενοι

2 -τρίαινα coni. Hermann Ποσειδᾶν coni. Ahrens 3 γαιή- omnes ἐγκυμονάλμαν Ael. cod. a, ἔγκυμον ἅλμαν g, κυμόναρχα b, κυμοναλκ´ Vat., ἐγκύμου ἁλμὰς Tzetz.: ἐγκύμον' ἀν' ἅλμαν coni. Hermann, fort. recte 4 βραγχίοις Hermann: -ίοι Ael. codd., -ια Tzetz. περί δέ σε omnes, transposui 5 ἐν κύκλωι Ael. codd. M a c 7 σιμοὶ Ael. codd. b Vat.: σεισμοὶ rell. 10 νηρε- Ael. codd. m a: νηρη- rell. 13 ἐπορεύσατο Ael. codd. b Vat.: ἐπόρευσαν coni. Brunck 15 fort. κυρτοῖς νώτοισι φορεῦντες scripsi (nisi φορεύοντες coll. Hesych. s.v. praeferendum): χορεύοντες codd. 18 μ' ὡς scripsi: ὥς με codd. 19 ῥίψαν codd., corr. Hermann

467, 468   FRAGMENTA ADESPOTA

467 (101 B., chor. adesp. 31 D.)

χαροπὰν κύνα· χάλκεον δέ οἱ   [965]
γνάθων ἐκ πολιᾶν
φθεγγομένας ὑπάκουε μὲν ˮΙ-
δα Τένεδός τε περιρρύτα
5   Θρηίκιοί τε φιλήνεμοι πέτραι.

Dio Chrys. *or.* 33. 59 καὶ μὴν οὐχ οὕτω δεινόν ἐστιν, εἰ ἄνθρωποι μεταξὺ προβάτων φωνὴν λάβοιεν οὐδ' εἰ βοῶν, οὐδ' ἂν χρεμετίζωσιν οὐδ' ἂν ὑλακτῶσιν, ὥσπερ τὴν Ἑκάβην οἱ ποιηταί λέγουσιν ἐπὶ πᾶσι τοῖς δεινοῖς τελευταῖον ποιῆσαι τὰς Ἐρινύας· χαρ. κτλ.

---

2 γναθμῶν codd., corr. Geel   3 ὑπακούεμεν codd., corr. Geel
5 φιλήνεμοι πέτραι Jacobs: φιλίην ἔμοιγε codd.; φιλήνεμοι γύαι coni. Wilam.

468 (Sappho 52 B., 94 D.)

δέδυκε μὲν ἀ σελάνα   [976]
καὶ Πληϊάδες, μέσαι δὲ
νύκτες, παρὰ δ' ἔρχεθ' ὥρα,
ἐγὼ δὲ μόνα καθεύδω.

Heph. *Ench.* xi 5 sine auctoris nomine, cum schol. p. 147 Consbr. *δέδ.*—
σελ., mox ἀ σελάνα bis repetitum; Apostol. v 98 c *δέδ.*—*καθεύδω*, ubi Σαπφοῦς add. Arsenius

1 σελάνα Heph. et schol., Apostol.; ν sup. ν scr. Heph. cod. A   2 μέσαι: μέσσαι Heph. codd. I^pc M
dialecto Aeolicae aliena artic. ἀ, formae μέσαι, παρά

251

FRAGMENTA ADESPOTA 469, 470, 471

469 (138 B., chor. adesp. 8 D.)

[988] 1   οὐ χρυσὸς ἀγλαὸς σπανιώτατος ἐν θνα-
τῶν δυσελπίστωι βίωι, οὐδ' ἀδάμας,
2   οὐδ' ἀργύρου κλῖναι πρὸς ἄνθρω-
πον δοκιμαζόμεν'· ἀστράπτει πρὸς ὄψεις,
3   οὐδὲ γαίας εὐρυπέδου γόνιμοι βρί-
θοντες αὐταρκεῖς γύαι,
4   ὡς ἀγαθῶν ἀνδρῶν ὁμοφράδμων νόησις.

Plat. *epist.* i 310 A κἀκεῖνο δὲ τὸ ποίημα τοῖς νοῦν ἔχουσιν οὐ κακῶς ἔχειν δοκεῖ· οὐ κτλ.

1 αἰγλάεις coni. Bergk, fort. recte   2 κλῖναι A : κλίνα L   δοκιμα-
ζόμενα ἀστράπτει A (sed ἀ in initio vocis postea add.)   3 γύαι :
γυῖαι ALO

470 (98 B., chor. adesp. 28 D., *TGF* adesp. 373)

[994]
θαλέθοντι βίωι
βλάσταις τε τέκνων βριθομένα γλυκερὸν
φάος ὁρῶσα

Plut. *consol. Apoll.* 28 εἰ γοῦν ἡ Νιόβη κατὰ τοὺς μύθους πρόχειρον εἶχε τὴν ὑπόληψιν ταύτην ὅτι καὶ ἡ θαλέθ. κτλ. τελευτήσει, οὐκ ἂν οὕτως ἐδυσχέραινεν ὡς καὶ τὸ ζῆν ἐθέλειν ἐκλιπεῖν

471 (96 B., chor. adesp. 16 D.)

[1009]
ἔπειτα κείσεται βαθυδένδρωι
ἐν χθονὶ συμποσίων τε καὶ λυρᾶν ἄμοιρος
ἰαχᾶς τε παντερπέος αὐλῶν.

Plut. *non posse suaviter* ... 26 ἀλλ' ἐκεῖνο τοῦ θανάτου τὸ πρόσωπον ὡς φοβερὸν καὶ σκυθρωπὸν καὶ σκοτεινὸν ἅπαντες ὑποδειμαίνουσι, τὸ τῆς ἀναισθησίας καὶ λήθης καὶ ἀγνοίας· καὶ πρὸς τὸ ἀπόλωλε καὶ τὸ ἀνήιρηται καὶ τὸ οὐκ ἔστι ταράσσονται καὶ δυσανασχετοῦσι τούτων λεγομένων, †τὸ (⟨οἷον⟩ τὸ Reiske, ⟨ὡς⟩ τὸ Deubner) ἔπειτα κτλ.

1 ἐπιτακήσεται codd., corr. Deubner

252

472, 473 FRAGMENTA ADESPOTA

472 (97 B., chor. adesp. 29 D.)

ὣς ἄρ' εἰπόντα μιν τηλαυγὲς ἀμβρόσιον [1010]
ἐλασίππου πρόσωπον ἀπέλιπεν ἀμέρας.

Plut. *non posse suaviter* . . . 27 οὐδὲ ῥαιδίως οὐδ' ἀλύπως ἀκούομεν· ὣς κτλ.

πρόσωπον Wyttenbach: πρὸς τόπον codd.   metr. incert.: ἀμβρόσιον τηλαυγὲς coni. Bergk; varia possis, velut μιν | τηλαυγὲς (vel τηλαυγέος) ἀμβροσίας ἐλασίππου | πρόσωπον ἀπέλιφ' ἀμέρας

473 (139 B., chor. adesp. 4 D.)

Τύχα, μερόπων ἀρχὰ [1019]
καὶ τέρμα, τὺ καὶ Σοφίας θακεῖς ἕδρας
καὶ τιμὰν βροτέοις ἐπέθηκας ἔργοις·
καὶ τὸ καλὸν πλέον ἢ κακὸν ἐκ σέθεν,
5 ἅ τε Χάρις λάμπει περὶ σὰν πτέρυγα χρυσέαν,
καὶ τὸ τεᾶι πλάστιγγι δοθὲν μακαριστότατον τελέθει·
τὺ δ' ἀμαχανίας πόρον εἶδες ἐν ἄλγεσι
καὶ λαμπρὸν φάος ἄγαγες ἐν σκότεϊ, προφερεστάτα θεῶν.

Stob. *ecl.* i 6. 13

1–2 μερόπων | ἀρχά τε καί coni. Meineke   2 τέρμα, τὺ Grotius: τέρματι Stob.   θακεῖς ἕδρας Jacobs: ἄκος δρᾶις Stob. cod. F, lacuna decem litt. cod. P   4 κακὸν Stob. cod. P²: καλὸν codd. FP¹
7 τὺ Grotius: σὺ Stob.   εὗρες coni. Bergk   ἄλγεσι Grotius: -σιν Stob.
8 καί Stob.: κάς coni. Heeren (κές)   σκότεϊ Page: -τωι Stob.

NUMERORUM TABULAE

I. EDITIO NOSTRA CUM BERGKIANA COMPARATA

Bergk	nos	Bergk	nos	Bergk	nos
ALCMAN		67	14	19	68
		68	22	20	72
13	8	70–71	37	21	67
14	9	74[a]	6	22	74
16	20	75	38	23	66
21	16	76	7	24	69
22	39	80	42	25	71
23	1	87	28	26	93
24	4	110	26	27	61
25	13	112	41	28	60
26	10	113	25	29	57
27	40	114	44	30	58
28	31	118	45	31	59
29	30	134	46	32	62
31	32			33	78
32	33	STESICHORUS		34	83
33	5	1	48	35	80
34	17	2–3	49	36	81
35	15	4	50	37	82
36–37	19	5	54	38	85
38	18	6	56	39	86
39	36	7	51	41	88
40	27	8	55	42	89
41	29	9	52	43	103
45	11	10	53	44	104
52–54	24	11	76	50	98
56[a]	23	12	77	51	101
58	35	13	90	57	96
60	34	14	91	58	97
62	21	15	65	63	105
63	43	16	64	66	106
66	12	18	70	67	102

NUMERORUM TABULAE

Bergk	nos	Bergk	nos	Bergk	nos
68	100	52	179	42	204
69	94	53	153	47	254
70	95	55.1	182	48	247
72	99	56	178	51	245
		57	173	52	adesp.
ALCAEUS		59	108		468
2–4	142	60	180	53	252
5	143	65	156	54	Lesb. Inc.
9	147	75	164		Auct. 261
11	164	76	145	57	251
13	149	83	158	58	240
15	167	84	160	62	244
16	144	92	171	64	210
18	148	93	172	68	211
19	107	94	181	70	212
20	152	97–98	108	72	232
21	151	106	187	75	233
26	154, 177	116	188	76	214
27	Lesb. Inc.	119	189	77	215
	Auct. 260			78	213
32	184	SAPPHO		80	249
33	165	1	191	83	236
34	157	2	199	85	239
35	155	3	200	86	253
36	170	4–5	192	87	241
37ᴬ	163	16	202	88	242
37ᴮ	185	18	235	90	221
39	162	19	201	91	229
41	161	21–22	237	92	226
43	146	28	243	93	224
44	159	30	246	94	225
45	174	32	248	95	223
46	175	33–34	206	98	228
47	176	36	208	101	207
48ᴬ	183	37	209	102	227
48ᴮ	166	38	Lesb. Inc.	104	231
49	169		Auct. 262	109	230
51	168	40–41	238	121	234

NUMERORUM TABULAE

Bergk	nos	Bergk	nos	Bergk	nos
130	256	\multicolumn{2}{c	}{ANACREON}	70	320
134	257	1	295	72	319
136	250	2	301	74	334
138	258	3	303	75	335
139	259	4	304	76	336
		5	308	77	338
		6	306	83	343
		8	305	87	342
\multicolumn{2}{c	}{IBYCUS}	9	307	88	341
1	266	13ᴮ	296	89	340
2	267	14	302	90	339
3	280	16	298	114	337
4	282	17	310		
5	268	19	312	\multicolumn{2}{c	}{SIMONIDES}
6	281	20	311	1-2	364
7	276	21	309, 318	3	365
8	282	22	316	4	362
9	276	23	315	5	370
16	265	24	313	8	349
20	283	30	317	10	346
22	284	33	314	12	348
23	286	39	324	13	347
24	278	41	297	16	352
25	291	43	322	17	353
27	279	46	325	18	380
30	269	47	331	22	374
33	287	48	332	25	366
34ᴬ	272	50	329	27	368
34ᴮ	274	51	327	32	355
35	273	53	333	33	360
36	277	54	328	34	359
37	270	55	329	35	361
38	271	56	330	36	357
42-43	288	59	326	37	371
44	264	60	299	38	356
47	285	62	323	39	354
55	289	63	300	40	384
61	290	67-68	321	41	391

NUMERORUM TABULAE

Bergk	nos	Bergk	nos	Bergk	nos
48	373	**LASUS**		10	424
51	385	1	406	12	426
52	379	**PRATINAS**		**TELESTES**	
53	383				
54, 56	378	1	407	1	427
57	387			2	428
58	386	**MYRTIS**		4	429
65	358	1	408	5	430
71	388	**TELESILLA**		**ARIPHRON**	
72	389				
73	390	1	409	1	431
204	376	**TIMOCREON**		**ARISTOTELES**	
205	375				
207	377	1	410	6	432
209	381	2	411	**CARM. POP.**	
213	382	3	412	6	437
		8	413	19	434
CORINNA		**ION**		27	435
1	396	9	414	41	433
2	399	10	415	43	436
6	397	16	416	**CARM. CONV.**	
9	395				
10	400	**PRAXILLA**		2	438
13	394	2	417	3	439
19	398	5	418	4	440
20	394			5	441
21	400	**EURIPIDES**		6	442
		3	419	7	443
EUMELUS				8	444
1	401	**MELANIPPIDES**		9	447
TERPANDER		1	420	10	448
		LICYMNIUS		11	449
1	403			12	450
2	402	3	421	14	461
XANTHUS		**TIMOTHEUS**		15	445
				16	446
1	405	8	422	17	452
2	404	9	423	18	453

NUMERORUM TABULAE

Bergk	nos	Bergk	nos	Bergk	nos
19	454	26	462	\multicolumn{2}{l}{ADESPOTA}	
20	455	27	460	96	471
21	451	28	463	97	472
22	456			98	470
23	457	\multicolumn{2}{c}{ARION}	101	467
24	458	1	adesp.	138	469
25	459		466	139	473

2. EDITIO NOSTRA CUM DIEHLIANA COMPARATA

Diehl	nos	Diehl	nos	Diehl	nos
\multicolumn{2}{c}{ALCMAN}	77	22	7	91
1	1	80	29	8	64
13	· 4	82	33	9	70
15	31	92	13	9^A	68
16	30	93	14	9^B	72
20	12	94	10	9^C	67
24	20	95	40	9^D	74
35	16	100	15	9^E	69
36	18	101-2	19	9^F	71
37	17	105	36	10	57
44	21	106	32	10^B	61
47	24 (c)	107	42	10^C	60
49	5	109	43	10^D	58
50	38	113	24 (a)	10^E	59
51-52	37			11	62
55	6			12	80
56	7	\multicolumn{2}{c}{STESICHORUS}	13	81
58	34	1	48	14	82
59	35	2-3	49	14^A	85
67	11	4	54	14^B	86
71	39	5	51	14^D	88
72	28	6	55	14^E	84
73	27	6^A	52	15	89
74	24 (b)	6^B	53	15^A	103
76	23	6^C	77	16	104

NUMERORUM TABULAE

Diehl	nos	Diehl	nos	Diehl	nos
17	93	53	177		
22	98	54	167	**SAPPHO**	
23	101	58ᴬ	150	1	191
26ᴬ	96	63	182	2	199
26ᴮ	97	65	178	4	200
		66	173	13	202
		68	180	15	235
ALCAEUS		73	110	17	201
1	142	74	111	18	237
2	143	76	112	25	193
3	147	77	113	26	194
8	149	78	109	27	195
9	164	82	114	28	196
14	166	86	115	35	197
15	183	87	163	39	198
22	144	90	157	40–41	206
23	145	91	155	46	208
24	146	92	170	47	209
27	120	94	162	48	205
29	151	96	161	49	207
31	129	97	159	50	204
32	172	98	174	51	Lesb. Inc.
34	179	99	175		Auct. 262
35	122	100	176	53	227
37	123	101	169	55	203
39	152	103	168	56	210
40	181	104	153	58	211
42	116	106	124	59	248
43	117	109–10	125	61	212
45	118	117	126	63	214
46ᴬ	148	119	107	64	215
46ᴮ	119	123	108	80	213
48	121	124	156	86	242
49	184	134	158	87	241
50	165	135	160	88	252
51	154	142	171	92	249
52	Lesb. Inc.	Suppl. 1	127	93	Lesb. Inc.
	Auct. 260	,,	128		Auct. 261

NUMERORUM TABULAE

Diehl	nos	Diehl	nos	Diehl	nos
94	adesp. 468	8	268	45	331
		9–10	282	46	332
96	216	11	276	48	329
97	217	12	280	49	330
98	218	13	281	52	313
100	233	16	276	54	318
104	254	18	283	59	314
106	251	21	284	61–62	321
107	244	22	278	65	334
108	232	23	279	67	319
109	250			69	310
111	234	ANACREON		71	317
114	221	1	295	72	316
115	226	2	301	73	315
116	224	3	303	74	320
117	225	4	304	76	343
118	246	5	302	77	342
120	223	6	306	78	341
123	229	8	305	79	340
124	228	9	308	80	339
127	231	11	307	88	335
131	230	15	296	89	338
134	236	16	309	90	337
135–6	245	17	312	91	336
137	238	18	311		
143	247	21	297	SIMONIDES	
144ᴬ	240	23	299	1–2	364
146	237	25	298	4	370
149	243	27	323	5	362
150	253	33	324	6	355
152	239	34	325	7	357
		35	326	8	356
IBYCUS		37	328	9	354
1	264	39	327	12	358
2	265	41	333	13	371
3	263	42	329	13ᴬ	385
6	266	43	300	16	352
7	267	44	322	17	353

NUMERORUM TABULAE

Diehl	nos	Diehl	nos	Diehl	nos
20	348	**PRATINAS**		**TELESTES**	
21	346	1	407	1	427
22	347			2	428
23	349	**TELESILLA**		3	429
27,	384	1	409	4	430
29	379	2	adesp.		
30	380		464	**ARIPHRON**	
31	373			1	431
32	383	**TIMOCREON**			
33	378	1	410	**ARISTOTELES**	
37	386	2	411	vol. I i	432
40	391	3	412	117	
44	389	5	413	**ARION**	
45	390			1	adesp.
48	387	**ION**			466
57	388	8	414		
		9	415		
CORINNA		10	416	**CARM. POP.**	
				30	436
1	395	**PRAXILLA**		32	433
2	394	2	417	36	434
4	393	3	418	43	435
5	393			46	437
6	396	**EURIPIDES**			
7	397	3	419	**CARM. CONV.**	
8	398				
11	399	**MELANIPPIDES**		1–25	438–62
15	400	1	420		
16	400			**CHOR.**	
19	394	**LICYMNIUS**		**ADESP.**	**ADESP.**
		3	421	4	473
EUMELUS				8	469
		TIMOTHEUS		16	471
1	401	6ᴬ	422	28	470
		6ᴮ	423	29	472
TERPANDER		6ᶜ	424	31	467
1	403	6ˣ	425	vol. II v	adesp.
2	402	7	426	145	465

ADDENDA

Geryoneidis Stesichoreae fragmenta nuper edidit E. Lobel; vid. P.Oxy. XXXII (1967) 2617.

patet tandem triadis forma

str., ant. 1   ⏑⏑–⏑⏑–⏑⏑– –
        2ᵃ ⏑⏑–⏑⏑–⏑⏑–⏑⏑–
        2ᵇ   ⏑⏑–⏑⏑–⏑⏑– –
        3ᵃ ⏑⏑–⏑⏑–⏑⏑–⏑⏑–
        3ᵇ   ⏑⏑– –
        4ᵃ ⏑⏑–⏑⏑–⏑⏑–⏑⏑–
        4ᵇ   ⏑⏑–⏑⏑–
        5ᵃ ⏑⏑–⏑⏑–⏑⏑–⏑⏑–
        5ᵇ   ⏑⏑–⏑⏑–⏑⏑–⏑⏑–

epod.[1] 1ᵃ ⏑⏑–⏑⏑–⏑⏑–⏑⏑–
        1ᵇ   ⏑⏑–⏑⏑–⏑⏑– –
        2ᵃ –⏑⏑–⏑⏑–⏑⏑–⏑⏑
        2ᵇ   –⏑⏑–⏑⏑–⏑⏑–⏑⏑
        2ᶜ   –⏑⏑–⏑⏑–⏑⏑–⏑⏑–
        2ᵈ   ⏑⏑– –
        3ᵃ –⏑⏑–⏑⏑–⏑⏑–⏑⏑
        3ᵇ   –⏑⏑–⏑⏑–

non nullis in locis admittitur – – pro ⏑⏑– vel –⏑⏑

de carminis extensione haec notanda censeo:

1. trias versus sex et viginti continet, papyri columna fr. 4 ii versus triginta. hic numerus si constans fuit, necesse est tertiam decimam quamque columnam ab eodem triadis versu incipere. incipiunt frr. 4 i et 13 ab eodem triadis versu

---

[1] epodi 2ᶜ–3ᵇ numeros recognovit Barrett

ADDENDA

antistrophico 4ᵃ: inter has columnas igitur stetere columnae duodecim. similiter inter frr. 19 ii et 20, quae eodem epodi versu 2ᵈ terminantur.

2. fr. 7 i 5]τῐνᾰ, sequentibus duobus versibus longioribus, =epod. 2ᵃ, ut mihi demonstravit Barrett. si columna versus triginta continet, necesse est versum in sequenti columna huic oppositum epod. 3ᵃ esse. versus sequens, epod. 3ᵇ, epodi est ultimus: huic versui praefigitur $\overline{N} = 1300 = 26 \times 50$; hoc igitur loco terminatur trias carminis quinquagesima.

triadis forma cognita de fragmentis iamdudum notis haec adnotanda:

Stes. fr. 51 supra [PMG 181] = str. vel ant. 3ᵃ–4ᵇ; vel, si σκύπφειον legitur, epod. 2ᶜ–3ᵇ (tum etiam πῖνεν legendum).

fr. 54 [PMG 184] lacunosum est. fortasse aut epod. 1ᵃ–2ᶜ σχεδὸν ἀν|τίπερας κλεινᾶς 'Ερυθείας | Ταρτησσοῦ ποταμοῦ παρὰ παγὰς | ⟨τίκτεν⟩ ἀπείρονας κτλ. (Barrett), aut lacuna post 'Ερυθείας posita epod. 2ᵇ Ταρτησ|σοῦ ποταμοῦ κτλ.

fr. 55 [PMG 185] = str. vel ant.

56 A (Deorum concilium)

P.Oxy. 2617 fr. 3

ἐπωιδ. 2ᵈ   ∪∪ – –]
           – ∪∪ – ∪ ἔμ]ιμνε παραὶ Δία
           παμ[βασιλῆα ∪ –]

στρ.   ∪∪ – γλαυκ]ῶπις Ἀθάνα
           ∪∪ – ∪∪ –]s ποτὶ ὃν κρατερό-   5
           φρονα πάτρω' ἱ]πποκέλευθον
           ∪∪ – ∪∪ –]s μεμναμένος ᾳ[
           ∪∪ – –]
           ∪∪ – ∪∪ Γαρυ]όναν θ[αν]άτου

---

3 -βασιλῆα, 6 πάτρω' suppl. Page, cetera Lobel   2–3 Δία παμ|-

ADDENDA

[βασ.] falso div. Π   5 seq. Neptunum Geryonis avum patruum suum adloquitur Minerva   6 seqq. 'voti memor Geryonem a morte defende', e.g. τόκα δὴ γλαυκ]ῶπις Ἀθάνα | φάτ' ἀπὸ κραδία]ς ποτὶ ὃν κρατερό|φρονα πάτρω' ἱ]πποκέλευθον· | σύ γ' ὑποσχέσιο]ς μεμναμένος ἆ[ν|περ ὑπέστας]| ἴθι ῥύεο Γαρυ]όναν θ[αν]άτου   mirum esset si Minerva pro Geryone contra Herculem intercederet; fortasse pergit e.g. 'Geryonem defende pro viribus tuis; ego Herculi meo opitulabor'

56 B (*Adventus ad insulam Hesperidum*)

P.Oxy. 2617 fr. 6 (a), (b)

στρ. 2ᵃ   ...] κ[ύ]μαθ' ἁλὸς βαθέας ἀφίκον-
             το [θ]εῶν περικαλλέ[α ν]ᾶσον
             τ]όθι Ἑσπερίδες π[αγχρ]ύσεα δώ-
             μα]τ' ἔχοντι·

                        .   .

omnia suppl. Lobel
1 ἐπί] (Barrett) vel διά] veri sim.   βαθέας (Barrett), non ζαθέας ut vid.   ἀφίκοντο: quaerendum est quinam fuerint advenae, quoque modo fuerit iter in insulam Hesperidum cum Geryoneide coniunctum

56 C (*Geryonem adloquitur mater*)

P.Oxy. 2617 fr. 11. 3–5

ἐπωιδ. 1ᵇ   κ]αὶ ἄλ[ασ]τα παθοῖσα·
             νῦν δέ σε, Γ]αρυόνα, γωνάζομα[ι,
             αἴ ποκ' ἐμ]όν τιν μαζ[ὸν] ἐ[πέσχεθον

2 νῦν δέ σε, 3 αἴ ποκ' ἐμ]όν suppl. Barrett, ἐπέσχεθον Page (ἐπέσχον iam Barrett), cetera Lobel

56 D (*Geryonis oratio*)

P.Oxy. 2617 fr. 13 (*a*), quocum frr. 14, 15 coniunxit Barrett

ἀντ. 4ᵃ   χηρσὶν δ[
             δ' ἀπαμ[ειβόμενος

ADDENDA

    ποτέφα [κρατερὸς Χρυσάορος ἀ-
    θανάτοιῳ [γόνος καὶ Καλλιρόας·
ἐπωιδ. μή μοι θα[νατ-   5
    τα δεδίσκ[εο
    μηδεμελ[
    αἰ μὲν γὰ[ρ γένος ἀθάνατος πέλο-
    μαι καὶ ἀγή[ραος
    ἐν Ὀλύμπ[ωι,   10
    κρέσσον [ἐ-
    λέγχεα δ[

στρ. καιτ[
    κερα[ἀ-
    μετέρω[15
    αἰ δ' ὦ φί[λε χρὴ στυγερόν μ' ἐπὶ γῆ-
    ρας [ἱκ]έςθαι̣
    ζώ[ει]ν̣ τ' ἐν̣ ἐ̣[φαμερίοις ἀπάτερ-
    θε θ[ε]ῶν μακάρω[ν,
    νῦν μοι πολὺ̣ κά̣[λλιον   20
    ὅ τι μόρσιμ[ον

ἀντ. καὶ ὀνείδε[
    καὶ παντὶ γε[
    ὀπίσω Χρυσ[άο]ρο[ς υ]ἱόν·
    μ]ὴ τοῦτο φ[ί]λον μακά[ρε]σσι θε[ο]ῖ-   25
    σι γ]ένοιτο
    ....].[.].κε[..].[.] περὶ βουσὶν ἐμαῖς
       ]
         ]κλεος .[

     · · ·

3-4, 8 ἀθάνατος, 9 (vel ἀγήρως), 10, 16-19, 21, 24 suppl. Barrett, 8 γένος ... πέλομαι Page, cetera Lobel

5-6 e.g. μή μοι θά[νατον προφέρων (Page) κρυόεν|τα δεδίσκ[ε' ἀγάνορα θυμόν (Barrett) 9 e.g. ὥστε βίου πεδέχειν 21 sc. ἐστὶ παθεῖν, sim.

ADDENDA

56 E (*Geryonem occidit Hercules*)

P.Oxy. 2617 fr. 4 col. i

στρ. 2ᵃ
```
                    ]ν.[
                    ]ναντ[
                    ]ανδρ.ω.[
                    ]
                    ].α νόωι διέλε[ν]           5
                    ]ν·
                    ] πολὺ κέρδιον εἶν
                    ]οντα λάθραι πολεμε[ῖν
```

ἀντ.
```
                            ] κραταιῶι·
                            ].ξ κατεφραζε.[      10
                    πι]κρὸν ὄλεθρον
                            ].εν ἀσπίδα προσ[ ]
                            ]
                            ]ετο· τοῦ δ' ἀπὸ κρα-
τὸς                         ]                    15
                    ἱπ]πόκομος τρυφάλει'·
                            ] ἐπὶ ζαπέδωι·
```

⟨deest epodus[1] cum vv. 1–3ᵇ strophae sequentis⟩

col. ii

στρ. 4ᵃ
```
                                  ]ων στυγε[ρ]οῦ
                    θανάτοι]ο.(.)[        ]
                    .].φ[..]αι πέρι [    ].χων πεφορυ-   20
                    γ]μένος αἵματ[ι      ]..[  ]. τε χολᾶι,
```

---

[1] nisi fr. 1 (= epod. 1ᵃ–3ᵇ) init. col. ii stetit

ADDENDA

ἀντ. ὀλεσάνορος αἰολοδε[ίρ]ου
ὀδύναισιν Ὕδρας· σιγᾶι δ' ὅγ' ἐπι-
κλοπάδαν [ἐ]νέρεισε μετώπωι·
διὰ δ' ἔσχισε σάρκα [καὶ] ὀ[στ]έα δαί-   25
μονος αἴσαι·
διὰ δ' ἀντικρὺ σχέθεν οἰ[σ]τὸς ἐπ' ἀ-
κροτάταν κορυφάν·
ἐμίαινε δ' ἄρ' αἵματι πορ[φυρέωι
θώρακά τε καὶ βροτόεντ[30

ἐπωιδ. ἀπέκλινε δ' ἄρ' αὐχένα Γαρ[υόνας
ἐπικάρσιον ὡς ὅκα μ[ά]κω[ν
ἅτε καταισχύνοισ' ἁπαλὸν [
αἶψ' ἀπὸ φύλλα βαλοῖσαγ[

25 [καὶ] ὀ[στ]έα, 29 πορ[φυρέωι, 31 Γαρ[υόνας, 33 -νοισ' ἁπαλὸν leg. et suppl. Page (29, 31 fere eodem tempore Barrett), cetera Lobel
10 adiuncto fr. 5. 1]οι [(vid. ed. pr.) fort. κατεφράζετ[ό] οἱ legendum; e.g. βεβαὼς δὲ παρ]ὲξ κατεφράζετ[ό] οἱ | δολομήδεα πι]κρὸν ὄλεθρον 12-16 fortasse 'Geryonis clipeum praetendentis tempora saxo perculit Hercules; illius a capite cecidit galea'; e.g. ὃς μὲν στέρνων ἔ]χεν ἀσπίδα πρόσ[θ',| ὁ δὲ πέτρωι] | κροτάφοιο καθίκ]ετο· τοῦ δ' ἀπὸ κρα|τὸς ἄφαρ μεγάλαι] | καναχᾶι πέσεν ἱπ]πόκομος   19 schol. . . . στυγεροιοτρ.
[ ]· | στυγερουθανατ[, fort. var. lect. θανάτου στυγεροῖο (Barrett)   20 fort. κ]εφ[αλ]αι (Lobel)   πεφορυγμένος: scil. οἰστός vel ἰός, itaque fortasse κεφαλᾶι πέρι = 'circum sagittae apicem'; e.g. θανάτοι]ο τ[ικρὰς | κ]εφ[αλ]ᾶι πέρι [κῆρας] ἔχων   30 fort. βροτόεντ[α μέλεα   33 [δέ-μας, θάλος, sim. supplendum

268

Printed in the USA/Agawam, MA
August 14, 2013